中等职业教育国家规划教材
全国中等职业教育教材审定委员会审定

推销实务

（第3版）

主　　编　朱亚萍
责任主审　万　融
审　　稿　齐　严　杨宝宏

中国财政经济出版社

图书在版编目（CIP）数据

推销实务/朱亚萍主编．—3版．—北京：中国财政经济出版社，2011.7
中等职业教育国家规划教材
ISBN 978-7-5095-2943-0

Ⅰ．①推… Ⅱ．②朱… Ⅲ．③推销-中等专业学校-教材 Ⅳ．④F 713.3

中国版本图书馆CIP数据核字（2011）第106996号

责任编辑：吕小军　　　　责任校对：徐艳丽
封面设计：华乐功

中国财政经济出版社出版
URL：http：//www．cfeph．cn
E-mail：jiaoyu@cfeph．cn

社址：北京市海淀区阜成路甲28号 邮政编码：100142
北京财经印刷厂印刷 各地新华书店经销
787×1092毫米 16开 12印张 282 000字
2013年2月北京第2次印刷
定价：17.00元
ISBN 978-7-5095-2943-0/F·2494
（图书出现印装问题，本社负责调换）

中等职业教育国家规划教材
出 版 说 明

为了贯彻《中共中央国务院关于深化教育改革全面推进素质教育的决定》精神，落实《面向21世纪教育振兴行动计划》中提出的职业教育课程改革和教材建设规划，根据教育部关于《中等职业教育国家规划教材申报、立项及管理意见》（教职成［2001］1号）的精神，我们组织力量对实现中等职业教育培养目标和保证基本教学规格起保障作用的德育课程、文化基础课程、专业技术基础课程和80个重点建设专业主干课程的教材进行了规划和编写，从2001年秋季开学起，国家规划教材将陆续提供给各类中等职业学校选用。

国家规划教材是根据教育部最新颁布的德育课程、文化基础课程、专业技术基础课程和80个重点建设专业主干课程的教学大纲（课程教学基本要求）编写，并经全国中等职业教育教材审定委员会审定。新教材全面贯彻素质教育思想，从社会发展对高素质劳动者和中初级专门人才需要的实际出发，注重对学生的创新精神和实践能力的培养。新教材在理论体系、组织结构和阐述方法等方面均作了一些新的尝试。新教材实行一纲多本，努力为教材选用提供比较和选择，满足不同学制、不同专业和不同办学条件的教学需要。

希望各地、各部门积极推广和选用国家规划教材，并在使用过程中，注意总结经验，及时提出修改意见和建议，使之不断完善和提高。

教育部职业教育与成人教育司

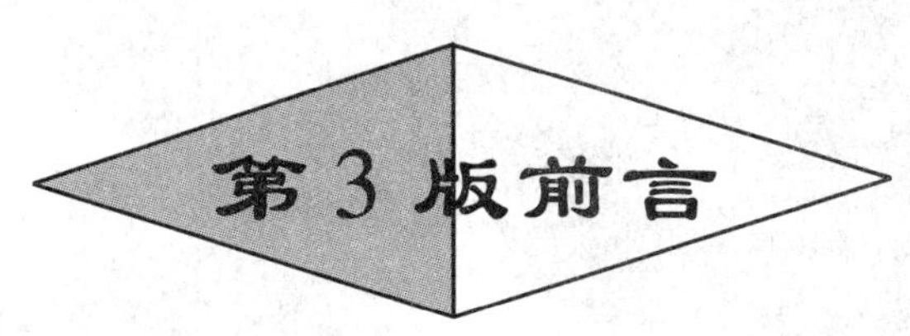

第3版前言

为了全面贯彻落实《国家中长期教育改革和发展规划纲要（2010—2020年）》和《中等职业教育改革创新行动计划（2010—2012年）》，我们参考《中等职业教育专业目录（2010年修订）》对中等职业教育国家规划教材进行了修订，以满足中等职业学校财经类专业教学的新需要。

《推销实务》从2002年的第一次出版到2006年的再版，再到现在已经整整走过了9个年头。虽然第二次再版时，我们对教材内容做了一些修正，但教材里面还可能存在许多方面的问题与缺陷，需要继续进行补充和修正，这也是本次我们对教材进行再次修订的理由之一。

在本次修订过程中，我们遵照教育部《面向21世纪教育振兴行动计划》提出的实施职业教育课程改革思路和中等职业技术学校《推销实务教学大纲》的要求，按照强调推销学的理论知识与实践知识的模块紧密结合和合理组合，突出案例式教学、情景式教学与课后实践相结合的教学方法的思路，对部分章节与内容进行了修正。

本书可以作为各类中等职业技术学校的教学用书，也可以作为各类企业职业推销人员的学习用书。

本书由浙江工商职业技术学院副教授朱亚萍担任主编，上海商业职业技术学院副教授朱庆章和浙江商业职业技术学院教授王婉芳担任副主编。

我们借此平台还想表达一种情感：由于教材编写是站在许多专家、学者等巨人的肩膀上完成的，尤其在理论知识结构方面大量吸收了专家、学者的一些论著与文献的精华，为此，对他们表示最诚挚的感谢！对中国财政经济出版社也表示深深的感谢！

由于编者水平有限，书中的缺陷与不足，敬请广大读者批评指正。

编　者

2011年7月

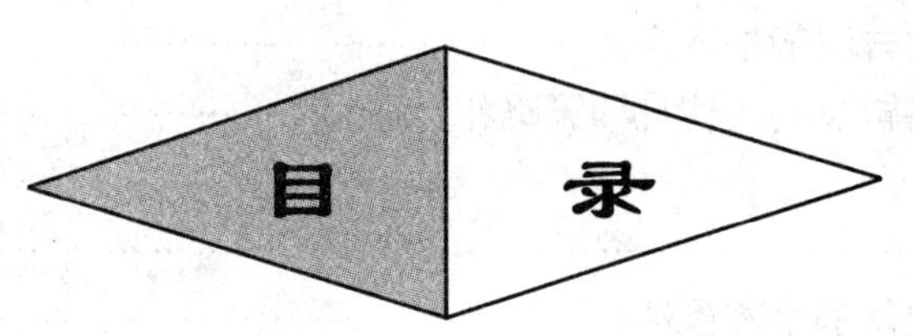

第一章 概述 …………………………………………………… (1)

第一节 推销的概念和特点 ………………………………… (1)

第二节 推销的功能与作用 ………………………………… (7)

第三节 推销观念 …………………………………………… (12)

第二章 推销模式 ……………………………………………… (19)

第一节 推销方格理论 ……………………………………… (19)

第二节 推销模式 …………………………………………… (22)

第三章 推销人员的职责、素质与能力开发 ………………… (38)

第一节 推销人员的职责 …………………………………… (38)

第二节 推销人员的素质 …………………………………… (41)

第三节 推销人员的基本能力 ……………………………… (48)

第四章 寻找顾客 ……………………………………………… (57)

第一节 寻找顾客的必要性 ………………………………… (57)

第二节 寻找顾客的方法 …………………………………… (60)

第三节 顾客资格鉴定 ……………………………………… (65)

第四节 建立顾客档案 ……………………………………… (69)

第五章 推销接近 ……………………………………………… (80)

第一节 推销接近的准备工作 ……………………………… (80)

第二节 约见顾客 …………………………………………… (83)

第三节 接近顾客 …………………………………………… (88)

第六章 推销洽谈 ……………………………………………… (100)

第一节 推销洽谈的含义、种类和原则 …………………… (100)

第二节 推销洽谈的准备工作 ……………………………… (104)

第三节 推销洽谈的技巧与策略 …………………………… (109)

第七章 顾客异议处理 …………………………………………………………（122）
第一节 顾客异议的概念及产生原因 ……………………………………（122）
第二节 顾客异议处理的原则、时机和步骤 ……………………………（125）
第三节 处理顾客异议的基本方法 ………………………………………（129）
第四节 对付顾客异议的其他几种策略和方法 …………………………（135）

第八章 成交 ……………………………………………………………………（140）
第一节 成交应具备的基本条件 …………………………………………（140）
第二节 成交的基本策略和方法 …………………………………………（143）
第三节 做好成交的后续工作 ……………………………………………（150）

第九章 推销管理与人力资源开发 ……………………………………………（161）
第一节 推销组织 …………………………………………………………（161）
第二节 推销控制 …………………………………………………………（166）
第三节 推销的人力资源开发 ……………………………………………（171）

参考文献 ………………………………………………………………………（181）

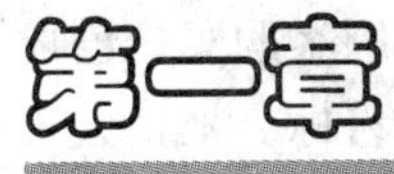

第一章 概述

学习目标

理解和掌握推销的定义及其要点。熟悉推销的五个要素。认识推销的特点，理解推销的功能和作用。理解和掌握现代企业推销观念。

第一节 推销的概念和特点

推销是现代企业拓展市场的利器，是商品价值最终实现的保证。研究推销这门学问，在现代商品经济社会里具有重要意义。

一、推销的概念

(一) 推销的定义

1. 推销的定义

推销作为一种社会的经济现象和实践活动，它的产生渊远流长，可以追溯到很久以前的古代。它又随着商品生产和商品交换的发展，随着社会的变迁而发展变化，其含义也在不断地演变，至今没有统一的定论。但普遍认为，推销是指企业及其推销人员在一定的经营环境中，说服和诱导潜在顾客购买某种商品或劳务，从而满足顾客需求并实现企业营销目标的活动过程。在现代市场经济条件下，推销是企业市场营销活动的重要组成部分，是促销组合的重要手段之一。

在“推销”这一定义中，主要强调以下三个要点：

首先，推销是一个活动的过程。它既包括推销人员说服和诱导顾客购买商品，实现商品价值的活动，又包括顾客接受推销的商品，获得商品使用价值的活动；既包括推销人员向顾客传递信息的活动，又包括顾客向推销人员反馈信息的活动。从而构成了商品从卖者向买者手中转移的过程，卖者与买者之间信息双向沟通的过程，同时还包括卖者与买者之间的情感交流和心理活动过程。其次，推销的核心问题是说服和诱导。现代市场竞争日益激烈，推销的难度也越来越大，强行推销在实践中已遭拒绝，温和推销正为广大推销人员所采纳。因此，把推销工作的重点放在说服或诱导上，耐心帮助顾客，正确说服和诱导顾客购买，已成为当前推销的大趋势。再次，推销的目的在于满足顾客需求和实现企业营销目标。推销人员不能就推销而推销，而必须根据顾客的需求进行推销，使顾客的需要得到满足，同时心理上感到满意。只有把企业的产品和顾客的切身利益结合起来，保证满足顾客需求，才能真正促成顾客的实际购买行为，才能使顾客不断购买所推销的商品，成为长期买主。否则，难以取得推销的成功。同时，现代推销不仅是销售商品的一种形式，而且是沟通企业与顾客之间关系的一种重要手段，它更多地表现为一种企业活动，表现为企业全部市场营销活动的一个组成部分。因此，它又必须服从和服务于企业市场营销活动的整体目标，保证企业营销目标的实现。

2. 推销活动的分类

推销活动大致可以分为两大类：

（1）广义的推销活动。广义的推销是使自己的意图和观念获得对方认可、接受的过程。从广义上来看，推销就是获得他人理解的行为。按照国外推销学者的观点，生活中无时无处不存在着推销，这个世界就是一个充满推销的世界，每个人都是不同意义上的推销员。例如，我们向上级领导“推销”意见建议，向子女“推销”待人处事的学问，向朋友和同事“推销”自己的友谊与坦诚。无论你干什么工作，在什么岗位上，如果你能熟练地掌握推销方法与推销技巧，就有助于事业成功发达，取得预期的目标。由此看来，不同职业的人也可以理解为各种类型的推销员，诸如政治家“推销”政见，科学家向社会“推销”发明创造和技术专利，演员向各界观众“推销”艺术美感。上至党政要人，下至普通百姓，无一不需要具备一定的推销意识。总之，在现代市场经济条件下，人们首先得学会不断地推销自己。

（2）狭义的推销活动。这里所指的“推销”是指经济领域中，商品生产者或经营者为挖掘潜在的顾客，针对其销售对象所采取的一系列促销手段和促销活动。狭义上的推销可区分为人员推销与非人员推销两大类。人员推销主要依靠推销人员发挥主观能动作用，运用各种劝服技巧来达到促进销售的目的。我们在本书中所提及的推销概念，虽然其内容十分丰富庞杂，适用性也很广泛，但重点阐述人员推销这种类型。非人员推销则主要包括广告宣传、公共关系等多种形式。在日常生活中，利用广告宣传、公共关系等手段帮助推销，以求得广大消费者能够全面认识和正确了解企业的产品或劳务信息，使消费者实现其购买行为，也是随处可见的推销形式。市场经济的繁荣发展与竞争的日益加剧，卖方市场已逐步转为买方市场，人员推销与非人员推销的手段正不断翻新，方式方法也不断增多。

（二）推销的要素

推销要素是指商品推销活动得以实现的必要因素，它主要包括推销人员、推销对象、推销品、推销信息、推销环境等五大要素。其中，推销人员和推销对象是商品推销活动的主体，前者是承担推销任务的主体，后者是接受商品推销的主体；推销品是商品推销活动的客体，是被推销人员所推销、被推销对象所接受的有形或无形商品；推销信息是贯穿推销活动全过程、连结推销人员和推销对象的重要媒体。

1. 推销人员

推销人员是实现商品推销活动的关键，是推销活动中的主要角色，没有推销人员就不可能进行推销活动。推销人员的主要责任就是通过走访顾客，了解顾客的困难与问题，为顾客提供服务，说服顾客购买企业产品。因此，在推销活动中，推销人员要成功地推销商品，首先要成功地推销自己，使顾客能乐意地接受推销人员，进而接受推销人员的推销。

推销人员要成功地推销自己，取得顾客的信赖，就必须做到以下几点：

（1）注意推销礼仪。文明经商、礼貌待人，给顾客留下良好的第一印象。

（2）树立顾客导向。以了解顾客需要，帮助顾客解决困难和问题作为商品推销的宗旨，将销售商品与传递信息、提供服务结合起来。

（3）注重长期效益。以企业的长远目标作为行动指南，以满足需求、保证满意作为推销目标，避免急功近利、强行推销的短期行为。

（4）掌握推销技巧，进行成功的推销。不断提高推销人员的思想素质和业务素质，使推销人员在顾客心目中成为愿接受、受欢迎的人。

推销人员可分为多种类型，推销学家麦克墨里（Mcmurry）将推销人员分为下列7种类型：

（1）一般产品推销者。主要是指一些日用消费品的推销人员。他们一般是在固定的地点，向固定的消费者进行推销。如零售商店的营业员等。

（2）室内接收订单者。他们的主要任务是在办公室内接待顾客、接收订单，或以电讯、函件等形式与顾客联系，取得订单。

（3）外务订单获取者。通过走访顾客，上门推销，与顾客达成交易，取得订单。

（4）信息传递者。他们的主要任务不是接收订单、直接销售商品，而是通过交往、宣传，与现有顾客及潜在顾客建立良好的关系，了解顾客的潜在需求，帮助顾客认识、了解产品和企业，以促进产品的销售。

（5）技术知识推销者。他们主要是参与一些技术性较强的商品的推销，向顾客传授有关技术知识，为用户解决产品的使用、安装、维修方面的技术问题，充当顾客的技术顾问。

（6）某些有形产品的创造性销售者。对于具有一定特色的产品的推销，采用一定的推销技巧，使消费者了解其特色，从而促进销售。

（7）无形产品的创造性销售者。对于保险、广告服务、信息情报、技术成果等产品的推销、宣传者。

推销人员作为企业与顾客间的纽带与桥梁，肩负着为企业销售商品、为顾客提供服务的双重任务。企业的营销离不开推销人员，顾客的购买也离不开推销人员。

2. 推销对象

推销对象又称为顾客或购买者，是推销人员推销商品的目标，它包括各类准顾客、经常购买者和购买决策者。

推销对象在推销过程中是一个有意识的、能动的因素，他具有买与不买的自由，买多与买少的自由。购买者的需求在不断变化着，不同的购买者有着不同的需求，同一类购买者在不同的时期，需求也可能各不相同。因此，在推销过程中，必须重视推销对象的主体作用，并做到以下几点：

（1）研究推销对象的购买特征。推销对象不一定是最终消费者或使用者，而是那些对购买商品具有决策权或具有影响力，并直接参与购买过程的有关人员。在推销过程中，必须研究各类购买者的购买决策能力、购买动机、购买特点、购买行为模式等等，以便有针对性地开展推销活动。不仅要注意研究现实购买者，保持原有的推销对象，而且要研究准顾客，不断地开拓新的推销领域，吸引新顾客，创造新的推销对象。

（2）掌握推销对象的潜在需求。推销对象的需求在不断变化着，能否不断地满足其需求，是商品推销成败的关键。因此，推销过程中，要密切注意顾客需求的变化，不断地反馈信息，以满足顾客的需要。据有关研究机构统计，最近几十年来，美国各公司创造的新产品，有80%以上是在顾客的启发下设计的。只有重视推销对象在商品推销活动中的主体作用，企业才有可能进行成功的推销。

3. 推销客体

推销客体是指被推销的有形商品或无形商品，它包括实物、服务和观念。在推销过程中，对实物的推销与对服务、观念的推销联系在一起，形成一个不可分割的统一整体。推销人员在推销实物的过程中，必须详尽地介绍产品的特征、用途及维修保养等知识，并进行技术示范，使推销对象比较完整地了解产品的使用、保养、维修等方法，向推销对象推销信息、技术、销售等方面的服务；同时，还必须向顾客宣传产品的使用价值，以引起顾客的兴趣，引导顾客购买。在推销实物的同时，向顾客推销现代消费观念。因此，推销过程既是一个实物推销过程，也是一个服务、观念的推销过程。商品推销过程中所推销的有形或无形商品，是保证推销活动顺利进行的物质基础。没有适销对路的商品，推销活动就无法进行。企业必须通过市场调研，根据市场需要，提供顾客所需要的产品，才能保证成功的推销。

4. 推销信息

推销信息是指商品推销过程中有关商品、顾客、市场等方面的信息。商品的推销过程也是一个信息的传递和反馈的过程。推销人员在商品推销过程中，只有不断地将顾客、市场等信息反馈给企业，才可能及时地掌握市场需求的变化趋势，根据市场需求的变化，提供顾客所需要的产品，运用适当的推销技巧来进行推销；只有及时地将产品及企业的信息传递给顾客，才能引导顾客购买，促进产品的销售。没有推销信息，企业的商品推销就如同盲人骑瞎马，寸步难行。因此，推销信息是商品推销的无形资源，是保证成功推销的关键。

5. 推销环境

推销是人类的一项实践活动，和其他任何活动一样，推销活动必然受到各种来自内部和外部的条件或因素的制约和影响。我们把制约和影响推销活动的各种外部因素总称为推销环境。它主要包括政治法律环境、经济环境、社会文化环境、科学技术环境、人口环境和自然环境及道德环境等。推销环境影响和制约着推销活动的进行，现代推销工作者的推销活动如果要适应推销环境，不仅必须分析研究推销环境，认识、适应和利用现存的推销环境，更要善于预测各种环境因素未来的变动趋势，并积极设法使不利因素向有利方面转化，创造新的理想的推销环境，以利推销。同时要认识到，推销环境的改变意味着人们思想方式和生活方式的改变，新的推销环境的产生意味着新的社会生活的产生，现代推销人员应是推销环境改造创新的促进派。

商品推销的过程，是各推销要素之间的运动过程。推销人员通过向推销对象传递信息，向企业反馈信息，向推销对象提供所需要的推销信息和推销客体；推销对象通过洽谈和购买，从推销人员那里获取推销信息和推销客体；推销客体通过推销信息的作用，实现由推销人员向推销对象的转移；推销信息通过推销人员的传递和反馈，不断循环上升。因此，商品推销的过程，就是推销人员、推销对象、推销客体、推销信息、推销环境这五大要素相互作用和协调运动的过程。

二、推销的特点

（一）主动性

推销活动也是一种主动出击的策略：寻找八方顾客，上门推销商品，把社会各界人士、政府机关、企业用户、经销商店和家庭消费的潜在买主变为现实买主。通过推销工作，把那些可买可不买，可在今天买也可在明天买，可在这里买也可在那里买的众多顾客和用户，变为本企业的现实客户，从而有效地扩大自己的销售额，提高自身品牌在市场上的占有率和品牌忠实度。

（二）多样性

推销比广告宣传可以更加广泛深入地接触消费者，进行面对面的洽谈、商榷，向顾客推销产品或劳务，可以灵活而有效地根据推销对象对某项产品或劳务的不同购买动机、要求，有针对性地进行解释说明或者进行试用演示，便于消除消费者心中的顾虑，最后促成其购买行为。由于推销人员与广大顾客直接保持联系，因此，作业的弹性较大。说服是推销的重要手段，推销人员总是千方百计地运用自己所掌握的各种知识来劝说顾客购买，促使顾客接受推销人员所推销的观点、商品或劳务。在实际工作中，推销人员可以根据各类顾客的需要、欲望和动机，有针对性地采取灵活多样的推销方法和推销技巧。同时，推销人员可以因时、因地、因事制宜，依据不同层次的顾客对某种推销技法的具体反应，及时进行“战略”或“战术”上的调整，适应推销对象的具体要求。对于顾客在推销过程中提出的异议，还可以当场予以解答，化解顾客心中的疑虑，及时达成双方交易。

（三）互动性

推销不仅是一个商品转移的过程，同时还是一个信息双向沟通的过程。在推销活动中，一方面推销人员应向顾客提供有关商品（如质量、花色、式样、规格、功能、用途、价格、包装等）信息、市场（如供求、竞争等）信息、企业（如历史、现状、发展前景等）信息，以及服务（如咨询、安装、维修、技术等）信息，促使顾客采取购买行为；另一方面推销人员又要通过对顾客的观察、调查和与顾客的接触、交谈，了解顾客对所在企业和所推销商品的态度、意见及要求，并及时反馈给企业，为企业领导人作出正确的经营决策提供依据。这种信息双向沟通的过程，形成了推销主体与推销对象之间的互动。

由于推销人员长期处于市场第一线，最了解顾客的要求，最熟悉市场供求和企业情况，因而也最有利于沟通供求信息、产需信息，进行双向沟通。推销人员除了推销产品之外，还往往兼做多项工作，如售后服务（安装调试、修理、操作示范等）、市场调查与市场预测、收集与传递信息、回收产成品或半成品等。国内外许多企业的市场调研与用户走访等工作都是由推销人员兼任的。他们能及时反馈来自不同用户的需求信息，以便企业随时改进生产工艺、调整生产结构、改善服务态度和服务方式。推销人员承担企业、消费者、市场三者之间的联系，为企业带回有价值的产品设计意见、改进服务建议，以及市场供求信息，为企业产品的更新换代，制订营销策略创造条件。同时，推销人员的日常工作也有利于引导合理消费，促进消费方式的规范化、科学化。

（四）双重性

推销人员的推销活动过程是从寻找潜在顾客入手的，只有先确定好推销对象才能够有效地开展推销活动。因此，推销总是有特定对象的，或者说是向特定顾客进行推销。任何一位推销员的任何一次推销活动，不可能漫无边际或毫无目的地寻找顾客，也不可能随意地向毫不相干的人推销商品，不然，推销就成为毫无意义的活动。然而，现代推销是一种互利互惠的活动，必须同时满足推销双方的不同需求，否则就难以达到推销的目的。在推销过程中，推销人员不仅要考虑到自己有利可图，还要考虑到购买一方有利可图，这就要求推销人员要从双方的共同利益出发进行推销，尤其要把握好顾客的购买目的和购买动机，帮助顾客解决问题，设法满足顾客的需要。只有双方有利，买卖才可能长久，推销才可以成功。同时满足推销双方的不同要求的特性，使推销具有双重性特点。

■ 知识窗

推销工作十二准则

- 建立自信心。信心是成功的首要任务，没有信心就会一事无成。推销是要把产品、服务或构想推介给他人，因此，必须对自己、对自己所服务的公司、对自己所推销的产品、服务或构想都具有信心。
- 实话实说。说实话，表真诚，这是赢得信任的最佳方法。虚伪不实总有被识破的一天。
- 不要夸大其词。夸大其词无异是自我吹嘘，很难为顾客接受。一旦失信于顾客，推销即难矣。
- 不要承诺自己做不到的事。君子一言即出，驷马难追，顾客不但会记得推销员所做的承诺，同时也会期待他实现诺言。所以不可承诺自己做不到的事。
- 抱定奉献的决心。推销工作是一种奉献的工作，必须抱定奉献的决心，全心投入，才能引起顾客的兴趣。
- 己所不欲，勿施于人。要经常站在购买者的立场设想，才容易赢得顾客的心。连自己都不愿意要的产品，不要推销给别人。
- 保持顾客的信心。在进行推销时，赢得顾客的信任是很重要的，促成交易之后，仍然要继续保持顾客的信心。这不仅是一种工作道德的表现，也是一种负责任的做法。
- 要有服务的热忱。推销员的职责就是提供服务，以热忱的服务赢得顾客的好感，才能创造业绩。
- 追踪顾客的满意度。顾客购买你的产品，尚未获得满意之前，推销工作就尚未完成。所以在促成交易之后，尚须进行追踪工作，以确知顾客是否满意。这样做能衍生更多的准顾客。
- 尊重顾客的抱怨。倾听顾客的抱怨，根据他所说的要点，审慎加以处理。抱怨是让推销员了解、消除顾客不满的线索，继续保有顾客的一个绝佳机会，千万忽视不得。提出合理抱怨的顾客，无异是再次给你一个服务的机会。
- 勇于认错，即时改进。在推销过程中若有不当的做法应勇于承认，并即时改进。不可因为好面子而强辩不休，别忘了，当你赢得辩论，也就是失去销售的时候。
- 保持良好风度与形象。不宜伤害竞争者。当你每次提到竞争者的名字，顾客对他的印象也就加深一层，为何要替竞争者做免费的广告呢？

——资料来源：《现代企业经营管理》

作者：赵宗晋　郭学德　范传统　中国经济出版社出版

第二节 推销的功能与作用

一、推销的功能

推销是一种双向信息沟通的过程，以顾客导向为准则的现代推销的功能，不单纯是推销商品，它具有寻找新的顾客、传递商品信息、销售企业商品、提供多种服务、反馈市场信息、协调买卖关系等项功能。

(一) 寻找新的顾客

为了不断地促进企业的发展，提高企业的经济效益，推销人员不仅要与现有的顾客保持联系，更重要的是要不断地寻找新的顾客，开拓新市场。寻找新顾客的关键在于确定企业的准顾客。所谓准顾客，是指既可以获益于企业的产品，又有能力购买的个人和组织。准顾客是企业的潜在顾客，很有可能成为企业的新顾客，他们是企业争取的对象。确定准顾客的步骤如下：

1. 拟定条件，确定对象

根据所推销的商品的特点，提出可能成为准顾客的基本条件，如需求特征、购买力水平、购买习俗等。依据准顾客条件，进行市场分析，寻找各种线索，初步确定可能成为准顾客的个人或组织。

2. 进行准顾客资格鉴定

根据准顾客条件，对初步确定的可能的准顾客进行资格鉴定。只有具有购买意向、购买能力和购买决策权的个人和组织才能成为真正的准顾客。因此，对准顾客资格的鉴定主要从以下三方面进行：

(1) 购买需求鉴定，判断他是否真正需要企业的产品。

(2) 支付能力鉴定，通过调查、分析，判断他是否有能力购买所需要的产品，将产品需要转化为现实需求。

(3) 购买决策权鉴定，通过调查，了解其购买决策权限的大小及有关限制条件。经鉴定合格的个人和组织即为企业的准顾客。

3. 分类建档，确定重点

为了有效地进行推销，提高推销的成功率，还必须对合格的准顾客进行分类，建立档案。分类标准有如下两种：

(1) 以购买概率作为标准进行分类，则“最有希望购买者”为A类准顾客，“可能购买者”为B类准顾客，“购买希望不大者”为C类准顾客。

(2) 以购买数量作为标准进行分类，则“购买量较大者”为A类准顾客，“购买量一般者”为B类准顾客，“购买量较小者”为C类准顾客。A类准顾客成为企业新顾客的可能性最大，推销成功率最高，应作为推销的重点对象；B类准顾客次之；C类准顾客再次之。

(二) 传递商品信息

现代市场上商品种类繁多，消费者进入市场，好像来到一个五彩缤纷的世界，弄得眼花缭乱。消费者需要得到有关的商品信息，以便比较、评价，选择满意而适用的商品。以顾客为导向的推销，不仅要满足消费者对商品的需要，而且要满足消费者对商品信息的需要，及时地向消费者传递真实、可靠的商品信息。

推销人员向顾客传递的商品信息主要包括：

1. 商品的一般信息

告知消费者商品的种类、功效、性能、品牌、商标等信息，以便消费者比较和选择。

2. 商品的地位及优势

向消费者宣传企业商品在同类商品中所处的地位及特殊功能，并针对不同目标顾客的不同需要，突出宣传所推销商品的某些特征，以激起消费者的注意和兴趣，促进消费者作出购买决定。

3. 商品经营信息

告知消费者有关商品的销售价格、经营方式、服务措施等信息，以便于消费者购买商品。

4. 商品发展信息

向消费者报导企业产品的发展动态，如新材料的运用、新产品的开发、老产品的改进等信息，以引导顾客改变购买习惯，及时购买企业的新产品。

商品信息的传递，还应注意几个问题：

（1）注意信息内容的选择。商品信息的影响程度，取决于信息内容的专门性、真实性和可接受性。不同的目标顾客，对商品需求的侧重点也有所不同，推销人员必须在调查研究的基础上，针对顾客需要，向顾客传递他所需要的信息。

（2）注意信息传递方式的选择。不同的目标顾客，由于文化习俗和理解水平的不同，对信息的接受程度也有所不同。推销人员为了有效地向顾客传递信息，以影响和说服顾客购买商品，必须针对目标顾客的具体情况，选择目标顾客能正确理解、乐于接受的方式来传递商品信息。

（三）销售商品

通过接近顾客、推销洽谈，进而与购买者达成交易。销售商品是推销的核心职能。

接近顾客是销售商品的前提。在正式接近顾客之前，首先要分析准顾客的有关资料，了解准顾客的需求所在及需求特征，掌握其不足之感、求足之愿及购买能力、购买行为，以便积极、能动地刺激需求、创造需求，进而满足需求。在充分掌握资料的基础上，有针对性地选用介绍接近法、产品接近法、利益接近法、问题接近法、好奇接近法、表演接近法、求教接近法和调查接近法等方法来接近顾客。接近顾客时，要学会打开僵局，开创新的推销局面。即使在遭到拒绝时也不要泄气，以从容、诚恳、充满自信的态度去说服对方，使对方明确，你的推销不是盯着他的钱包，而是为满足他的需要，为他带来利益，并通过对产品的介绍，使他感到购买你的产品是一种机会，从而引起购买欲望，形成购买决心。

推销洽谈是销售商品的关键。接近顾客的过程实际上是推销洽谈的一部分，是初步洽谈。适时地接近顾客，取得顾客的好感是推销洽谈成功的基础。在洽谈过程中，一方面要进一步通过信息传递，向顾客提供所需要的信息；另一方面，要有针对性地就产品、价格、销售方式等敏感问题进行洽谈，力求达到互利互惠、双方满意；同时，还要善于处理洽谈过程中的异议和矛盾，及时消除误会、避免冲突，以取得“不打不成交”的效果。

达成交易是销售商品的手段，也是推销洽谈的最后阶段。推销人员要把握好时机，针对不同的推销对象，灵活地选用不同的成交方法，迅速地达成交易，达到销售商品的目的。在推销洽谈过程中，推销人员要及时地抓住成交信号，适时报价，并进一步提示推销重点及优惠条件，促成交易的实现。

（四）提供多种服务

现代推销不仅要把商品销售给顾客，而且要帮助顾客解决困难和问题，满足顾客的各种需求，使顾客达到满意，从而在顾客中建立起产品和企业的良好信誉。企业和推销人员在推销过程中，既要为顾客提供售前的信息、咨询、培训服务；又要为顾客提供售中的热情接待、介绍商品、包装商品、免费送货、代办各种销售业务、满足顾客的合理要求，为顾客提供方便等服务活动；还要为顾客提供售后的安装、维修、包退、包换、跟踪了解、处理消费者困难及问题，提供零配件等服务，以消除顾客的后顾之忧。推销人员通过提供服务，与顾客建立深厚的感情，有利于进一步巩固市场，为开拓新市场打下基础。

（五）反馈市场信息

现代推销的过程，是一个信息的双向沟通过程。推销人员不仅要将有关商品、企业的信息传递给购买者，而且要将消费者的需求、购买状况，市场竞争状况，产品经营状况等信息反馈给企业。推销人员是企业通往市场的桥梁，他们直接与市场、消费者接触，能及时、准确地捕捉市场信息，他们是企业搜集市场信息的重要途径，是企业情报的主要来源之一。推销人员向企业反馈的市场信息主要包括：

1. 购买者信息

关于现有购买者和潜在购买者的特征、经济状况及其变动情况；不同地区、不同民族购买者的消费习俗和需求特征；购买者的购买动机、购买习惯、购买方式、购买频率及每次购买数量；购买者对品牌、商标、商店的偏爱及其原因；购买者对新产品的反应及其对企业的意见与要求等。

2. 市场需求信息

关于现有市场的需求量、销售量、供求平衡状况；市场上对所推销商品的最大潜在需求量；各个细分市场的需求状况及发展趋势；企业在总体市场上和各细分市场的绝对市场占有率和相对市场占有率；企业及同行业竞争者在市场中的地位、作用及优劣势比较；国内、外市场需求的变化和发展趋势等。

3. 商品经营效果信息

关于企业经营过程中所采取的各种营销策略的效果，如产品包装的改变、价格的改变、销售渠道的变化、广告等促销措施的实施所带来的销售状况的变化等。

4. 竞争者信息

关于竞争者的产品的更新状况，销售价格，分销渠道及网点设置，竞争者的促销手法的变化，目标市场状况及市场占有率的变化等。

推销过程中的信息反馈，既是关系到企业兴衰成败的重要工作，又是推销过程中容易忽视的一项工作。因此，企业要加强对推销人员的教育，使他们自觉地当好企业的“雷达”，在走访顾客、销售商品、为顾客服务的同时，有意识地了解、搜集市场信息。同时，要建立必要的规章制度，要求推销人员定期反馈市场信息，并对提供有效信息者给予物质或精神奖励，使市场信息的反馈工作制度化、经常化。

（六）协调买卖关系

推销部门和推销人员是连结企业与消费者的纽带。一方面，要把企业的商品、劳务及有关信息传递给消费者；另一方面，又要把消费者的意见、要求反馈给企业。在顾客心目中，他们就代表着企业，他们的言行举止，都会给企业的声誉带来极大的影响。因此，在商品推销过程中，推销人员要积极、能动地肩负起企业代表这一重任，协调好顾客与企业的关系，为在消费者心目中建立起企业的信誉、树立良好的企业形象而作出努力。协调顾客与企业的关系主要从以下几方面入手：

1. 处理矛盾

在商品推销过程中，由于推销人员与购买者的目的不同，难免会出现矛盾。从商品的价值形态来看，推销人员的目的是要回收商品的价值而推销其使用价值；而购买者则是为了取得其使用价值而支付其相应的价值。因此，在商品买、卖过程中，矛盾会经常发生。如，对商品看法的矛盾；价格方面的矛盾；供货条件、服务态度方面的矛盾等。推销人员应站在购买者的立场上来处理问题，注意研究购买者的需求所在，研究其购买目的和购买动机；推销商品的使用价值，宣传所推销的商品给购买者带来的利益；帮助购买者解决商品购买和使用过程中的困难和问题，满足购买者对供货、运输、信贷及技术服务等方面的要求；当推销人员的要价与顾客的报价出现差异时，推销人员可以在互利互惠的基础上，通过与顾客磋商，适当让价，争取达成交易。通过推销人员的不断努力，促使购买者与推销人员之间的矛盾得到统一。

2. 消除误会

在商品经营过程中，由于各种外部或内部因素的干扰，如假冒伪劣商品的影响，对企业或产品信息的误传误信，竞争者的强大的促销攻势的反作用，企业在某时期或某些方面经营不善而造成的不良影响等，会使一些不明真相的消费者产生对企业的产品、经营方针、经营方向及企业的声誉等方面的误会。推销人员在推销过程中，要了解来自各方面的误会及其造成误会的原因，配合企业的其他部门，以现身说法、实物展示、广告宣传等方式消除顾客的误会，扭转消费者对企业或产品的不良印象，树立企业的良好形象。

二、推销的作用

在市场经济的条件下，推销对企业、对社会、对个人都产生着巨大影响，甚至有人称推销是推动社会经济发展的重要动力。美国学者西历克桑德尔指出：推销已经成为企业成功的决定性因素，它主宰着利润、投资、生产和就业。

（一）推销对企业的作用

推销对所有企业的生存与发展都是重要的，但重要的程度却因产品的性质及购买过程的不同而有所差别。一项对美国485家经营效果良好的企业所进行的调查表明：人员推销对工业用品、耐用消费品、非耐用消费品的生产企业都是最重要的促销方式。但它对工业用品生产企业比对个人消费品的生产企业更重要一些。

但是，不论推销对企业的重要程度如何，它对所有企业都有以下基本作用：

（1）实现商品的价值，使企业获得生存与发展所必须的经营收入。

（2）促进企业生产适销对路的产品，增强企业的产品竞争能力。

（3）避免产品积压，缩短货币回笼时间，提高企业的经济效益。

（二）推销对社会的作用

1. 有利于促进生产力的发展和科学技术的进步

在现代化大生产条件下，科学技术可以迅速地应用于生产实践，从而有力地促进科学技术的进步，使各个领域的新发明、新创造越来越多。但是，由于习惯势力的影响，顾客往往对于新产品有一种抵触情绪或怀疑态度，他们不会自发地或轻易地接受这些新东西。所以，需要有人帮助顾客了解新产品的特性、使用方法及新产品可能给顾客带来的好处。而推销人员正是向顾客提供这种帮助的重要力量[①]。

2. 能推进社会经济的发展与繁荣

推销是社会经济发展的一个重要推动力。在社会再生产过程中，生产是基础与起点，消费是相对的重点与目的，流通是连接生产与消费的纽带。包括推销在内的流通环节，是实现产品价值与使用价值的必不可少的环节，能保证社会再生产顺利进行，从而促进社会经济的发展。

推销是促进社会繁荣的重要手段。在市场经济条件下，供求矛盾是影响经济发展的主要矛盾，也是影响市场繁荣的主要因素。推销既影响与制约着市场经济条件下其他矛盾的发展与变化，又协调着供给与需求，使供求矛盾不断趋于平衡。它通过销售商品，使消费者需求得到满足，从而使人们以更大的积极性投入生产。同时，还把社会需求的信息及时反馈给生产企业，从而引导企业的合理生产，使资源得到合理的配置与使用。推销一方面实现了产品的价值，另一方面满足了人们的各种需求，还创造了就业机会，从而促进了社会的安定和繁荣[②]。

3. 推销活动为社会提供了大量就业机会

在我国，随着市场经济的发展，推销日益受到各类企业的重视。从事各类推销工作的人员正在急剧增长，但无论是质量，还是数量，都不能适应市场经济的要求。估计推销行业今后若干年仍然是就业机会增长最快的行业之一。在经济市场化程度较高的美国，据 1982 年统计，仅在证券业、保险业、房地产业从事推销工作的人员就达 80 万人，每 16 个就业者中就有 1 个是推销人员。

4. 推销还具有引导消费的作用

推销人员在推销产品的同时，也在向顾客介绍产品与消费知识、传播价值观念，顾客接受了产品，在某种程度上也就接受了推销人员的知识和价值观念，从而起到引导消费的作用。

（三）推销对个人的作用

1. 推销作为一种职业能充分发挥个人的能力、实现个人的价值

推销被公认为是一种具有挑战性的职业，对从业者的素质有较高的要求；同时，推销又是一种比较自由、自主的工作。这种工作性质要求从业者必须全身心地投入，充分调动自己的潜在能力。一旦做到这一点，推销员的能力和价值就会被企业或社会以明确的方式所承认，即获得较高的经济报酬。推销人员的收入通常高于企业的平均水平，甚至高于企业管理人员的收入水平。

2. 推销工作的锻炼，为从事较高层次的企业管理工作奠定基础

在市场经济的条件下，作为企业的高层管理人员，具有市场营销方面的知识和经验是十分重要的，尤其是有关消费者、竞争及促销的知识和经验。从另一个角度来看，较高层次的管理工作，对个人的素质也提出了较高的要求，例如，应具有自我驾驭能力、良好的判断能力、与人相处的能力、灵活应变能力、创造力等。推销工作能够提供有关知识和经验、培养高层管理人员所必备的能力。在经济比较发达、竞争比较激烈的西方国家，企业的主要管理人员中，有相当大的一部分具有推销方面的经历。根据一项相关的调查报告，在美国的

---

①② 摘引自 MBA 智库百科（http：//wiki. mbalib. com/）。

1000家主导性大企业的总经理人中，有30%的人从事过市场营销方面的工作。闻名全球的IBM公司董事长说：没有比从推销开始更好的始发站了，因为推销使你接触各种各样的人、处理各种各样的问题，所以，我要向所有想成为企业家的人推荐推销这种工作。

■ 知识窗

成功推销员的八项特质

- 灼热的欲望
- 自我激励
- 明确的目标
- 完全的投入与承诺
- 恒心与毅力
- 心态与动机
- 热情
- 马上行动

——资料来源《推销员必备全书》
作者：东方智　民主出版社出版

第三节　推 销 观 念

一、推销观念的含义

（一）含义

观念乃人们生活中的基本行为准则，是人们从事各种各样行动时的指导思想。可以说，人类的任何活动都是在一定的观念下进行的。

推销观念是企业千方百计地使顾客对企业的产品发生兴趣，更多地购买企业的产品，提高企业产品的市场占有率，取得更多的利润。

推销观念决定着推销员的推销目的、推销态度，影响着推销员各种推销方法和技巧的运用，也最终影响着企业和消费者的利益。从经营的角度来看，推销观念实质上是推销人员如何对待顾客的问题。

（二）与市场营销观念的区别

在实践过程中，人们往往把推销观念和市场营销观念混为一谈，很多营销人员认为加强产品的推销就是贯彻了市场营销观念，这是一种误解。

推销观念是以企业的现有产品的经营活动为中心，以推销和销售促进为手段，以扩大销售、获得利润为目的；而市场营销观念是以企业目标顾客的需要为经营活动中心，以集中企业一切资源力量、满足顾客需要为手段，以取得利润、实现企业目标为目的。这是完全不同的两种观念。

二、推销观念的演变过程

(一) 原始推销观念 (20 世纪以前)

在 20 世纪以前，资本主义世界生产力尚不发达，社会产品还处于供不应求的“卖方市场”。这时企业的经营思想与管理原则是“以产定销”。市场上商品供应短缺，推销员曾长期奉行一切以生产者或销售者为中心，把企业利益和消费者利益对立起来的能生产什么就卖什么，“皇帝的女儿不愁嫁”的观念。这种观念忽视了顾客的需求和利益，片面地强调企业本身利益，一切从企业出发，因而常常导致推销人员损害消费者利益的不良行为。

(二) 倾力推销观念 (20 世纪初—20 世纪 50 年代)

到了 20 世纪初，由于科学技术的不断进步和机器大工业的兴起，市场上的商品数量急剧增加，许多产品开始出现供过于求的现象，厂家之间的销售争夺战也慢慢出现。不少工商企业在“以产定销”经营思想的前提下，有意识地增加了些许推销的观念。为了区别于以后出现的现代推销观念，我们把它称为“倾力推销观念”。按照倾力推销观念，推销人员必须冲破一切公众阻力和障碍，甚至采取最极端的做法来征服买主，不择手段地推销商品。据此理解，推销就像一场拳击搏斗，在这场争斗中，顾客必须是“被击倒的对象”，推销人员参战的唯一目标是为了获得产品订单。

倾力推销是一种为达到目的不惜损害顾客利益的推销方式，它起源于第一次世界大战后，首先在美国工商界盛行，并且很快在欧洲一些经济比较发达的国家被广泛使用。倾力推销观念的产生是与当时的政治经济形势分不开的。战争结束以后，大量的军工企业开始转向生产民用产品，国民经济恢复增长很快，市场商品供应也比较丰富。但与生产的飞速发展相比，群众的购买需求和有支付能力的消费水平阻滞不前，这就造成了市场供过于求、产品相对过剩的不利局面。在市场销售起步维艰的严峻势态面前，许多农场主将成吨的牛奶倒进江河，工厂大批倒闭，失业者大量增加。这种现象以美国最烈，当时工商界训导的一句格言就是“一个最理想的推销员必须能够冲破一切阻力，成功地向任何人推销商品，这样的推销可以不惜采取不道德手段把产品塞到顾客手中”。当时，不少企业家和推销员也认为，只要顾客渐渐习惯了购买的物品，他们就会慢慢忘掉是怎样买来的，只要达到推销的目的，无论采取什么手段都是正确的、可行的。

然而，事实证明倾力推销的观念和方法是错误的。这种推销方式可能利于一时，但在较长时期之后，它不仅不能推销产品，而且极大地损害了企业和推销人员的形象。因为，第一次受骗买了不合需要的产品的顾客，总是处处留心，时时谨防再次上当。

倾力推销的结果使顾客懂得了如何保护自己，吃一堑长一智，买方和卖方之间筑起一道无形的隔墙。有的公司和顾客甚至把一些推销员看成“江湖骗子”，干脆拒绝与推销员的来往。接踵而来的 1929—1933 年经济大萧条更是导致了推销员与顾客关系的全面危机，这种形象危机严重损害了推销职业的声誉，使推销工作陷入了举步维艰的窘境。

(三) 现代推销观念 (20 世纪 50 年代后)

到了 20 世纪 50 年代，随着科学技术的进步，生产力的提高，产品数量与花色品种的增加，市场上的商品出现供过于求，企业的经营思想逐渐从“以产定销”转变为“以销定产”，顾客需要什么就生产什么，经营销售什么。在这种经营思想指导下，传统的推销观念和推销方法产生了巨大的变化，逐步形成了以消费者为中心的现代推销观念，并且在商战中探索了一系列行之有效的现代推销的方法与技巧。

现代推销观念强调商品的销售必须以顾客需求为契机，强调在推销全过程加强对顾客和用户的服务。概括地说，新的推销观念就是从顾客的需求得到满足中获利。正是在这种思想的指导下，现代推销观念的崛起为推销业重振声誉，解除顾客对推销员的信任危机奠定了基础。现代推销观念主张“温和式”的推销方针，推销人员必须具备良好的经商道德，其推销活动必须既有利于他所代表的公司和企业，又要有利于顾客和用户。

由于新的推销观念和推销方式给广大推销人员和他所代表的企业形象带上了温情的外观，在商品经济比较发达、市场竞争比较规范的地方，那种不道德的推销方式已大大减少，以消费者为中心的现代推销观念已日益深入人心，不仅顾客拒绝接受倾力推销方式，甚至新一代的推销人员也不再接受那些不合顾客需求的产品，不再使用那些强加于人的不道德的推销手法。

三、树立现代推销观念

推销人员应树立新型的观念。要做到这一点，就必须要在现代经营观念的指导下重新来理解推销的内涵，认真思考“推销到底是什么”这一看似简单的问题。

（一）现代推销观念的实质

1. 对推销的理解

为了更好地理解这一点，我们先来讨论一个小问题，即推销员到底推销什么？对此，许多人可能立刻就能作出回答：推销商品和服务啊。这一答案既可说对，也可说不对。因为，从表面上看只是推销自己所卖的产品，即各种商品和劳务，可若从深处着眼，情况就没有这么简单了。现代营销学告诉人们，产品的整体概念是由三个层次组成的，其中，第一层为核心产品，此即消费者购买某一产品时所追求的利益，是顾客真正要购买的东西，如冰箱的保鲜功能，照相机的成像功能等；第二层为形式产品，它是指消费者所认定的有形物品，包括产品的质量水平、外观特色、式样、包装等；第三层为附加产品，此乃消费者购买某一产品时所能得到的附加利益的总和，如送货、安装、维修等。在这三个层次中，真正促使顾客购买某一产品的原因是核心产品部分，即消费者购买某一产品，不是为了产品本身，而是希望获得那种产品所能提供给他的利益，即产品所具有的某种功能。若从消费需求的角度来看，即是从中能获得某种需求的满足，如消费者购买冰箱，就是为了让瓜果菜蔬及其他食品能有个良好的存放环境，得到一种保鲜的效果。可见，消费者购买产品只是为了满足某种需求，包括生理上或心理上的需求，因此，推销人员在开展推销工作时，所推销的就应是某种需求满足的方式，应是推销产品的功能。

2. 对推销对象的理解

既然推销员推销的是能让消费者获得满足的某种方式或途径，因此，推销就绝不止是想方设法地把产品塞给顾客，大赚其利润，相反，推销应该是在了解顾客消费需求的基础上，设法协助别人得到他想要的东西，使他获得某种满足。正是在这个意义上，有人称推销员为贩卖幸福的人。通过推销，他把幸福带给了每一个真正获得了某种满足的人。现代推销人员正应树立这种新型的观念，要以贩卖幸福为己任，尽力协助消费者获得其所想要的物品，通过他们需求的满足，来实现自己的推销目标。

（二）现代推销观念的运用

依据现代推销观念，结合推销的实际过程，一些成功的推销人员提出了十分有趣而又非常重要的推销“三步曲”。他们认为，推销人员在推销过程中，首先推销的是自己，其次是推销商品的功能，最后才是推销商品本身。这种看法是十分有见地的。推销是一种人与人直接打交道的过程。要想让别人接纳你所推销的商品，首先就要求你自己得被顾客接受，而千万不能引起顾客的恶感。试想，一个服装不整，油腔滑调，满嘴胡言，引起顾客极大厌烦的推销员，他能让顾客接受其产品？这恐怕是难以办到的。顾客看着你就不舒服，唯一的愿望可能只是想早点打发你走，他是绝不会想成全你的！因此，推销员要想推销掉自己的产品，就绝不能忽视自身的被接受。要记住顾客在尚未接受或认定一个推销员时，他是不会真正接受其产品的推销的。

在自己已为顾客接受之后，接下来应该怎么办呢？这时应避免直接进入产品，片面强调产品的本身如质量、外观等，因为，消费者之所以购买，并不是因为产品质量好，外观漂亮，而是因为他有着某种需求。因此，这时应重点推销核心产品部分，即推销产品的功能，要强调消费者购买你这一产品后所能得到的满足。这样才能引起顾客的注意和兴趣，激起他的购买欲望，为最终成交打基础。有些企业现在十分重视这一点。如有个化妆品公司就要求其推销员接受“我们在工厂中生产的是化妆品，但我们销售的是‘美貌’”这个观念，这就是在教导他们推销时要注重产品的功能推销，要从产品功能与需求满足这方面来寻求推销的突破口。

完成了第二个步骤，才可开始第三步，即进行商品本身的推销。这时所推销的实际上才是形式产品和附加产品。在这一阶段中，要实事求是地向客户介绍自己产品的性能及自己的服务水平，让他们感到自己所提供的产品或服务的优良之处，从消费需求发展的过程来看，一旦消费者确定了某种需求，他就会去寻找能最好地满足他这一需求的产品，此时形式产品和附加产品就至关重要了。不同的质量、外观、服务条件等，都会给顾客以不同的感觉，并直接影响着他们的选择。不过，许多消费者在购买时，都属非专家购买，对其所购的商品了解不多，且他们对商品的感觉，常常很容易受外界的诱导。因此，这就要求推销员能深入地了解产品的特点，并把它们完完全全地展示在客户的面前，让消费者信服，只有这样，才能与前两步的努力相配合，使消费者最终接受你的产品。

可见，在现代推销中，绝不仅仅只是就产品来论产品，它包括更丰富的内容。因此，推销人员必须对推销本身有更深刻的理解，在此基础上，树立起新型的推销观念。也只有这样才能走遍天下，立于不败之地。

■ 知识窗

如何让牛进牛棚？

有一次美国大思想家爱默生与独生子欲将牛牵回牛棚，但两人一前一后使尽所有力气，牛依然死活不肯进去。家中女佣见两个大男人满头大汗，徒劳无功，于是便上前帮忙。她仅拿了一些草让牛悠闲地嚼食，并一路喂它，很顺利就将牛引进了牛棚，剩下两个大男人在那里目瞪口呆。

启示：钓鱼时用的鱼饵，不是你所喜欢吃的东西，而是鱼最喜欢吃的食物。你与客户交谈沟通时，别忘了不是你想卖什么，而是他想买什么，不是你想说什么，而是他想听什么，只有“投其所好”，才能把事办好，才能完成任务。

——资料来源：《管理故事与哲理》

作者：李晓东　京华出版社出版

■本章小结

推销是一种社会经济活动现象和实践活动，这种活动既包括推销人员说服和诱导顾客购买商品，实现商品价值的活动，又包括顾客接受推销的商品，获得商品使用价值的活动；既包括推销人员向顾客传递信息的活动，又包括顾客向推销人员反馈信息的活动。从而构成了商品从卖者向买者手中转移的过程，卖者与买者之间信息双向沟通的过程，同时还包括卖者与买者之间的情感交流和心理活动过程。推销的目的在于满足顾客需求和实现企业营销目标。推销的核心问题是说服和诱导。

广义的推销是使自己的意图和观念获得对方认可、接受的过程。狭义的推销是指经济领域中，商品生产者或经营者为挖掘潜在的顾客。针对其销售对象所采取的一系列促销手段和促销活动。

商品推销活动主要包括推销人员、推销对象、推销品、推销信息、推销环境等五大要素。推销人员和推销对象是商品推销活动的主体，推销品是商品推销活动的客体，推销信息和推销环境是推销活动进行的重要条件和影响因素。

推销是一种双向信息沟通的过程，具有寻找新的顾客、传递商品信息、销售企业商品、提供多种服务、反馈市场信息、协调买卖关系等项功能。在市场经济的条件下，推销对企业、对社会、对个人都产生着巨大影响。

推销活动是受到一定的推销观念支配的。现代推销观念强调商品的销售必须以顾客需求为契机，强调在推销全过程加强对顾客和用户的服务。转而从顾客的需求得到满足中获利。

■个案分析

一位与众不同的顾客

一位年轻女士来到服装柜台前，仔细观看着挂在衣架上的几款“亚历山德拉”牌羊毛衫。稍倾，她从衣架上取下一款红黄相间几何图案的羊毛衫，端详了一会儿对我说：“请问这件多少钱。”“80元。”我回答。“好，我要了！”那位女士把毛衣放在服务台上，边掏钱包边对我说。为她包衣服的时候，我恭维了她一句：“小姐真有眼力，很多人都喜欢这种款式的。”那位年轻的女士听了我的话，沉吟片刻，然后微笑着对我说：“抱歉，我不要啦！”没想到，我一句恭维话反倒使顾客中止了购买！我真心客气地问：“怎么，这样子您不喜欢吗？”“有点。”她也很客气地回答，然后准备离开。我立刻意识到，我刚才那句恭维可能是个错误，必须赶紧补救。我趁她还未走开，赶紧问：“小姐，您能否告诉我，你喜欢哪种款式的？我们这几款羊毛衫是专门为像您这样气质高雅的年轻女士设计的，如果您不喜欢，请留下宝贵意见，以便我们改进。”听了我的话，她解释道：“其实，这几款都不错，我只是不太喜欢跟别人穿一样的衣服”。噢！原来这是位不追求时尚，喜欢标新立异、与众不同的顾客。“小姐，请您原谅。我刚才说很多人都喜欢您看中的这种款式，但由于质量好，价格高一点，所以买的人并不多，您是这两天里第一位买这种款式的顾客。而且，这种款式我们总共才做了十件……”经过我的一番争取，那位女士终于买走了那件羊毛衫。

分析：

在这个看似平常的案例中，包含着一个比较复杂的问题：推销的对象是顾客。推销人员应了解顾客的想法，发现顾客拒绝购买的深层理由。顾客之所以中止购买，是因为喜欢标新立异、不愿从众随俗的性格特征。推销员“我”以征求意见的方式了解顾客中止购买的原因，显得十分自然，也体现了对顾客的尊重，使顾客很难拒绝回答。此外，当顾客中止购买时，推销员很快意识到错误出在那句恭维之中，这也反映了这位推销员具有良好的素质。

思考与练习

一、简答题

1. 什么是推销，如何理解推销的含义？
2. 推销有哪些特点？
3. 推销包括哪几个要素？
4. 推销具有哪些功能？
5. 推销对社会、企业和个人有什么作用？
6. 什么是推销观念？现代推销人员应具备怎样的推销观念？

二、案例题

［案例1］

汽车推销大王对推销重要性的看法

美国汽车推销大王乔·拉德用肺腑之言深刻地表达了推销对于世界的重要意义，表达了他对推销职业的看法：推销员是这个世界发展的动力，我认为，我们每个推销员都应以自己的职业而感到光荣。我总是这样想，从35岁开始，我已经卖出了1200多辆汽车，其中包括各种型号的轿车和卡车。你知道吗？我一个人就为这个社会创造了许多就业机会，因为要制造这些汽车，就要生产和出售许多钢材和其他各种材料，要开动这些汽车，就要有高速公路和加油站，还要有汽车修理店，如此等等。仅通用汽车公司及其所属的几千家供应商，就从我们的交易中赚到了几百万美金。了解了这些道理，你就会知道推销员是了不起的无名英雄，推销员推动了商品，也推动了这个世界。如果我不把商品从架子上和仓库里搬运出来卖给顾客，那么，整个美国的经济体系的运转就要停止，一切都完蛋了。要知道，没有我们这些推销员，就没有工厂和商店，就没有老板和经理，就没有工人和工程师，也就没有你现在这样美好的生活。没有，一切都没有。可见，没有推销员，企业就无法生存；没有推销员，世界会黯淡很多，朋友们，热爱我们的职业吧！

问：乔·拉德这段话说明了推销的重要性，他是从哪几个角度说明推销的重要性？这些说法对你有什么启示？

［案例2］

小戚的成功推销

有一天，上海市第八百货商店箱包柜进来一位年轻顾客买箱子。一会儿看牛皮箱，一会儿又挑人造革箱，挑来挑去拿不定主意。这时，营业员小戚上前招呼，并了解到该顾客是为出国所用，便马上把106厘米牛津滑轮箱介绍给顾客，并说明了飞机持箱的规定，最大不超过106厘米。牛津箱体轻，又有滑轮，携带较方便，价格比牛皮箱便宜得多。年轻人听了觉得他讲得不仅头头是道、合情合理，而且丝丝入扣、正中下怀，于是就选定了滑轮箱高兴而去了。

问：

（1）小戚在推销时运用了怎样的推销观念？

（2）顾客为什么会觉得小戚讲得丝丝入扣、正中下怀？

（3）小戚的成功推销给你什么启示？

三、自测题

某保险公司推销员小张要去推销一份养老保险，依据现代推销观念，试计划他应该进行的步骤和具体内容。

第二章

推销模式

学习目标

理解推销方格理论的两种心理态度构成的方格关系。熟悉五种典型的推销风格。掌握五类典型的顾客风格。掌握“爱达”（AIDA）推销模式。熟悉“迪伯达”（DI—PADA）推销模式。熟悉“埃德帕”（IDEPA）推销模式。了解费比（FABE）推销模式。

第一节　推销方格理论

推销是一种复杂的社会活动，是推销员与顾客交往的过程。推销人员和顾客在整个活动过程中都有着各种各样的心理活动，形成各自的心理状态。不同的推销心态往往会带来不同的推销效果。许多学者在大量推销实践过程中总结出其中的规律性，形成推销理论。

美国管理学家罗伯特—R. 布莱克教授和卜·S. 蒙顿教授曾以“管理方格理论”而蜚声经济学界。在此基础上，他们研究了推销人员和顾客之间的人际关系和买卖关系，提出了“推销方格理论（Sales Grid）”，这是推销学基础理论的突破之一。这个理论包括三部分：

一、推销员方格

推销方格理论认为，推销员在进行推销工作时，心理应该有两个目标：一是完成销售任务，把产品卖出去；二是与顾客建立良好的人际关系，以便日后开展业务。在具体的推销活动中，推销人员追求两种目标的心理态度就构成了推销方格。

布莱克和蒙顿用一个平面坐标系中的第一象限的图形来表示，见图 2 - 1。纵坐标表示推销员对顾客的关心程度，横坐标表示推销人员对完成推销任务的关心程度。两个坐标值都从 1 到 9。坐标值越大，表示关心程度越高。每一个方格交点就代表一种推销员的心理态度或推销风格。其中（1，1），（9，1），（1，9），（5，5），（9，9）分别是五种典型的推销方格。

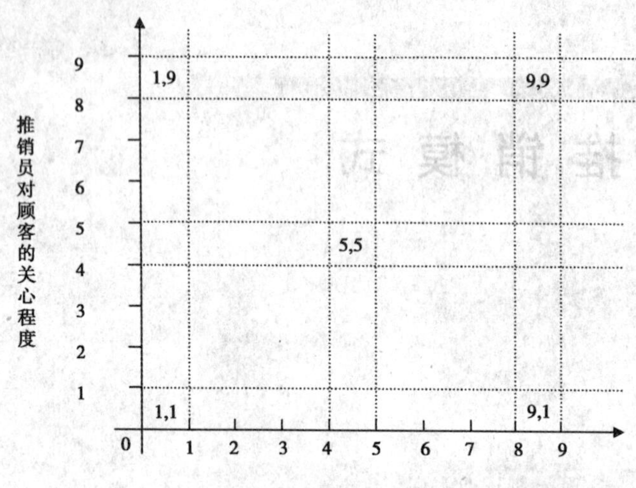

图 2－1　推销方格

（一）（1，1）型，事不关己型

（1，1）型推销员对推销成功与否及顾客感受的关心程度都是最低的。事不关己型的推销员对本职工作缺乏责任心。究其原因，也许是主观上不愿做推销工作，当一天和尚撞一天钟；也许是客观上对工作不满意。比如，前些年倍受批评的我国商场的服务态度就是如此。

（二）（9，1）型，强行推销型

（9，1）型推销员认为：既然由我负责这一顾客，并向其硬性推销，我便应施加压力，迫使其购买。因此，他们为提高推销业绩，不惜采用多种手段，全然不顾顾客的心理状态和利益。强行推销是产生于第一次世界大战之后美国的一种推销方式，推销员与顾客被形象地比喻为拳击台上的两个选手，推销员要坚决把顾客打倒。强行推销不但损害了顾客的利益，而且损害了企业的市场形象和产品信誉，导致企业的经济利益受损，最终给顾客极坏的影响，影响了推销行业的发展。在此之后，强行推销被温和推销所代替。企业界和学术界达成共识：对顾客无益的交易也必然有损于推销员。如在我国市场经济发展的初期，一些厂家和业务员并没有认识到一味追求经济效益而忽略顾客利益的危害，继续着这种贻害深远的"一锤子买卖"。

（三）（1，9）型，顾客导向型

持这种心态的推销员认为：我是顾客之友，我想了解他并对其感受和兴趣作出反应，这样他会喜欢我。这种私人感情可促使他购买我的产品。他们可能是不错的人际关系专家，因为他们始终把与顾客处好关系放在第一位，但并不是成熟的推销员。因为在很多情况下，对顾客的百依百顺并不能换来交易的达成。这其实是强行推销的另一种表现。现代推销要求把顾客的利益和需要放在第一位，不是把顾客的感受摆在首位。

（四）（5，5）型，推销技术导向型

处于这种心理态度的推销员既关心推销效果，也关心顾客。他们往往有一套行之有效的推销战术，注重揣摩顾客的心理，并善加利用这种心理促成交易。他们可以凭经验和推销技术诱使顾客购买一些实际上并不需要的东西，因此，他们可能会有极佳的推销业绩。但这类推销员仍然不是理想的推销员。他们放在首位的是顾客的购买心理，而不是顾客利益的需要。他们需要进一步学习，以成为一名成功的推销专家。

（五）（9，9）型，解决问题导向型

推销员把推销活动看成是满足双方需求的过程，把推销的成功建立在推销员与顾客双方需求的基础上。从现代推销学角度讲，这种推销人员是最理想的推销专家。这种推销的心理态度是最佳的推销心理态度。世界超级推销大师齐格·齐格勒说："假如你鼓励顾客去买很多的商品只是为了自己可以多赚钱，那你就是一个沿街叫卖的小贩。假如你鼓励顾客购买很多商品的目的是为了顾客的利益，那你就是推销的'行家'，同时你也得益。"事实正是如此。

二、顾客方格

用同样的方法也可以建立顾客方格，见图2-2。

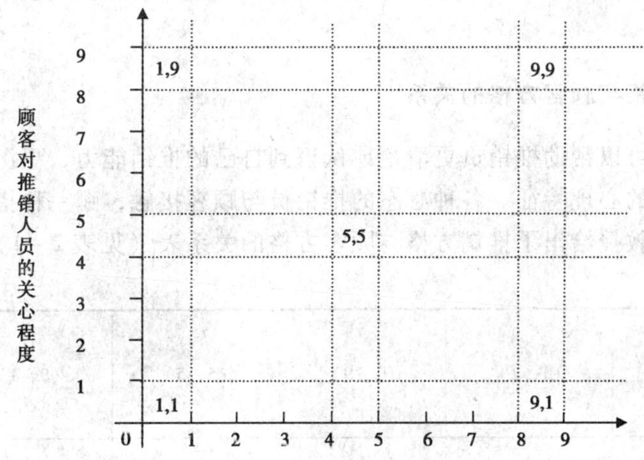

图2-2 顾客方格

在购买活动中，顾客也至少有两个目的。一是在有利的购买条件下购买合适的商品来满足自己的需求；二是与推销人员建立良好的人际关系。顾客方格与推销员方格的图形是一样的。其中纵坐标表示顾客对推销人员的关心程度，横坐标表示顾客对购买的关心程度，坐标数值越大表示关心程度越高。五类典型的顾客风格是：

（一）（1，1）型，漠不关心型

具有这种心态的顾客既不关心推销人员，对购买行为也不关心。原因之一是其没有购买决策权。

（二）（9，1）型，防卫型

又称购买利益导向型。他们只关心如何以更佳的条件购买商品，对推销人员不但不关心，反而极为反感，甚至敌视。这类顾客可能受传统观念的影响，认为"无商不奸"或者有受骗上当的经历，认为推销员都是骗子。对待持这种心态的顾客，推销员应首先推销自己，消除对方的防范意识，然后再推销产品。

（三）（1，9）型，软心肠型

这是一类情感型的顾客。他们对推销人员极为关心，尤其体谅推销员的心情和处境。所以，他们也许只是因为推销员热情周到，或因为推销员辛苦工作而受感动购买产品。软心肠型的顾客自然是所有的推销员都希望碰到的了。

（四）（5，5）型，干练型

顾名思义，这类顾客有商品知识和购买经验，在与推销员打交道时显得非常聪明，既考虑到自己的购买，又关心推销人员，非常合作。但干练型的顾客摆在首位的是在接受推销时显示自己的知识、经验、聪明、公正、宽容等，而恰恰不是自己的真正需要，受个人的某种购买心理影响较大。

（五）（9，9）型，寻求答案型

这是最成熟的购买人。他们了解自身的需要，通过倾听推销员的推销介绍，分析问题所在，购买合适的产品或服务来满足自身的需要，解决存在的问题。他们的购买行为是明智的。

三、推销员方格与顾客方格的关系

推销方格理论可以帮助推销员更清楚地认识到自己的推销能力，更深入地了解自己的推销对象，掌握顾客的心理特征。各种心态的推销员与顾客接触，哪一种搭配能导致推销成功呢？布莱克与蒙顿教授给出了推销方格与顾客方格的关系表（见表2－1）。

表2－1

购买风格类型 / 推销效果 / 推销风格类型	(1, 1)	(1, 9)	(5, 5)	(9, 1)	(9, 9)
(9，9)型心态	+	+	+	+	+
(9，1)型心态	0	+	+	0	0
(5，5)型心态	0	+	+	－	0
(1，9)型心态	－	+	0	－	0
(1，1)型心态	－	－	－	－	－

表中符号“＋”表示推销取得成功的概率高，“－”表示推销失败的概率高，而“0”表示推销成功与失败的概率相等。

第二节 推 销 模 式

现代推销学的一个大的突破就是把推销过程理论化、系统化、规范化。中外推销专家在深入研究推销案例的基础上，从不同角度提出了一系列的推销模式。所谓推销模式就是根据推销活动的特点及对顾客购买活动各阶段的心理演变应采取的策略，归纳出的一套程序化的标准推销形式。在推销实践中，由于推销活动的复杂性，市场环境的多变性，推销人员不应被标准化程序所束缚，而应从掌握推销活动的规律入手，灵活运用推销模式。只有这样，才能起到提高推销效率的作用。

一、爱达模式（AIDA）

（一）AIDA 模式的含义

AIDA 模式也称“爱达”公式，是国际推销专家海因兹·M·戈德曼（Heinz M Goldmann）总结的推销模式，是西方推销学中一个重要的公式，它的具体含义是指一个成功的推销员必须把顾客的注意力吸引或转变到产品上，使顾客对推销人员所推销的产品产生兴趣，这样顾客欲望也就随之产生，然后再促使采取购买行为，达成交易。AIDA 是四个英文单词的首字母。A 为 Attention，即引起注意；I 为 Interest，即诱发兴趣；D 为 Desire，即刺激欲望；最后一个字母 A 为 Action，即促成购买。

（二）AIDA 模式操作实务

AIDA 模式代表传统推销过程中的四个发展阶段，它们是相互关联，缺一不可的。应用“爱达”公式，对推销员的要求是：

（1）设计好推销的开场白或引起顾客注意。

（2）继续诱导顾客，想办法激发顾客的兴趣，有时采用“示范”这种方式也会很有效。

（3）刺激顾客购买欲望时，重要一点是要顾客相信，他想购买这种商品是因为他需要，而他需要的商品正是推销员向他推荐购买的商品。

（4）购买决定由顾客自己作出最好，推销员只要不失时机地帮助顾客确认，他的购买动机是正确的，他的购买决定是明智的选择，就已经基本完成了交易。

“AIDA”模式的魅力在于“吸引注意、诱导兴趣和刺激购买欲望”，三个阶段充满了推销员的智慧和才华。

（三）AIDA 推销模式的四阶段

AIDA 推销模式的四阶段见图 2－3。

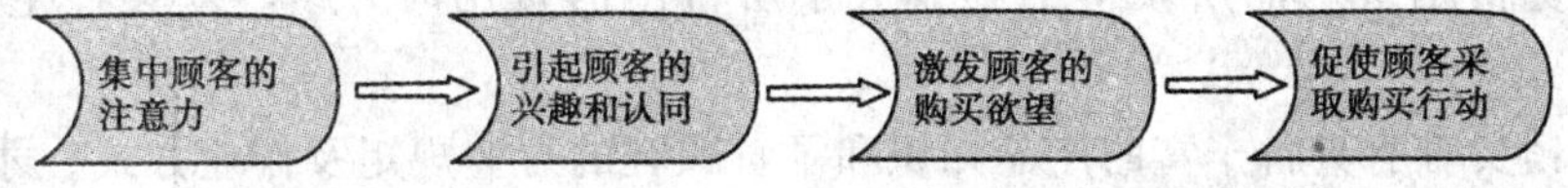

图 2－3　AIDA 推销模型图

面对顾客开始推销时，推销员首先要引起顾客的注意，即要将顾客的注意力“集中到你所说的每一句话和你所做的每一个动作上”。有时，表面上看，顾客显得很专注，其实，顾客心理正想着其他事情，推销员所做的努力注定是白忙一场。如何才能集中顾客的注意力呢？

1. 集中顾客的注意力

（1）保持与顾客的目光接触。“眼睛看着对方讲话”，不只是一种礼貌，也是推销成功的要诀。让顾客从你的眼神上感受你的真诚。只要顾客注意了你的眼神，他的整个心一定放在你的身上。

（2）利用“实物”或“证物”。如果能随身携带样品，推销时一定要展示样品。在英国从事推销工作有 30 年经验的汤尼·亚当斯一次向一家电视公司推销一种仪器，仪器重 12

公斤，由于电梯发生故障，他背着仪器从一楼爬到五楼，见了顾客，一阵寒暄之后，亚当斯对顾客说："你摸摸这台机器。"趁顾客伸手准备摸机器时，亚当斯把仪器交到顾客手中，顾客很惊讶："喔，好重!"亚当斯接着说："这台机器很结实，经得起剧烈的晃动，比其他厂牌的仪器耐用2倍。"最后，亚当斯击败了竞争厂家，虽然竞争厂家的报价比他便宜30%。

（3）让顾客参与推销过程。方法一是向顾客提问题，如："布朗先生，你的办公室令人觉得亮丽、和谐，这是你创业的地方吧?"所问的问题要能使顾客容易回答、容易发挥，而不仅仅回答"是"或"不"。方法二是促使顾客做些简单的事情，如让顾客念出标价上的价格、写下产品的型号等。值得注意的是，要在很自然的情况下促使顾客做些简单的事情，使顾客不会觉得"很窘"。

2. 引起顾客的兴趣和认同

假如顾客能够满怀"兴趣"地听你的说明，无疑顾客一定"认同"你所推销的商品或服务。而你的推销努力也向成功的目标迈进了一步。

推销时，要选对顾客。向不需要你的产品的顾客推销，你所做的努力必然没有结果。有时，碰到主动前来问价的顾客，显然，这类顾客对你所推销的产品已经有了"需要"。而你最急需做的事是，找出他的"需要"到底是什么?然后强化他的需要，引起他对产品的兴趣和认同。

许多顾客的"需要"必须靠推销员自己发觉。发觉顾客"需要"的最好方法是向顾客问问题。亚当斯常向顾客提问，以了解顾客对录音电话的需求程度："贵公司在午餐时间有人守着电话吗?""周末，有人值班吗?""贵公司有没有驻外的推销办事处?"等等，这些问题都涉及"联络"的问题，而录音电话可以在"无人值班"时，留下对方的"话"，以便然后"答"，使公司的业务在1天24小时内都可以进行，以免耽搁或遗漏业务。

"引起顾客的兴趣和认同"，属于推销的第二个阶段，它与第一个阶段"集中顾客的注意力"相互依赖；先要集中顾客的注意力，才能引起顾客的兴趣；顾客有了兴趣，他的注意力将愈来愈集中。

3. 激发顾客的购买欲望

当顾客觉得购买产品所获得的利益大于所付出的费用时，顾客就会产生"购买的欲望"。

一位推销员唯有具备丰富的产品知识和了解顾客的行业规矩及作业方式，才能在推销中成功地激发顾客的"购买欲望"。

所谓"具备丰富的产品知识"，指的是对产品的各种特色非常了解。而"产品的特色"的含意是：与同类产品相比，有明显不同的地方。

如何适当地把产品特色推销出去呢?先看看下列"错误"的示范：

- 推销员："在这台录音电话上有一个表示'收到信息'的红色指示灯。"
- 顾客："嗯。"
- 推销员："每当它收到信息的时候，红色指示灯马上亮灯显示。"
- 顾客："嗯。"
- 推销员："当你进入办公室看到红色指示灯亮着，就马上知道有电话要回了。"
- 顾客："嗯。"
- 推销员："这可引起你的注意力，而不会忘了回答。"

- 顾客："嗯。"
- 推销员："如果是顾客打来的电话，你知道以后，马上回话，将会使顾客感到满意而不会抱怨。"
- 顾客："嗯。"
- 推销员："这样，你的信誉会越来越好，产品的销路会大开，利润会增加。"
- 顾客："喔。"

在这个例子中，顾客总是"嗯"、"喔"地应付推销员，显然，顾客对推销员所推销的产品特色没有很大的兴趣。推销员没有把握住四个步骤。

推销产品特色包括四个步骤：引出顾客的需要并确认，确认产品的特色，推销产品的特色，说明"产品的特色可以为顾客带来什么好处"，使顾客确认这些"好处"。

回头分析上述例子，把例子中的推销程序倒过来，即符合上述的四个步骤，形成一个良好的"示范"：

- 推销员："像大部分的企业家一样，你一定珍惜现在所拥有的商誉，对吗?"
- 顾客："对。"（引出顾客的需要）。
- 推销员："安索风录音电话能使你提供比同业更好的服务，它能使你迅速地回话给顾客，让顾客觉得受到尊重同时也维持了自己的商誉，你说对吧?"
- 顾客："对。"（确认顾客的需要）。
- 推销员："这就是为什么这台录音电话装有'收到信息'的红色指示的主要目的（确认产品的特色）。红色指示灯能迅速地提醒你立刻处理顾客打来的电话，你的顾客一定会很欣赏你这种快速回话的作风（推销产品的特色以及因产品特色而带来的好处）。你一定会觉得这个红色指示灯很有用处，是不是?"
- 顾客："是啊。"（使顾客认同因产品特色而带来的好处）。

在此例中，"红色指示灯"属于小的产品特色。如果推销过程不当，这种小的产品特色是很难发挥效果的。不过，只要推销过程依照着上述四步骤进行，小的产品特色一样有着相当可观的效果。

4. 促使顾客采取购买行动

推销的最终目的是要顾客"购买"商品。如何促使顾客采取购买行动呢?

(1) 采取"假定顾客要买"的说话心态。这种心态常常在零售店里看到。汤尼·亚当斯举了一个亲身体验的例子。他有一套新西装，但是缺少一条可以搭配的领带。他走进了一家服装饰品店准备选购领带。

店里有一个玻璃柜台，柜台后站着一位年约18岁的少年。见到客人进来，少年说："先生，请问你想买什么?"

"我想买条领带，配我那套蓝灰色的西装。"亚当斯回答说。

"好的。"少年很有信心地表示，"你在这里一定可以找到你喜欢的领带。"

少年从柜台下面抽出三只木盒，木盒里放满了各式领带。放眼望去，一条条并列的领带煞是整齐好看。

少年说："在你选领带以前，我想给你一个建议，选领带时，选择第一眼看去就喜欢的领带，不要想的太多，以为继续找下去可以找到更好的，结果，徒增困扰，下不了决心。"

亚当斯看中一条丝质领带，颜色既不是纯黑的也不是纯蓝的，好像是夜晚的天空。混合着黑色和蓝色。领带上面还镶着许多斑点，像金孔雀的眼睛。

“这条不错。”亚当斯说。

“这条不错。”少年附和着，“很适合蓝灰色西服。”少年从亚当斯手中取回领带，小心翼翼地叠好，说：“这条领带的价格是6英镑。”

亚当斯觉得太贵，一时竟犹豫起来，考虑“要不要买”时精致的包装袋吸引了亚当斯，从包装袋的质料上看，可以看出这是专门为高价产品设计的包装袋。禁不住“精致”的诱惑，亚当斯终于买下了那条“不错”的领带。

在这个事例中，少年采取了“假定顾客要买”的说话心态，这种心态使他说出来的话肯定有力，增强了客户对产品的信心，促使顾客采取购买行动。

（2）问些小问题。推销员问顾客：“你需要多少？”“你喜欢什么颜色？”“下星期二交货可以吗？”等。这些问题使顾客觉得容易回答，同时也逐步诱导顾客采取“购买”的行动，不要直接问顾客：“你想不想买？”这会使多数顾客不知道如何回答，更不要说采取“购买”行动了。

（3）在小问题上提出多种可行的办法，让顾客自己做决定。如“整箱买可以便宜10%，你想要一整箱还是零买？”

不论是运用第二种方法还是第三种方法，结果都是一样的——让顾客说出喜欢的付款方式。所以这两种方法常交互运用。

以Ⅱ代表第二种方法，以Ⅲ代表第三种方法。由下面例子可以看出这两种方法被交互使用的情形。

一位推销员在顾客家里推销百科全书。推销员问顾客：

“这本书的价格是1900英镑，包括长达10年的保证期，你喜欢一次付清还是分期付款？（Ⅲ）你每月大约能支付多少钱？（Ⅱ）分期付款可分36期和48期，每期一个月。如果是48期，利息负担大约是200英镑左右。你喜欢36期还是48期（Ⅲ）？”

在此例中，推销员从来没有问过：“你要不要买？”，而是很有技巧地使用了第一种方法（采取假定顾客要买的说话心态），以及第二种、第三种方法。

（4）说一些“紧急情况”。如“下星期一，价格就涨了”、“只剩最后一个了”，紧急情况使顾客觉得要买就得快，不能拖延，使顾客及早采取购买行动。

（5）“说故事”。推销员可以把过去推销成功的事例当作“故事”说给顾客听。让顾客了解他的疑虑也曾是别人的疑虑，这个“别人”在买了产品、经过一段时间的使用之后，不再有所疑虑，而且还受益良多。“故事”能增加顾客对产品的信心和认同，进而采取“购买”行动。但是“故事”不能“凭空捏造”，要有根据—— 如顾客的感谢函或者传播媒体的赞誉等。

二、“迪伯达”模式（DIPADA）

“迪伯达”（DIPADA）模式是国际推销权威海因兹·M. 戈德曼从推销实践中总结出来的一种行之有效的推销模式。与传统的“爱达”模式相比，“迪伯达”模式的特点是紧紧抓住了顾客的需要这个关键性的环节，使推销工作更能有的放矢，因而具有较强的针对性。一般来说，“迪伯达”模式更适用于指导向批发商、厂商和零售商推销各种工业品、无形产品等。

如果顾客主动询问某一产品并了解有关情况，那么，在拜访这些顾客或者同他们进行业务洽谈时，也应该使用“迪伯达”模式。

“迪伯达”是6个英文字母D、I、P、A、D、A的译音。它表示模式包括6个步骤。第一个步骤是准确地发现顾客的需求与愿望（Definition）；第二个步骤是把要推销的产品与顾客的需求及顾客的愿望结合起来（Identincation）；第三个步骤是要证实所推销的产品正是顾客所需要的（Proof）；第四个步骤是促使顾客接受所推销的产品（Acceptance）；第五个步骤是刺激顾客的购买欲望（Desire）；第六个步骤是促使顾客作出购买与成交的决定（Action）。和爱达模式相比，迪伯达模式层次多，步骤繁，但其推销效果更好。

（一）准确发现顾客的需求与愿望

发现顾客的需求与愿望是现代推销理论的出发点。迪伯达模式强调这一点，要求推销员不仅仅了解购买者，还必须了解自己的企业及产品，了解本企业的销售政策，同时还要了解竞争者。要对顾客、本企业和市场三个因素有准确的把握。发现顾客需求的方法有很多，比如市场调查预测法、市场咨询法、资料查找法、社交发现法、同行了解法、建立信息网络法、个人观察法、连锁介绍法，等等。

（二）把推销的产品与顾客的需求和愿望结合起来

达成交易，“结合”是一个必要的过程。对顾客而言，这个过程也许是主动的，也许是被动的。主动的结合是推销员努力的结果，而被动的结合必须得到顾客的接受和认可。

（1）结合的原则为：符合客观实际；必须符合顾客的利益；须是可以证实的或令人信服；结合的技巧应不留痕迹，自然而然。

（2）按结合的形式分，有语言结合法、行为结合法。前者是通过语言表达，说明产品符合顾客需要的特性；后者则是通过推销员的行动把推销活动和满足顾客的需求、解决顾客的问题结合起来，用行动向顾客表明诚意，赢得信任与合作，两种方法一并使用，言行一致，能达到最佳效果。

（3）按结合的内容分，有物的结合、产品整体概念结合、观念结合、信息结合、关系结合。

（4）按结合的范围或路线分，有两点直接结合法、三点式和多边式结合法。

（5）按与顾客关系网结合的不同层面分，有上行关系结合法和下行关系结合法。

（6）从需求的角度分，有适应需求结合法、调整需求结合法、引导需求结合法。

（三）证实推销的产品符合顾客的需求

证实就是为顾客寻找购买的理由与证据。理由和证据应该具备客观性、可信性、针对性、全面性、完善性的特征。推销员应努力使自己的推销言之有据。推销面谈之前的准备工作中，就要收集整理各种证据并排练演示，争取在推销过程中运用自如，达到最佳效果。证据有多种多样。

（1）从证据的来源分，有人证、物证和例证。

（2）从证据的获取渠道分，有生产现场证据、销售与使用现场证据及顾客自我经验所提供的证据。

（3）从证据的形式分，有文字证据、图片证据、光电证据。

（四）促使顾客接受所推销的产品

在第三个阶段之后，推销员必须问一个顾客是否认为所提供的证据真实可信。前三个阶段都是推销员扮演主要角色，顾客则是第四步的主角。

推销员在这一步把握的原则就是明确顾客的态度，并对前段推销工作做总结。有些推销员在使用“迪伯达”模式时，往往忽略向顾客证实他对所推销的产品有需求。其实，在你向顾客证实他需要购买所推销的产品以前，他一般不会把他们的需求与你所推销的产品联系起来。推销人员必须拿出充分的证据向顾客证明，产品符合顾客的需要和要求，他所需要的正是这些产品。应该强调的是，必须从顾客的角度，而不是从推销员的角度来判断这些证据是否真实可信。

证实具体的方法有：

（1）询问法，通过提问的方式，搞清楚顾客对推销的接受程度。

（2）总结法，边推销边总结，强调经过前三步的努力双方达到的共识。

（3）试用法，“免费试用”往往是促使顾客接受产品的一个法宝。

（4）部分接受法，如果不能促使顾客全部接受推销要点，也要让顾客在部分问题与方面接受产品，这样积少成多，逐步引导顾客接受整个产品。

（5）等待接受法，有时顾客因为某种原因无法立即接受产品，推销人员就要学会耐心等待，并不断与顾客接触。长时间的等待与积极的推销相结合可以创造良好的业绩。

（6）示范检查促进法，推销人员通过在示范过程中向顾客提出一些带有检查性的问题，从而试探顾客的接受程度以及是否有购买的意图。如果发现有问题，可以立即纠正补充。

（7）顾客使用促进法，即推销人员把已经介绍与初步证实的产品留给顾客使用，从而促进顾客接受产品的方法。

（五）刺激顾客的购买欲望

在推销过程中，仅仅使顾客把他的需要和推销品联系起来是远远不够的，还应该使顾客认识到：他必须购买你所推销的产品或服务。因此，必须激发顾客的购买欲望。顾客的购买欲望与需要有着紧密的联系。因此，激发欲望的方法也因人而异。但有两个基本原则可供参考，一是向顾客介绍情况以刺激他的购买欲望；二是提出一些有吸引力的建议，并进行充分的说理来激发购买欲望。

（六）促使顾客采取购买行动

这个阶段同“爱达”模式的第四阶段“达成交易”一致。

■ 知识窗

把木梳卖给和尚

有一家效益相当好的大公司，为扩大经营规模，决定高薪招聘营销主管。广告一打出来，报名者云集。

面对众多应聘者，招聘工作的负责人说：“相马不如赛马。为了能选拔出高素质的人才，我们出一道实践性的试题，就是想办法把木梳尽量多地卖给和尚。”

绝大多数应聘者感到困惑不解，甚至愤怒，出家人要木梳何用？这不明摆着拿人开涮吗？于是纷纷拂袖而去，最后只剩下三个应聘者：甲、乙、丙。

负责人交待：“以10天为限，届时向我汇报销售成果。”

10 天以后。负责人问甲："卖出多少把？"

答："1 把。"

"怎么卖的？"

甲讲述了历尽的辛苦，游说和尚应当买把梳子，无甚效果，还惨遭和尚的责骂，好在下山途中遇到一个小和尚一边晒太阳，一边使劲挠着头皮。甲灵机一动，递上木梳，小和尚用后满心欢喜，于是买下一把。

负责人问乙："卖出多少把？"

答："10 把。"

"怎么卖的？"

乙说他去了一座名山古寺，由于山高风大，进香者的头发都被吹乱了，他找到寺院的住持说："蓬头垢面是对佛的不敬。应在每座庙的香案前放把木梳，供善男信女梳理鬓发。"住持采纳了他的建议。那山有 10 座庙，于是买下了 10 把木梳。

负责人问丙："卖出多少把？"

答："100 把。"

负责人惊问："怎么卖的？"

丙说他到一个颇具盛名、香火极旺的深山宝刹，朝圣者、施主络绎不绝。丙对住持说："凡来进香参观者，多有一颗虔诚之心，宝刹应有所回赠，以做纪念，保佑其平安吉祥，鼓励其多做善事。我有一批木梳，您的书法超群，可刻上'积善梳'三个字，便可做赠品。"住持大喜，立即买下 100 把木梳。得到"积善梳"的施主与香客也很是高兴，一传十、十传百，朝圣者更多，香火更旺。

启示：推销不是寻找买主，而是创造顾客。不同的思维会有不同的结果。最可观的买卖并不在于直接消费产品的客户本人，而在于通过客户让更多的人使用。

——资料来源：《管理故事与哲理》

作者：李晓东　京华出版社出版

三、"埃德帕"模式（IDEPA）

IDEPA 模式是国际推销专家海因兹·M·戈德曼（Heinz M Goldmann）总结五个推销步骤，根据自己的推销经验总结出来的迪伯达模式的简化形式。其中：

I 为 Identification 的缩写，意为：把推销的产品与顾客的愿望结合起来；

D 为 Demonstration 的缩写，意为：示范产品阶段；

E 为 Elimination 的缩写，意为：淘汰不合适的产品；

P 为 Proof 的缩写，意为：证实顾客的选择是正确的；

A 为 Acceptance 的缩写，意为：接受某一产品，作出购买决定。

埃德帕模式的具体内容：

1. 把推销的产品与顾客的愿望联系起来

一般来说，人们总希望从购买活动中获得一定的利益，包括在一定程度上增加收入、减少成本、提高效益。推销人员应对上门主动求购的顾客热情接待，主动介绍商品，使顾客认识到购买商品所能获取的一定利益，紧紧扣住顾客的心弦，欲罢不能，只好接近推销人员，这种效果是其他接近方法所无法收到的。在实际推销工作中，普通顾客很难在推销人员接近时立即认识到购买商品的利益，同时为了掩饰求利心理，也不愿主动向推销人员打听这方面的情况，而往往装出不屑一顾神情。如果推销人员在接近顾客时主动提示商品利益，可以使商品的内在功效外在化，尽量满足顾客需求。

在向顾客展示利益时，推销人员应该注意下述问题：商品利益必须符合实际，不可浮夸。在正式接近顾客之前，推销人员应该进行市场行情和用户情况调查，科学预测购买和使用产品可以使顾客获得的效益，并且要留有一定余地。

2. 向顾客示范合适的产品

证实的常用办法是示范。所谓示范就是当着顾客的面展示并使用产品，以显示出你推销的产品确实具备能给顾客带来某些好处的功能，以便使顾客产生兴趣和信任。熟练地示范你推销的产品，不仅能吸引顾客的注意力，而且更能使顾客直接对产品发生兴趣。示范最能给人以直观的印象，示范效果如何将决定推销成功与否。因而，示范之前必须周密计划。

3. 淘汰不宜推销的产品

有些产品不符合顾客的愿望，我们称之为不合格产品。需要强调指出，推销人员在向顾客推销产品的时候，应及时筛选那些与顾客需要不吻合的产品，使顾客尽量买到合适的产品，但也不能轻易淘汰产品，要做一些客观的市场调研及分析。

4. 证实顾客的选择正确

即用案例证明顾客已挑选的产品是合适的，该产品能满足他的需要。

5. 促使顾客接受产品

推销人员应针对顾客的具体特点和需要进行促销工作，并提供优惠的条件，以促使顾客购买推销的产品。

IDEPA 模式的适用范围：

埃德帕模式多用于向熟悉的中间商推销，也用于对主动上门购买的顾客进行推销。

无论是中间商的小批量进货、批发商的大批量进货，还是厂矿企业的进货，也无论是采购人员亲自上门求购，还是通过电话、电报等通讯工具询问报价，只要是顾客主动与推销人员接洽，都是带有明确的需求目的的。

四、费比模式（FABE）

（一）FABE 模式的含义

FABE 模式是由美国奥克拉荷大学企业管理博士、台湾中兴大学商学院院长郭昆漠总结出来的。FABE 模式是非常典型的利益推销法，而且是非常具体、具有高度性、可操作性很强的利益推销法。它通过四个关键环节，极为巧妙地处理好了顾客关心的问题，从而顺利地实现产品的销售。

F 代表特征（Features）：产品的特质、特性等最基本功能，以及它是如何用来满足我们的各种需要的。特性，毫无疑问就是自己品牌所独有的。

每一个产品都有其功能，否则就没有了存在的意义，这一点应是毋庸置疑的。对一个产品的常规功能，许多推销人员也都有一定的认识。但需要特别提醒的是：要深刻发掘自身产品的潜质，努力去找到竞争对手和其他推销人员忽略的、没想到的特性。当你给了顾客一个“情理之中，意料之外”的感觉时，下一步的工作就很容易展开了。

A 代表由这特征所产生的优点（Advantages）：即所列的商品特性（F）究竟发挥了什么功能？是要向顾客证明：购买的理由，同类产品相比较，列出比较优势；

B 代表这一优点能带给顾客的利益（Benefits）：即商品的优势（A）带给顾客的好处。利益推销已成为推销的主流理念，一切以顾客利益为中心，通过强调顾客得到的利益、好处，激发顾客的购买欲望。

E 代表证据（Evidence）：包括技术报告、顾客来信、报刊文章、照片、示范等。证据具有足够的客观性、权威性、可靠性和可见证性。

FABE 法简单地说，就是在找出顾客最感兴趣的各种特征后，分析这一特征所产生的优点，找出这一优点能够带给顾客的利益，最后提出证据，证实该产品确能给顾客带来这些利益。

FABE 法的销售过程：

FABE 法就是将一个商品分别从四个层次加以分析、记录，并整理成商品销售的诉求点。

在过程上而言，首先应该将商品的特征（F）详细的列出来，尤其要针对其属性，写出其具有优势的特点。将这些特点列表比较。表列特点时，应充分运用自己所拥有的知识，将产品属性尽可能详细地表示出来。

接着是商品的利益（A）。也就是说，您所列的商品特征究竟发挥了什么功能？对使用者能提供什么好处？在什么动机或背景下产生了新产品的观念？这些也要依据上述商品的八个特征，详细地列出来。

第三个阶段是客户的利益（B）。如果客户是零售店或批发商时，当然其利益可能有各种不同的形态。但基本上，我们必须考虑商品的利益（A）是否能真正带给客户利益（B）？也就是说，要结合商品的利益与客户所需要的利益。

最后是保证满足消费者需要的证据（E）。亦即证明书、样品、商品展示说明、录音及录影带等。

（二）运用 FABE 模式的语言句式

1. 特点、功能、好处、证据——FABE 原则

针对不同顾客的购买动机，把最符合顾客要求的商品利益，向顾客推介是最关键的，为此，最精确有效的办法，是利用特点（F）、功能（A）、好处（B）和证据（E）。其标准句式是："因为（特点）……，从而有（功能）……，对您而言（好处）……，你看（证据）……"

2. FABE 定义

（1）特点（Feature）："因为……"

- 描述商品的款式、技术参数、配置；
- 有形的，这意味着它可以被看到、尝到、摸到和闻到；
- 回答"它是什么"。

（2）功能（Advantage）："从而有……"

- 解释了特点如何能被利用；
- 无形的，这意味着它不能被看到、尝到、摸到和闻到；
- 回答"它能做到什么……"

（3）好处（Benefit）：“对您而言……”

- 将功能翻译成一个或几个的购买动机，即告诉顾客将如何满足他们的需求；
- 无形的：自豪感、自尊感、显示欲等；
- 回答“它能为顾客带来什么好处”。

（4）证据（Evidence）：“你看……”

- 向顾客证实你所讲的好处；
- 有形的，可见、可信；
- 回答“怎么证明你讲的好处”。

（三）如何更好地运用 FABE

1. 从顾客分类和顾客心理入手，恰当使用“一个中心，两个基本法”

（1）“一个中心”是以顾客的利益为中心，并提供足够的证据。

（2）“两个基本法”是灵活运用观察法和分析法。

2. 3+3+3 原则

（1）3 个提问（开放式与封闭式相结合）。

- 请问您购买该产品主要用来做什么？
- 请问还有什么具体要求？
- 请问您大体预算投资多少？

（2）3 个注意事项。

- 把握时间观念（时间成本）；
- 投其所好（喜好什么）；
- 给顾客一份意外的惊喜（赠品、一次技术澄清数码家庭规划）。

（3）几个掷地有声的推销点（应在何处挖掘？）。

- 质量；
- 款式；
- 价格；
- 售后附加价值等等。

3. 实例解析

例如，以冰箱的省电作为卖点，按照 FABE 的销售技巧可以介绍为：

- （特点）你好，这款冰箱最大的特点是省电，它每天的用电才 0.35 度，也就是说 3 天才用一度电。
- （优势）以前的冰箱每天用电都在 1 度以上，质量差一点可能每天耗电达到 2 度。现在的冰箱耗电设计一般是 1 度左右。计算一下就知道一天可以为你省多少钱。
- （利益）假如 0.8 元一度电，一天可以省 0.5 元，一个月省 15 元。
- （证据）这款冰箱为什么那么省电呢？
- （利用说明书）你看它的输入功率是 70 瓦，就相当于一个电灯的功率。这款冰箱用了最好的压缩机、最好的制冷剂、最优化的省电设计，它的输入功率小，所以省电。
- （利用销售记录）这款冰箱销量非常好，你可以看看我们的销售记录。假如合适的话，我就帮你试一台机。

■ 知识窗

到底什么样的搅蛋器最好？

事实相同，表达各异

这是发生在美国怀俄明州一家零售店里的一幕：有一天下午，一个中年男子到店里买搅蛋器。

“先生，”店员有礼貌地说，“你想要好一点儿的，还是要次一点儿的？”

“当然是要好的。”顾客有点儿不高兴地说，“不好的东西谁要？”

店员受他抢白，有点讪讪的，红着脸把最好的一种“多佛牌”搅蛋器拿出来。

“这是最好的吗？”顾客问。

“是的。”店员说，“而且是牌子最老的一种。”

“多少钱？”

“110 元。”

“什么？”顾客把眼一瞪，“为什么这样贵？我听说，最好的才 60 几块钱。”

“60 几块钱的我们也有。”店员说，“但那不是最好的。”

“可是，也不至于差这么多钱呀！”

“差的是很多，还有 10 几元一个的哩。”

那位顾客一听，面露不悦之色，掉头想离去。商店的经理此时恰好看到了这一幕，他急忙赶了过去。

“先生，”他说，“你想买搅蛋器是吗？我来介绍一种好产品给你。”

“什么样的？”

经理要店员拿出另外一种牌子来，说：“就是这一种，请你看一看，式样还不错吧？只需 54 元。”

“照你店员刚才的说法，这不是最好的，我不要。”

“我这位店员刚才没有说清楚，”经理说，“搅蛋器有好几种牌子，每种牌子都有最好的产品，我拿出的这一种，是同牌货中最好的。”

“可是，为什么比‘多佛牌’差那么多钱？”

“这是制造成本的关系，”经理用一种亲切的语气说，“你知道，每种厂牌的机器构造不一样，所用的材料不同，所以在价格上会有出入。至于‘多佛牌’的价钱高，有两个原因：一是它的牌子老，信誉好；一是它的容量大，适合做糕饼生意用。”

“哦，原来是这样的。”顾客的神情缓和了。

“其实，”经理接着说，“有很多人喜欢用新牌子的。就拿我来说吧，我就是用的这种牌子，性能并不差。而且它有最大的优点，体积小，用起来方便，一般家庭最为适合。府上有多少人？”

“5 个人。”

顾客的反抗意识完全消除了。

“那再适合不过了。”经理说，他的表情就像跟老朋友谈天一样：“我看你就来这台回去用吧，保险不会使你失望。”于是生意成交了。

这个经理叫彭奈，这家零售店是美国零售业中拥有很高知名度的“基督教训商店”。

启示：

一个薪水很高的人和一个薪水很低的人，不管他们到店里要什么样的商品，店员都要好好揣摩顾客话里的意思。要学会用两种截然不同的方式、内容、语气来陈述同一个事实，才能使这两个顾客都满意。做生意只要你能在这些最细微的地方揣摩顾客的真实意向，观察他们的心理反应，就会赢得顾客的心。

——资料来源：《管理故事与哲理》

作者：李晓东　京华出版社出版

■本章小结

推销是一种复杂的社会活动，是推销员与顾客交往的过程。在大量推销实践过程中，人们总结出其中的规律性，形成推销理论。现代推销学的一个大的突破就是把推销过程理论化、系统化、规范化。本章重点介绍了推销方格理论和推销模式。推销方格理论阐述了推销人员和顾客之间的人际关系和买卖关系。这个理论包括推销员方格、顾客方格、推销员和顾客方格关系三部分。推销方格理论可以帮助推销员更清楚地认识到自己的推销能力，更深入地了解自己的推销对象，掌握顾客的心理特征；各种心态的推销员与顾客接触，哪一种搭配能导致推销成功。

中外推销专家在深入研究推销案例的基础上，从不同角度提出了一系列的推销模式。所谓推销模式就是根据推销活动的特点及对顾客购买活动各阶段的心理演变应采取的策略，归纳出的一套程序化的标准推销形式。具体包括“爱达”模式（AIDA）、“迪伯达”模式（DIPADA）、“埃德帕”模式（IDEPA）、“费比”（FABE）模式。在推销实践中，推销人员应从中掌握推销活动的规律，灵活运用推销模式，从而提高推销效率。

【注1】本章介绍的推销模式均引用自MBN智库百科（http：//wiki. mbalib. com/），其中部分标题为编者所加。

■个案分析

小李卖鸡

小李是某冷冻食品厂的一位推销员。虽然他从事推销工作的时间并不长，但由于他善于学习和吸收书本上的知识及其他推销前辈的经验教训，自己平时又注意钻研，因此，进步很快，在推销中取得了较为明显的成绩。一次，小李受命推销一批西装鸡。当时市场上这种产品供应量大，积压较多，各供货单位之间竞争十分激烈。小李按常规的推销方法，登门拜访了几家客户，结果都碰了钉子，未能达成交易。面对这一现实，小李没有沮丧失望，而是积极开动脑筋，努力寻找推销突破口。终于一个新的推销方案在小李的脑海中形成了，于是在下一次的推销中，小李作出了一幕精彩的表演。

这一次推销时，小李不再是直奔客户的办公室，以一个推销员的身份与客户打交道了。他选择了在一个顾客较少的时机进入了一家商场，并径直走到出售西装鸡的柜台前，非常仔细、非常认真地察看柜台内陈列的商品，售货员看到这幅情景，以为他在寻找什么产品，忙走过来问："您要点什么？"这时，小李站直身体，微笑着说："我不买，只是想看看您这儿的品种是否齐全。"对这样的回答，售货员感到有点奇怪，就问了句："您看这干什么？"小李又微微一笑说："对不起，这是我的职业病。""您的职业病？"售货员更是好奇了，"那您是干什么的？"抓住这一时机，小李亮出了自己的身份，回答道："我们是同行，我也是卖鸡的，我是专门负责向您们提供某公司的鸡产品的。"听到这样的介绍，售货员来了兴致，对小李也产生了更大的兴趣，于是又问道："那您看我们这儿的货怎么样呢？还齐全吗？"这时，小李重新俯下身体，故作仔细地又看了一下，才抬起头答道："不错，品种真不少，不过还有点欠缺，如某某品种您这儿好像还没有。"顺着这一话题，他俩就聊了起来。在这一过程中，小李一方面借机把自己推销的产品，向这位售货员做了详细介绍，同时也乘机探明了对方以前接受别人供货的条件，并穿插地说了一些售货员爱听的趣闻轶事，因此，当聊天结束时，他们俨然已成了老朋友。快要离去时，小李好像不经意地顺便提了一下，问售货员是否进一点他的货，售货员稍稍犹豫了一下："这要组长同意才行。"但是，她马上又热心地补充道："不过，您别急，我进去和组长说说。"于是，她进去找了组长，把情况简单介绍了一下，并在组长面前尽力推荐小李。因此，当组长到了小李面前后，只简单地与小李谈了一下供货的条件，就同意先进一点货。这样，小李终于在这家商场打开了推销的局面，且也因此与那位售货员成了朋友，这个柜台从此自然也就成了小李的老主顾，而且这位售货员还极力向同行们举荐小李。于是，小李的业务大大地拓展了。

分析：

我们撇开小李的发展状况不谈，仅就这一推销过程来看，它表面似乎很简单，但实质上却隐含着爱达模式的深意，我们从小李的行为上可以清楚地看到这一点：首先，小李非常仔细地察看柜台里的商品，这实际上是要引起售货员的注意；其次，小李的答语"我只是看看品种全不全"、"我们是同行"等，实为引发对方的兴趣；聊天中介绍自己的情况，是让对方充分了解自己，以便加深记忆；以老朋友的口吻问她是否买一点，是促她作出决定；知己知彼，提出优惠的供货条件，则是促进成交。可见，小李的做法，与爱达模式的要求是十分吻合的。也正是因为他的行为自觉或不自觉地与现代先进的推销观念和方法相符合，小李才得以突破困境，取得了推销的成功。

思考与练习

一、简答题

1. 什么是推销方格理论？
2. 推销员心理态度有哪五个基本类型？
3. 顾客心理态度有哪五个基本类型？
4. 试述推销员心理态度和顾客心理态度的关系。

5. 试述“爱达”模式（AIDA）有哪些步骤？

6. 试述“迪伯达”模式（DIPADA）有哪些步骤？

7. 试述“埃德帕”模式（IDEPA）有哪些步骤？

8. 试述“费比”模式（FABE）有哪些步骤？

二、案例题

成功的范例

印刷用品公司的推销员弗兰克已约好去见普鲁夹印刷公司的生产部经理波恩。

弗兰克：早安！波恩，今天早上承蒙接见，至感荣幸。我知道您的工作很忙，时间安排得很紧凑。对了！我在报纸上看到有关贵公司的报道，业绩超越最近这五年，这一定是您的经营方向正确，领导有方，相信一定有很多人在谈论贵公司的管理。

波恩：是的，我们对公司的业绩感到很欣慰，那不是轻易得来的。本公司和其他公司一样，同样也有我们的问题。

弗兰克：贵公司有哪些问题呢？

波恩：最主要的问题是印刷时，机器停顿的时间太多。

弗兰克：造成机器停顿的原因是些什么呢？

波恩：原因之一是本公司购买的湿滚筒质量太差，不只是向您的竞争厂商 Ajax 购买，同时也向贵公司购买。这些滚筒都不耐用，接缝处有撕裂的痕迹，绒布上沾有油墨，有谁知道还有其他原因没有？

弗兰克：我了解您的感受，很高兴您把这些问题告诉我。直到最近为止，这确实是业界相当普遍的问题。这也是我今天来拜访您的原因之一。本公司最近开发一种崭新且现代化的3—Plate 湿滚筒，如果使用它，您刚才所提的这些问题就不会再发生了。您听说过这种新产品吗？

波恩：尚未听说过。

弗兰克：我想您应该认识第三街 Paragon 印刷公司的 Fred Filbert 吧，您认为他的作业方式和贵公司的作业方式相同吗？

波恩：是的，大部分都相同。

弗兰克：上个月我和 Fred 讨论时，他告诉我，他的滚筒纸潮湿表面的平均寿命才16小时，因为强烈的碰撞、起泡、解开等动作，平均每次换班时间就得更换表面，此时机器就要被迫停顿了。这就是您所遭遇到的问题吗？

波恩：是的，正是如此。

弗兰克：大约在四星期前，经过我建议之后，Fred 决定试用3—Plate 湿滚筒，后来他发现不但减少了强烈的碰撞、起泡以及解开等动作。经过一个月之后，第一个湿滚筒仍然一直在使用。因为无须更换表面，所以减少机器停顿的时间，节省的就足够支付3—Plate 湿滚筒的费用了。

波恩：不错，这是我常听推销员说的老套。这种新产品的价格一定很贵吧。

弗兰克：让我把这个问题说清楚之后，再来讨论价格吧！坦白说，3—Plate 湿滚筒是一种革命性的新产品，潮湿的表面是一个崭新的观念，它是一个完整的圆柱形，尤其是含有坚固的纤维管，完全没有接缝，可消除您所遭遇到的问题。其实，3—

Plate 湿滚筒确实要比干燥滚筒更坚固，您曾经使用过唯一的纸套筒吗？

波恩：当然用过，纸质比布质便宜多了。

弗兰克：纸质的单价可能比较便宜，但就长期而言，比布质更昂贵。例如 3—Plate 湿滚筒不会像您所使用的纸质套筒那样有裂缝、有皱纹、会伸张、会收缩。

波恩：安装又如何呢？

弗兰克：我为您准备了一份，让我们到您的机器上去试试。

（他们朝着机器的方向走去，并叫来一名机器操作员。）

波恩：您看，装套筒就是这么容易，只要把它置于滚筒上就可以了。您为何要使用构造复杂或有许多控制装置的套筒呢？不像这种套筒吧！它丝毫没有改变湿印刷机的基本设计。这种套筒的单价虽然贵一点，但是当您要改变印刷颜色时，无须清洗，实际上是节省了不少费用；印刷中遇有短暂的停顿时，也不会像纸张一样变得干燥。何不把 3—Plate 公司所赠送的套筒装到您的印刷机上呢？让我们再回到办公室去吧，那里要安静得多。

（他们一起回到波恩先生的办公室。）

波恩：现在让我把 3—Plate 湿滚筒的优点做一个总结，首先是可使印刷清晰，而且绝对不会留有柳絮状的纤维；其次是改变印刷颜色时，无须清洗或更换套筒；第三是工作进行中，不会产生任何形式的痕迹；第四是无须重新准备或调整。

弗兰克：您可能会担心成本问题，可不是吗？使用 3—Plate 湿滚筒之后，无须使用酒精或其他特别溶液，也无须花费洗衣费用。曾经使用过这种套筒的人，都发现 3—Plate 湿滚筒比他们以前所使用的任何套筒都经济。

当然，最后的结果，是波恩买了弗兰克推销的机器。

问：

（1）弗兰克推销时做了哪些事？

（2）运用所学推销模式分析弗兰克成功的原因。

（3）如果你是弗兰克，你会怎么做？

三、自测题

1. 假设你是一个机械生产厂的推销人员，应该怎样运用“迪伯达”模式来推销你的产品？

2. 如果你是一位商店的营业员，运用哪一个模式比较合适？

3. 当你刚走上推销工作岗位时，你会怎样运用“爱达”模式来指导你的行动？

第三章

推销人员的职责、素质与能力开发

学习目标

理解推销人员的不同分类及其共同的职责。掌握推销人员应具备的素质。理解并掌握推销人员应具备的能力。

第一节 推销人员的职责

推销员最基本的职责就是销售企业的产品，但事实上，销售的成功不过是一系列有效活动的必然结果。推销员在推销过程中真正要做的工作，是如何在企业利益和顾客利益之间找到共同点，既让顾客得到应得的利益，也使企业的利益得以维护。

一、推销员的类型

（一）按销售产品的对象划分

按销售产品的对象划分，推销员可分为接触新顾客的推销员与接触老顾客的推销员。新顾客从未购买过企业的产品，要说服新顾客，必须完成介绍产品、克服异议等多项工作；而老顾客对产品和成交条件都比较熟悉，要使其继续购买企业的产品，重点在沟通关系和提供服务方面，几乎不再需要推销技巧。

（二）按销售产品的价值划分

按销售产品的价值划分，推销员可分为高价值产品的推销员与低价值产品的推销员。高价值产品在这里是指对购买者的生产或生活比较重要，购买决策过程比较复杂的产品，如成套设备、住宅等，要说服顾客购买这些产品，自然需要较多的时间和精力。而推销低价值产品则容易得多。

（三）按推销员的工作性质划分

按推销员的工作性质划分，推销员可分为外勤推销员与内勤推销员。前者的工作场所一般在顾客的工作地点，是主动上门找客户；内勤推销员的工作场所在企业内，不必奔波旅行，也不需唤起顾客的购买欲望，因为内勤推销员接触的是已准备采取购买行动的顾客。外勤推销员扮演着“购买欲望刺激者”的角色，而内勤推销员则扮演着“开发票者”的角色。

（四）按产品的特性划分

按产品的特性划分，推销员可分为有形产品推销员与无形产品推销员。有形产品的特征比较容易被顾客所了解，它能够带给顾客的利益是看得见、摸得着的。而向顾客说明无形产品的利益则相对难一些，推销无形产品所需的时间和精力也就多一些。试想，向同一顾客推销保健品和健康保险，显然推销健康保险更难一些。

（五）按销售产品的职责划分

按销售产品的职责划分，推销员可分为直销人员、贸易性推销人员和传教式推销员或促销员。

直销人员（Direct Salespeople）是指那些直接向最终用户推销产品的推销人员。直销员可以隶属于某一生产企业，也可以为某一批发商工作。通常，最终用户应该到生产企业或批发商处交款取货，而不应从直销员手里取货。但有些企业也允许直销员随身携带产品并在顾客处成交。

贸易性推销人员（Trade Salespeople）是指那些向批发商、零售商销售产品的推销员。贸易性推销人员工作的重点不是寻找新的潜在客户，而是如何保持和发展与老客户的关系，使其不断购买企业的产品。

贸易性推销人员并非都隶属于制造商，经销商、代理商的推销人员大部分也是以中间购买者为推销对象的。有些贸易性推销人员推销的是工业仪器、设备，有些则推销个人消费品。前者为中间商提供的服务主要是：培训中间商的推销人员，使其深入了解产品的技术特征；后者为中间商（主要是零售商）提供的服务一般是各种促销活动，如在零售商所在地进行广告宣传。

传教式推销员或称促销员，其基本特征是，为某一生产企业促销商品，说服最终用户到当地的分销商处购买该生产企业的产品。例如，北京一家计算机公司在沈阳设有经销商或代理商，负责在沈阳销售该公司的计算机。为促进计算机的销售，北京这家公司可以派人到沈阳，向有计算机需求的企事业单位介绍本公司的产品，通过召开产品发布会的形式，在大众媒体上做一些公关宣传或到企业实地走访，说服用户购买该公司的计算机。

二、推销员的职责

把成交建立在真正满足顾客需求的基础上，这是营销观念的基本含义之一，也是营销观念对推销人员的基本要求。推销员应把为顾客服务，发现和解决顾客的问题作为自己的首要任务。当然，营销观念并不仅仅重视顾客利益的满足。如果推销过程没有给企业带来利益，推销员也是不称职的。正如一位推销专家所说：亏本的销售对企业和顾客同样有害。因此，在有利润的前提下达成销售是推销员的首要任务。

每一次推销活动的具体任务是不同的，不同类型的推销工作也有不同的工作内容，但任何企业的椎销员，都承担着一些相同的基本职责，包括搜集信息、沟通关系、销售产品、提供服务、建立形象。

（一）搜集信息

推销员与顾客直接接触，易于获得需求动态、竞争状况以及顾客的意见等重要信息，及时、持续不断地搜集这些信息并反馈给企业，是推销员应承担的一项重要职责。

国外许多大企业往往通过相应的制度确保推销员履行这项职责。这不仅可以为企业制定正确的营销策略提供可靠的依据，也有助于推销员提高自己的业务能力。通常，企业要求推销员搜集的信息主要包括：

（1）顾客对产品的具体意见和要求；

（2）消费者特征、结构方面的情况；

（3）市场供求关系的现状及变化趋势；

（4）顾客需求的现状及变化趋势；

（5）同类产品的竞争状况；

（6）顾客对企业销售政策、售后服务等的反应。

（二）沟通关系

沟通关系指运用各种管理手段和人际交往手段，建立、维持和发展与主要潜在顾客、老顾客之间的人际关系和业务关系，以便获得更多的销售机会、扩大企业产品的市场份额。推销人员应改变那种“买卖做完即分手”的做法，与顾客建立长期、稳固的联系。不论是对老顾客，还是对尚未购买产品的潜在顾客，都应保持这种联系。这种联系不仅包括业务方面的内容，还应包括人际关系。国外一些企业总结出了一套沟通关系的有效步骤：第一，确定主要客户的名单；第二，确定每一位推销员的联络对象；第三，规定沟通关系的具体目标及任务；第四，推销管理人员定期检查评估；第五，每个推销员根据计划目标实施沟通工作。

（三）销售产品

销售产品是通过直接推销过程的一系列活动来完成的。这类活动包括：寻找潜在顾客、准备进行访问、介绍和示范产品、处理异议、确定价格及交货时间等成交条件、签订合同等，此外，还包括销售产品所必需的辅助性活动，如商务旅行、调研、案头工作、必要的交际等。据美国1985年的一项调查，推销员花在旅途及等待会见的时间占全部工作时间的26%，花在调研及案头工作上的时间占全部工作时间的23%，而真正与顾客接触，说服顾客购买的时间则占全部工作时间的41%。

（四）提供服务

做好推销前、推销过程中以及推销后的服务，也是推销人员应承担的职责。因为，在竞争激烈的市场上，服务往往成为能否达成销售的关键因素。推销前的服务通常包括：帮助顾客确认需求或要解决的问题；为顾客提供尽可能多的选择；为顾客的购买决策提供必要的咨询，这些工作为成交奠定了基础。推销过程中的服务主要包括为顾客提供运输、保管、装卸，以及融资、保险、办理各种手续方面的帮助，这些能为顾客带来额外利益的服务项目常常成为决定成交的主要因素，尤其是在商品本身的特征和价格差别不大的情况下，顾客总是选择那些能提供额外服务的厂家。销售后的服务一般包括：产品的安装、调试、维修、保养，人员培训，技术咨询，零配件的供应，以及各种保证或许诺的兑现等，这些服务不仅能够消除顾客的报怨，增强顾客的满足感，而且有助建立良好的企业形象，巩固与客户的关系。

（五）建立形象

建立形象是指推销员应该通过推销过程中的个人行为，使顾客对企业产生信赖或好感，并促使这种信赖和好感向市场扩散，从而为企业赢得广泛的声誉，建立良好的形象。

在顾客面前，推销员就是企业。顾客是通过推销员了解、认识企业的。因此，能否为企业树立一个良好的市场形象，也就成为衡量推销员的重要标准之一。建立良好的形象，需要推销人员做许多工作。首先要使顾客对推销员个人产生依赖和好感；其次是使顾客对整个交易过程满意；再次要使顾客对企业所提供的各种售后服务满意。此外，推销员还应尽量帮助顾客解决生产经营方面的问题，向顾客宣传企业，让顾客了解企业。

第二节 推销人员的素质

尽管推销人员的工作和职责是有差异的，但推销工作对推销人员素质的要求却是基本相同的。推销工作的复杂性决定了推销人员必须具备较好的素质。

推销人员不是先天就具备推销素质，而是靠自身的努力去完善的。只要认真学习、努力实践，就可以提高和改善素质，就可以成为优秀的推销员。现代企业的推销员是开拓市场的先锋，推销工作的基点是满足顾客的需求，寻求交易双方的共同利益。推销员不仅是企业的代表，也是消费者的顾问。为此，推销人员须有较高的思想道德素质和业务素质。

一、思想道德素质

推销员首先要具有正确的经营思想、良好的职业道德；要具有高度的责任感和强烈的事业心；要有为人民服务的精神。

（一）具有强烈的事业心

推销员的事业心主要表现为，要有献身于推销事业的工作精神，不怕艰苦，任劳任怨，全心全意为用户和消费者服务，有取得事业成功的坚强信念。推销员的责任感主要表现在，忠实于本企业，忠实于自己的顾客。每个推销员的一言一行，都代表着企业的形象，都必须为所在企业负责，为树立企业的良好信誉作贡献，绝不允许有损害企业利益的行为发生。同时，推销员要对顾客的利益负责，真心真意满足顾客的需要，帮助顾客解决困难和问题。

（二）良好的职业道德

推销员的单独业务活动较多，在工作中，要有较强的自我约束能力，不利用职业之便坑蒙拐骗顾客，不侵吞企业利益；知法、懂法、守法，按照经济法等有关法律规范推销商品。

（三）正确的经营思想

现代市场营销观念应成为开展推销活动的重要指导思想。推销人员要把这一思想贯彻到整个推销过程中去，把消费需求视为企业推销的目标，把消费需求的满足程度视为检验推销活动的标准，在工作中要主动发掘顾客的潜在需求，不断创造顾客新的需求，激起买主更大的购买欲望，并善于把企业利益和顾客的利益协调一致，把企业的利益和良好的服务相结合，既当好企业的推销员、又当好顾客的服务员和参谋。当企业利益与顾客利益发生矛盾时，应做好协调工作，从顾客利益出发，调整企业的经营。

二、业务素质

（一）具有现代推销的观念

推销观念是现代社会各类推销活动的指导思想，它是推销工作原理、规律和原则的一种深层次的能动反映。良好的推销观念能促使推销行为永远处于自觉化的正常状态，使推销员对推销环境的变化和适应有一种能动的开放机制，以至能保证圆满完成预定的目标与推销任务。推销观念是一种综合性、全方位的现代观念，它大致由以下几个方面的内容构成：

1. 服务公众的观念

在现代市场经济社会里，产品和服务的推销最终要落到消费者身上，这样，推销作为沟通生产者与消费者之间的中介环节，必然要以公众利益作为自身工作的宗旨。有一句在商界流行多时的俗话叫做“顾客就是上帝”，便反映了这样一种现实，顾客和用户是推销人员最应尊重的公众对象。当顾客利益与推销者利益发生冲突时，满足顾客利益应该是第一位的。现代市场营销研究的先驱、美国著名的公关营销学者爱德华·伯内斯早在1923年就指出：“推销工作是为了赢得公众的赞同，推销应首先服务于公众利益。”20世纪七八十年代，国外工商界普遍强调企业的社会责任，这实际上也是服务公众的观念的反映。具有服务公众观念的推销人员能时时处处为公众利益着想，创造各种条件来为顾客服务，努力满足公众提出的各类要求，这样的人实际上才算真正了解了推销工作的方向。在日常生活中，成功的企业家与推销员的的确确把顾客奉若神明，在对待顾客时小心翼翼，惟恐照顾不周。他们把消费者看作衣食父母，绝不是哗众取宠，而是具体落到实处。由于这些推销人员和推销企业的经营方针是把用户利益放在首位，因而在制定规划、供应产品以及设置服务项目时，总是从消费者一方的角度出发，尽可能给予便利。这样一来，广大公众不仅会心悦诚服地掏出钱来，而且下次还会光顾上门。更重要的是，无数接受过这样的盛情款待而心满意足的顾客，就是推销工作无数个“义务宣传员”，他们会在不同场合有意无意地宣传推销企业及其产品，使之美名远扬。在现代推销活动中，为公众服务观念的强弱，是注重联络和促进与公众的关系还是有意或无意地忽视和损害这种关系，是区别推销成败的“分水岭”，也是检验推销及其工作业绩的“晴雨表”。

2. 真诚互惠的观念

这是现代推销活动中的功利观念。每个处在市场竞争中的企业或个人都面临竞争的势态，但是，这种竞争不应是“你死我活”或“大鱼吃小鱼”，而应是既竞争又合作，彼此依存，共同发展的。广州一商场和香港一家公司合办卡拉OK娱乐城，生意兴隆，利润丰厚，虽然广州的商场在其中只占小股，大部分利润都归对方，但商场业务推销部主管人员一直坚持执行原先签订的合同，双方合作得很好，对方还主动招徕了东南亚一带的客商来广东当地投资开发其他项目。商场领导告知业务推销人员做生意不能犯“红眼病”，成交之道在于平等互利，只要是执行合约，不要怕对方赚大钱。其实，这就是购销合作中的真诚互惠观念，具有这种思想的推销人员不会急功近利，而是着眼于大局和未来，立足于买卖双方的长远协作，追求持久的推销效率。

3. 沟通交往的观念

推销活动实际上就是洽谈双方的信息交流的过程。沟通交往的观念实质上也可以说是推销人员的一种现代信息观念。推销一方为了吸引更多的客户，让更多的顾客接受自己的产品，就需要构建一个信息交流的网络，一方面在推销过程中搜集社会各界和广大用户的意见、评价和建议，做到“外情内达”；另一方面作为企业的代言人，推销人员需要运用各种传播媒介和传播手段向外界准确及时地传递有关产品信息，做到“内情外达”。因此，这就要求推销者掌握信息传播的基本规律和方式，具备熟练的传播沟通的技巧，利用各类沟通手段与顾客打交道。

■ 知识窗

亮出自己的底牌
竞争中的真诚

由于丢弃和收缴起来的自行车无人认领，警察决定将它们拍卖。

第一辆自行车开始竞卖了，站在最前面的一位十来岁的小男孩儿说："5 块钱。"叫价持续下去，拍卖员回头看了一下前面的那个男孩子，他没加价，几辆自行车被买走了，那小男孩儿每次总是出价 5 元，从不多加价，不过 5 块钱实在太少了，因为每辆自行车最后的成交价几乎都是三四十元。

渐渐地，人们都感到奇怪，休息时，拍卖员问男孩儿为什么不再加价，小男孩告诉他说："我只有 5 块钱。"

最后现场只剩下最后一辆非常漂亮的单车，拍卖员问："有谁出价吗？"这时，站在最前面，几乎已失去希望的小男孩儿轻声地又说了一遍"5 块"。

拍卖员停止了唱价，观众也静坐着，没有人举手，也没有人出第二个价，最后，男孩拿出握在手中，已被汗渍浸得皱巴巴的 5 元钱，买走了那辆全场最漂亮的自行车。现场的观众纷纷鼓掌。

启示：在生活中，像小男孩儿这样毫无保留地亮出自己底牌的人实在不多，像他那样坦坦荡荡地去竞争的人更是太少了。其实，除了欺诈和厮杀，我们还有许多方法去达到目标，完成梦想，比如：真诚和执着。

——资料来源：《管理故事与哲理》

作者：李晓东　京华出版社出版

在现代推销工作中，与广大消费者的沟通常常借助于这样四类传播渠道进行：

（1）大众传播。包括报社、通讯社、广播电台、出版部门、期刊杂志、电视台、电影系统、广告经营单位等，大众传播媒介的特点是空间跨度大，因此广泛性是它的优点。

（2）组织传播。它是在一个企业或组织机构内部个人、团体之间的信息交流传递，有上行传播、下行传播、平行传播。

（3）群体传播。它是一群人按照聚会方式在某一特定场合接受信息传播，这种传播渠道是公开性的，往往能容纳上百人，甚至几千、几万人，像会场、展览厅、广场、礼堂、体育馆等，如演讲会、报告会、展览与陈列、新闻发布会、记者招待会等皆属此列。

（4）人际传播。它是推销人员与顾客、用户等的面对面交往或非面对面的交往，有采访、面谈、电话、传真、信函等形式。

4. 应变创新的观念

商品经济的发展和市场竞争的日趋激烈，客观上要求推销工作不仅能够跟上外界环境和竞争对手的变化步伐，不致沦为落伍者，而且更重要的是洞察发展的趋势，先发制人，刻意求新，做到"人无我有，人有我新"。美国联合碳化钙公司新造了一幢 52 层总部大楼，公司的业务推销人员动足了脑筋，想用事半功倍的办法把消息发布出去，扩大公司在客户中的影响，可一时又找不到理想的方式。正在这时，高楼里飞进了一大群鸽子，一般人恐怕认为是件区区小事，而且鸽子又会弄脏房间，因而只想尽快把鸽子赶走了事。但是，公司的推销人员马上观察到其中的应变创新价值，他们没有简单地驱散鸽子，而是暂时把门窗关起来，对鸽子实行“保护政策”，从而导演了三天的“鸽子闹剧”。美国联合碳化钙公司总部大楼发生的“鸽子事件”反映出该公司的推销人员具有强烈的职业观念。他们相当敏感，不放过任何细节问题，把平凡事件与推销工作联系起来。他们的推销目标也抓得很准，始终不忘提高企业的知名度和美誉度。一般人往往容易把他们这类公司同环境污染，影响生态平衡联系起来，而这起“鸽子事件”表明该公司既然对鸽子这样的小生物都如此重视，其他工作更无可挑剔了。联合碳化钙公司制造的“鸽子事件”不失为一次出色而有效的宣传推销活动。在三天时间里，新闻界被惊动了，当地的电视、广播、报社纷纷派出记者进行现场采访和连续跟踪报道，各种通讯、消息、特写、专访、评论交替播出，既形象又生动，吸引了广大读者竞相阅读收看。结果，公司名声大振，推销人员还不失时机让总经理在荧屏上与观众亮相对话，向广大用户介绍公司的实力与近况，从而进一步加深了购销双方的了解，远近客户纷纷上门洽谈订货，门庭若市。从更高意义来说，推销过程又是一个创新审美的过程。良好的形象和信誉一旦确立，在其稳定发展过程中就必须创新突破，不断超越自己，不断寻求策划创新与设计创新。我们说现代推销事业是一门科学，指的是它有客观规律可循，有相对稳定的工作程序和操作模式；而我们说现代推销活动是一门艺术，指的是它有突破固定程式、追求新异的创新性特点。惟有应变创新，才能使推销活动顺利成功，也惟有应变创新，才能使陷于窘境的推销工作找到突破口。既然我们承认推销是一门创造性的艺术，那么它必然具有审美价值，只有美的形象与美的活动，才能为顾客所接受，才能为用户所参与。

■ 知识窗

赢在出“奇”制胜

在美国有“营销怪杰”之称的鲍洛奇从卖中国豆芽起家到美国的“食品大王”，从穷人到亿万富翁，成为家喻户晓的人物，在于他在营销上的出奇制胜。

一天，有个水果仓库起火，灭火之后，库内储存的大量从阿根廷进口的香蕉被烤黄了，皮上还有许多黑点，无法出货。鲍洛奇当时经营一个小水果摊，当他赶到现场时，一看那位老板正哭丧着脸在犯愁，并表示：“谁要，给点儿钱就行。”但却无人响应。当充满探究兴趣的鲍洛奇剥开外皮一尝，发现经过烧烤之后的香蕉居然别有一番风味，只不过外皮有点儿怪。

于是他将被烤了的香蕉全部低价买下，在大街上叫卖：“最新进口的阿根廷香蕉，与众不同的南美风味！先尝后买！”有人心动了，尝了尝，发现确实不错，于是一下子人们都拥上来买，几十箱香蕉一抢而光。鲍洛奇因此赚了一大笔钱。

鲍洛奇说：“人买东西的动因有二：一是价格与质量，二是好奇。只要价格低，质量好，你再添上点儿传奇色彩，你就能赢。”这话很有道理。推销在诚信的框架下，出奇制胜至关重要。卖香蕉的故事正说明这个道理。

——资料来源：《管理故事与哲理》

作者：李晓东　京华出版社出版

5. 塑造形象的观念

这是整个现代推销观念的核心。良好的形象和信誉，是企业的无形资产和无价之宝。对于推销人员来说，在顾客面前最重要的是珍惜信誉、重视形象的经营思想。国内外许多推销界的权威人士提出，推销工作蕴含的另一个重要目的，除了“买我”之外，还要“爱我”，即塑造良好的公众形象。有人曾经说过，如果可口可乐公司遍及世界各地的工厂在一夜之间被大火烧光，那么第二天的头条新闻将是“各国银行巨头争先恐后地向这家公司贷款”。这是因为，人们相信可口可乐不会轻易放弃“世界第一饮料”的形象和声誉。这家公司在红色背景前简简单单写上八个英文字母 Coca Cola 的鲜明生动的标记，通过公司宣传推销工作的长期努力已经得到了全世界消费者认可，公司的形象早已印入各界人士的脑海里，一旦具备了相应的购买条件，他们寻找的饮料必是可口可乐无疑。

对于任何工商企业的推销人员而言，确立塑造形象的观念是筹划一切推销活动的前提与基础。只有明确认识良好的形象是一种无形的财富和取用不尽的资源，是企业和产品跻身市场的“护身符”，才能卓有成效地开展各种类型的宣传推广活动。

■ 知识窗

电影院里的寻人字幕

不是广告，胜似广告

20 世纪 60 年代，台湾知名保险公司——新光人寿初创时，市场上已有数家保险公司瓜分了市场。作为一家刚入行的公司，新光要想吸引客户，首要任务就是提高企业知名度。但当时台湾传媒稀缺，电视、电影广告都惊人得昂贵，让新光难以承受。有没有更便宜的办法？一次，新光人寿的总经理到电影院去看电影，中途有人打字幕找他，几乎所有的观众都看到了这行字幕。这件事激发了董事长吴火狮的灵感，于是他立即决定：让业务员在台湾各地的电影院里每场花五毛钱，在影片放映中途打出“新光人寿经理外面有人找”的寻人字幕。

这样独特的手段果然有效：没过多久，新光人寿的知名度便直线上升。后来，新光人寿又用在台湾的中学举办以书写“新光人寿造福人群”为内容的书法比赛，打开了学生市场。

——资料来源：《管理故事与哲理》

作者：李晓东　京华出版社出版

（二）具有丰富的专业知识

推销员应具备的专业知识主要包括如下方面：

1. 产品知识

推销员应了解产品的性能、用途、用法、维修、保养、价格及管理程序等方面的知识，对竞争产品的状况要千方百计了解清楚。

2. 企业知识

推销员应熟悉企业的发展历史、规模、经营方针、规章制度、在同行业中的地位、销售策略、服务项目、交货方式、付款条件等情况。

3. 市场知识

懂得市场学的基本理论，掌握市场调查和预测的基本原理和方法，了解产品的市场趋向规律和市场行情的动向。

4. 消费者知识

推销员要善于了解、分析消费者的各种特点，要懂得社会学、心理学、行为科学的一些基本知识；善于分析现实消费者和潜在消费者的需求情况，了解购买者的心理、性格、习惯、爱好，针对拒绝购买者的心理障碍，采取不同的推销对策。

（三）具有高超的推销技巧

随着社会生产力的发展，商品品种日益增多，商品的技术性能越来越高，消费需求亦越加复杂多样，对推销技巧的要求也更高。推销人员要善于了解消费者的难处，选择合适的时机，进行充分的洽谈；熟练运用各种促销手段，宣传商品，吸引顾客；掌握商品的技术性能，介绍产品优点，解答疑问，赢得顾客对产品特征和优点的赞同；敢于冲破价格障碍，选择恰当的价格；避免与消费者发生争执，能够随机应变；灵活运用各种保证书和担保条件，促进达成交易；善于强化顾客购买商品后的满意感觉，降低其不满意感。推销人员要适应商品经济的迅速发展，较好地履行推销员的职责，按照市场经济活动的要求，加强多方面知识的学习和修养，提高自身素质。

三、个人素质

（一）良好的表达能力

好的推销员应讲究语言艺术。谈话要抓住要领，避免纠缠在冗长的交谈和辩论中，既不饶舌，也不寡言，善于抓住适当机会将自己的想法明确告诉对方。说话应力求条理井然，重点突出，语言风趣明确。同时，要注意学会倾听，做倾听能手。在倾听中捕捉对方话中的关键语句，理解到对方话中的真实想法，并把你的感受通过面部表情清楚地表示出来，与对方产生心灵的交流。

（二）端庄的外表举止

端庄的外表举止体现一个人的素质。推销中应注意行为举止，避免由于失礼而影响推销活动的进行。

1. 服装与仪表

推销员注意服装与仪表，不是为显示自己，而是为了让顾客感到你的尊重，使自己不为仪表而担忧。推销员应当重视自己留给顾客的第一印象，因为第一印象对推销进程有很大影响。

（1）服装。得体的穿着可以使人增强自信心，也有助于推销员顺利完成自己的工作。推销员穿着的基本原则是要做到整洁大方，干练利落；另一项重要原则是，服装要适合工作的场合，适合工作的具体内容，适合特定顾客的品味。此外，推销员还注意以下一些问题：穿着贵在得体，不在于华丽、昂贵；推销过程中，不要过分在意自己的服装，以免庸人自扰；企业出于整体形象的考虑，可能要求推销员统一着装，这并非高明之举，推销员的着装要因推销的时间、推销的场所、推销的对象而定；奇装异服或许能使顾客记住一个推销员，但却不能使顾客购买其产品；有些推销员认为，永远不能穿比顾客好的服装，这种观点是有道理的，但它并不意味着推销员一定要比顾客穿得差。

（2）仪表。除了健康的体魄，推销员还应注意发型、化妆、饰物及随身携带的办公用品是否得当。因为，有些顾客很在意这些小节，并通过这些小节评价推销员，决定对待推销员的态度。健康的体魄是仪表美的一个重要因素。健康的体魄能使推销员始终以饱满的精神状态投入工作之中，为顾客服务。仪表既体现出推销员的风格和特点，也反映了推销员的修养。

2. 会面与交谈时行为举止

（1）介绍别人或自我介绍时都要态度自然、用语妥当，可配合示意性的手势，但不要用手指点人。通常介绍的顺序应是：先把年轻者介绍给年长者，先把职位、身份较低者介绍给职位、身份较高者；先把男性介绍给女性；先把客人介绍给主人；先把个人介绍给团体。介绍时称谓要适当，避免夸大其辞地赞扬被介绍人。被介绍者和介绍者应起立，或握手寒暄，或点头示意。

（2）握手的时间一般不要过长，否则可能令双方均感到尴尬。握手的力度要适当，过重当然不好，但握手过轻可能使人感到冷淡或缺乏诚意。握手时应注意对方，切忌目光左顾右盼。一般情况下，应在长者、女士、主人伸手之后，晚辈、男士、客人才能伸手相握。

（3）交谈中，尽量给对方讲话的机会，善于倾听谈话，不轻易打断别人的发言。对方发言时，一般要避免心不在焉、东张西望、看手表、摆弄东西等动作；当多人交谈时，应特别注意调动每个人参与谈话，不应冷淡某个人；可以适当地做些手势，但切忌手舞足蹈或拉扯对方；不要离对方太近，以免给人以压迫感。

（4）就座应客从主便，顾客不让座，不要随意就座；出席会议或宴请等场合，座次、座位要听从主人的安排；如邻座是长者或妇女，应主动协助他们先坐下后，自己再坐。

（5）推销员应用双手递上自己的名片，并适当口述名片中的主要内容，双手接过客人的名片后，不要立即收起，应看视一番，并表示谢意。刚见面时即呈递名片，可以使介绍更自然；即将离开时呈递名片，可以使顾客对推销员印象更深刻，突出了名片作为联络手段的作用。推销员应视情况决定呈递名片的时间，不必拘泥于某一方式。

（6）敬烟是我国商务人员常有的一种交往习惯和手段，但在很多国家，敬烟是不受欢迎的。推销员可以向顾客敬烟，但尽量不要在顾客处吸烟，除非顾客抽烟并请推销员抽烟；如果有女士在场，应征得其同意；在公共场所，无论顾客吸烟与否，推销员都不应吸烟。

（三）广泛的兴趣

推销工作的业务内容是多方面的，推销活动的组织形式也是不断变化的，一个优秀的推销员，必须具有广泛的兴趣和勤奋好学的精神，才能使自己适应工作的要求，进而在事业上有长足的发展。首先要努力掌握完成工作所必须的多种知识和技术。其次要善于思考。对于自己在推销实践中遇到的问题，不仅要设法解决，还要加以分析和总结，不断积累经验，找出推销的一般规律。此外，还应善于学习同行的经验，从中获得有益的启示。

（四）身体状况

推销人员应精力充沛，行动灵活，头脑清醒，能轻松地进行日常工作。因为销售工作比较辛苦，要起早贪黑，经常出差，要交涉各种经营业务，没有健康的体魄是完不成工作任务的。

（五）良好的心理素质

推销工作的任务是繁重复杂的，实际预定的推销目标总是与克服困难联系在一起。推销人员只有具备良好的心理素质和坚强的性格意志，才能以充沛的精力和坚韧不拔的毅力去探索解决困难的办法。同时，推销人员在工作中保持稳定而乐观的情绪，不但能增加顾客的信心，而且有助于提高推销工作的成交率。广州有家大型的百货商场对于这一点十分讲究，他们要求每一个推销人员与售货员都不能把家庭与个人的烦恼带到 8 小时之内的工作岗位上去，每个职员上班时间都要像演员一样进入角色，表现出乐观稳定的情绪，自始至终用微笑迎接客人。

（六）良好的教育程度

世界上的知识日新月异，要想掌握全部信息资料显然是不可能的。作为一名优秀的推销人员，要妥善处理好与各类顾客之间的交往关系，必须尽可能学习与掌握广博的知识，经常了解社会、经济、政治、文化诸方面的状况及其未来的发展趋势。理想的推销人员应当是"通才"，而不是"专才"。

由此看来，为了使推销业务卓有成效地进行，推销人员要多学习借鉴，努力充实自己。在国外，不少推销人员的学识和阅历都较广，因而工作起来得心应手。美国推销协会的调查统计表明，在各类公司、企业、商场任职的推销职员大多具有8年以上的工龄，其中不少还获得多种学士、硕士学位。

■ **知识窗**

1. 销售人员十大基本素质

- 敏锐机智能力
- 数理分析能力
- 影响他人能力
- 正确思考能力
- 有效管理能力
- 持之以恒精神
- 积极进取精神
- 雄心壮志品性
- 诚实正直品性
- 满怀信心品性

——资料来源：《训练销售精英》

作者：孔雷　企业管理出版社出版

2. 推销人员的素质可概括为"四化"

专业化：每一个推销人员都必须接受专业化训练，以增进其专业服务精神。

顾问化：专业推销员要能对顾客提供各种商品的介绍，以协助其选购。

服务化：推销人员应做好货前、货中、货后服务，以推高产品性质及维护公司声誉。

人性化：产品无生命，推销员要向顾客说明产品性能，将其人性化，要有对顾客在使用价值关系方面的说服能力。

——资料来源：《现代企业经营管理》

作者：赵宗晋　郭学德　范传统　中国经济出版社出版

第三节　推销人员的基本能力

推销人员的基本能力是指推销人员在日常工作中从事业务活动所运用的专门技巧的能

力。要有效开展推销工作，正确处理推销过程中出现的各种问题，必然要求推销人员掌握一定的工作技能，并且能够很好地加以运用。

一、观察能力

由于不同的人在天资、能力、个性、生活阅历、社会经验等方面存在着不同，因而对一件事情就可能产生不同的看法。又由于各人所处的地位、担负的工作及生活习惯不同，从不同的角度去观察问题时，也会得出不同的结论，正所谓“横看成岭侧成峰，远近高低各不同”。我们在日常工作和生活中可以发现，有些人擅长于察颜观色，而有些人对别人的态度变化则显得迟钝木讷，这说明人们的敏感性和观察力是有一定差别的。如果某人具有敏锐的观察能力和行为上相应的灵活性，从这个角度看，该人就比较适合于从事推销工作。

有一位颇有成效的推销员，不仅善解人意，而且敏感性很强，能准确地从对方的沉默中窥见对方的思想状况与内在意图。当别人问到他是怎样去把握对方沉默不语时的思想时，他回答道：“只要你留心观察，你就会发现对手虽然沉默不语，但你从他的神态和表情变化中能够发现内心思想感情的变化。比如在正常情况下，顾客坐着的时候总是脚尖着地的，并且静止不动；但到心情紧张的时候，对方的脚尖就会不由自主地抬高起来，因此，我只要看到对方脚尖是着地还是抬高，就可以判断他的内心世界是平静的还是紧张的。又如，在正常状态中，吸烟的人熄灭烟蒂大都保留一定的长度，可是一到非正常的情况下，放下的烟蒂就可能很长。所以，如果你发现对方手中的烟蒂还很长，却已放下熄灭了，你就要有所准备，对手可能打算告辞了。”从这位推销员的一席话中，可以看出他有何等观察入微的工作能力，这也道出了他成功推销的个中奥秘。

二、交际能力

在社交场合，常常可以看到一些人一旦与他人相识，便能很快找到彼此有共同兴趣的话题，双方经过交谈加深了相互了解，彼此留下了良好的印象，关系也可以进一步改善；另有一些人，见了别人后只会平淡地寒暄几句，然后就不知所措了。这两种人的差别就在于社交能力的强弱。缺乏社交能力的人，往往会人为地划地为牢，在自己与他人、与周围环境之间形成一道心理屏障。一个从事推销工作的人必须具备较强的社会交往能力，在任何场合都能应付自如，相机行事。社交能力是衡量一个推销员能否适应现代开放社会和做好本职工作的一条重要标准。推销人员要善于与各界人士建立亲密的交往关系，而且还必须懂得各种社交礼仪，比如日常生活礼节、外事交往礼节、各种宴会聚会礼仪、公共场合礼节。在与顾客洽谈过程中，往往有些问题在正式谈判场合不能得到解决，而在社交场合却能得到圆满解决。

从某种意义上说，推销人员应是社会活动家，他必须视整个社会为自己工作的天地，具备与各式各样的人交往的能力。善于交际除了具有经验和阅历外，还要占有大量的信息，寻找一个双方都感兴趣的话题，在自己的周围吸引一批忠实的听众朋友。熟练的推销人员不能满足于只给对方留下热情非凡的印象，道别后就结束一切交际，而应该是一旦结识了新朋友，就需要不断巩固这种交往关系，使之成为永久的朋友。一些富有经验的推销人员在收到别人的名片后就着手建立一个档案，记下此后双方交往的情况，定时检查总结，找出哪些朋友关系冷淡了，出自什么原因，是不是自己没有主动联系，还是对方来信没有及时回音。顾客由于受到推销人员的尊重，对于今后买卖双方的合作也会充满信心。

三、表达能力

推销人员在工作中，要赢得顾客的好感与配合，就要在语言表达上有一定的训练。在众多的场合，都要求推销人员口齿伶俐，能言善辩。此外，推销人员还必须具备体态语言知识，不仅要注意他人的体态动作，也要自觉注意自己的体态动作，虽然这种信息是无声的，但又可以明确地表达出一个人的思想感情和意见要求。在推销过程中，言语表述与体语表述并用，能够更好地增强感染能力与说服效果。

表达能力包括口头表达能力和文字表达能力两种。需要指出的是，两者虽有相通之处，却并不是一回事。文笔流畅、才思敏捷的人未必就能出口成章，有的人擅长动笔，写起文章洋洋洒洒，一挥而就，但不习惯于动口，说起话来不仅词不达意，甚至结结巴巴，让人丈二和尚摸不着头脑；而有的人口齿清爽，讲话时口若悬河，有板有眼，滔滔不绝，但写起文章来就不那么得心应手了，让人读起来别扭。因此，推销人员需要口头表达和文字表达两者俱佳才行。

从事推销工作的专业人员不但要勤于动嘴，更要勤于动笔。在日常推销活动中撰写企业的产品介绍，草拟用户说明书，编辑企业宣传刊物，拟写演讲稿，编撰企业志等，都是推销人员所必须承担的工作，推销员应具备基本的写作常识和熟练的文字技巧。国外许多工商企业与大公司招聘的推销员更多地来自宣传部门、新闻机构和从文学专业毕业的大学生或研究生，原因之一在于推销人员经常要与写作打交道，尽管并不要求推销员一定要成为“小说家”、“文学家”，但起码也应该掌握写作的基本要领，如文句通顺、条理清晰、简明易懂，分析问题深入浅出、抓住要领等。有了良好的写作能力，将有助于推销一方更好地与客户交流联络。

四、创造能力

从事推销工作，大至一个总体计划的制订，小到一份请柬、一张名片的印制，都可以有两种截然不同的做法：一种是墨守成规，看别人怎么做就仿而效之。比如召开客户恳谈会，采用新方法，走新路子，这样，他们的推销活动才能引起广大顾客的注意。国外有一种X.O的白兰地酒，因为品质级别比一般白兰地高，多为高级宴会选用，怎样继续提高它的知名度，让它为更多的顾客所熟悉呢？推销人员为此煞费苦心，绞尽脑汁思考妥贴方案。后来他们的想法集中到了该酒瓶的设计上，既然它的品质高，其外观也应有高出一筹之处。他们沿着这一思路，不断充实发展，终于设计出了现在看到的X.O白兰地酒瓶。它的外观非常富有特征，显得不同凡响。酒瓶的颈部特别长，相形之下显出了一种与众不同的华贵气派。根据推销的要求，他们为X.O白兰地酒做的广告口号也更加幽默、响亮，“长颈白兰地，高人一等级”，正好与它的形象彼此衬托，相得益彰，由此这种X.O白兰地酒在市场上名声大震。

五、应变能力

在日常工作中，推销人员所接触的顾客很复杂，也很广泛，他们有不同的籍贯、性别、年龄、宗教信仰，有不同的文化知识、思想观念、社会阅历、生活习惯和交往礼节。在购销交往过程中，推销人员首先要认真观察对手的特点，掌握多方风土人情、生活习俗，了解社会各阶层的知识水准和涵养，以适应不同顾客的具体要求。社会环境是不断变化的，每一因素的变革都会对推销企业和推销产品产生重要的影响。如在市场经济深化发展中出现的企业兼并、股份公司等，从而形成新的推销组织；在市场竞争中，有新的工商机构加入竞争行列，就会出现新的推销对手。社会环境的复杂性和企业面临情况的多变性，都要求推销人员具有适应变化的能力与技巧。

推销人员在日常工作中还要机警灵敏，随时应付可能发生的顾客异议和突发事件。在推销实施过程里并非一帆风顺，它有顺利发展的时候，也有遇到风险的低谷时期。对于偶发事件如何处理，直接关系到推销活动能否顺利摆脱僵局，走出低谷。推销人员的灵活应变能力要求在顺利发展之时，保持推销工作走上更高一层的新台阶，开创企业新局面；遇到障碍之时，应保持清醒冷静的头脑，想方设法寻求解脱的对策，克服障碍继续向前；受到损害时，则临危不惧，尽快找到补救措施，反败为胜。

六、组织能力

我们知道，推销人员的工作就是开展多种形式的促销宣传活动，如各种纪念活动、重大的庆典活动、新闻发布会、记者招待会、用户联谊会、商品展览会和日常的接待、整理资料、编写宣传材料等工作。每一项推销工作都需要周密地计划，认真地组织。推销人员必须在每一项活动中都参与筹划安排，因此强有力的组织能力对一个推销人员来说是十分必要的。广州中国大酒店于开业一周年之际照了一张 2000 余名职工的“全家福”，制作成明信片寄给每一位在酒店住过的客人。这种别致而动人的设想产生于酒店公关推销人员严密的组织创意之中。2000 多名职工集中在同一个运动场，排成整整齐齐的 28 排，其中还有一部分职工穿上白色制服，红白相间形成一个“中”字，这项组织工作并不亚于筹办一场运动会。试想，如果推销人员没有一定的组织能力，这样一项工作是很难在两小时之内完成的。

通过上述案例，可以得出这样的结论：推销人员必须具有高超的组织能力，事先制定周密详尽的活动计划与工作步骤，并预先与各方参与者打好招呼，使每件事都能有条不紊地实施下去。与此同时，推销人员还要善于协调各方面的往来关系，纵览全局动向，并准备好应急方案与应变措施，这也是衡量推销人员组织能力的一个重要方面。

七、策划能力

策划能力是指在日常工作中，推销人员注重抓住有利时机，把握有效空间，筹办和开展形式各异的介绍宣传与业务推广活动。从有利的推销时机来看，是指能够最大限度发挥推销效能的时间与机会，在人、财、物条件相同的情况下，能够抓住这种有利时机，形成推销工作的不同效果；从有效的推销空间来看，是有利于推销活动顺利实施的地点和环境，把握有效的空间将使推销工作有条不紊，富有感召力。

推销工作无时不在，无处不有，推销人员需要把握的有效空间包括：①推销的工作空间，即把推销活动放在最有利于实现预定的推销任务、发挥人财物效用的地点、场所和氾围内进行；②推销的视觉空间，即推销宣传应在买卖双方看得见、摸得清、十分醒目舒适的环境中开展；③推销的听觉空间，是指推销活动应在双方听得见、听得清、宁静平和的场所进行；④推销情感空间，是指推销人员以适当的语言、表情、手势、距离与用户交流思想、洽谈问题，从而保证推销的顺利完成和购销双方的友好合作。

八、自控能力

推销工作包括繁重的日常事务和各种突发事件的处理，推销人员要想干好这一切，必须具备相当的耐心与毅力，有很好的自我控制能力。这种自控能力不仅需要反映在推销人员的心理素质上，而且需要体现在推销人员的工作方式上。那种性急烦躁，遇事就急，动不动就发火的人，是无法干好推销工作的，他们与顾客之间也很难结成融洽的交往关系。在实施促销过程中，推销人员遇到的事千变万化，碰到的人千差万别，比如有的顾客前来投诉，态度粗暴，吹毛求疵；在谈判桌上，对方为了己方利益，提出了毫无理由的苛刻条件，在此类情况下，能否压下心头的怒气，冷静处理，是对推销人员素质高低的一个考验。因为，推销人员如果不能忍受顾客粗暴的行径，会使企业或产品的形象和声誉受到冷遇，不能在谈判桌上随机行事，就有可能失去一宗大生意和一个合作伙伴。因此，推销人员在顾客面前应当具有很强的自制能力和自控技巧。

人们常说，推销人员在与他人打交道时，要有一种自控、忍让的精神，但这绝不意味着可以放弃原则。要想做到既忍让又不失原则，就必须具备灵活机动的敏捷反应，事先多作几种假设，多拿出几个方案来，遇到问题时做到有备无患。请看，一家宾馆正在举办展销会开幕式舞会，正当许多来宾兴致勃勃地跳舞时，突然停电了，舞池一片漆黑，这自然是十分令人扫兴的事情。不料几分钟之内，在舞厅四周的各个角落都放上烛台，几十支红红的蜡烛同时点亮，主持舞会的推销小姐向大家笑着宣布：今晚就让我们举行一个风格独特的烛光舞会吧！上述成功的例子说明，若是现场组织者在遇到这种突发事件时惊慌失措，不能很好地控制局面，那么自身的信誉就会大大降低。缺乏足够自控能力的推销人员在处理一些错综复杂的情况时，往往会以思想和行动上的不知所措而告终。

■ 知识窗

是谁在跟我竞价？

拍卖会场上，正在拍卖一只非常漂亮的鹦鹉。会场上一个年轻人非常喜爱这只鹦鹉。他看到没人竞价，就出了很低廉的价格：“300 块”。

“400！”一个声音很快地叫出来。

“450！”年轻人听到有人出价，连忙提高了价钱。

“500！”又是那个讨厌的家伙！

“550！”

（我就不信拼不过你）“600？”

双方出价速度愈来愈快，彼此不服输地提高价钱。终于，年轻人以 9800 元成交，上台去拿他的鹦鹉。“没想到一只鸟要花我 9000 多块钱！对了，能不能问一下，这只鹦鹉会不会说话？”

“这点保证没问题，不然你以为刚刚是谁在和你喊价？”

买者方悟，晚矣！

启示：逞一时之气，较一事之真儿，正是一个人不成熟的表现。当一个人只为鹦鹉之美所感，连其是否会说话都不问就疯狂竞价时，他就已经注定一败涂地了。是的，当你急红了眼时，你还会想你为什么要竞价？是谁在和你竞价吗？要善于控制自己。

——资料来源：《管理故事与哲理》

作者：李晓东　京华出版社出版

■本章小结

推销员在推销过程中真正要做的工作，是如何在企业利益和顾客利益之间找到共同点，既让顾客得到应得的利益，也使企业的利益得以维护。推销员应把成交建立在真正满足顾客需求的基础上，把为顾客服务，发现和解决顾客的问题作为自己的基本要求和职责。任何企业的推销员，都承担着一些相同的基本职责，包括搜集信息、沟通关系、销售产品、提供服务、建立形象等方面。

推销员要履行这些职责，就要求具备良好的思想道德素质、过硬的业务素质和优秀的个人素质。推销人员不是先天就具备推销素质，而是靠自身的努力去完善的。只要认真学习、努力实践，就可以提高和改善素质，就可以成为优秀的推销员。

推销人员在从事业务活动中必然需要运用各种专门技巧的能力。要有效开展推销工作，正确处理推销过程中出现的各种问题，必然要求推销人员具备观察能力、交际能力、表达能力、创造能力、应变能力、组织能力、策划能力、自控能力，并且能够很好地加以运用。

■个案分析

"哈佛"成功销售经理的测试与训练

你也许会说："我才不要做什么经理，我只要在我那个地区，做个最棒的推销员就够了。"就这点来说，你也需要管理你的生意范围。你必须跟人交涉，安排时间，售后服务等，这些都是经理的技巧。

假如你真的了解到生活就是经理，你可以看看，你到底愿意将这个角色发挥到什么程度。哈佛大学的心理学家兼讲师哈利·勒文生研究现代企业成功者的品质与经理能力。从他的研究中，我们归纳了24项成功的经理需要的一些特质。

虽然是简单的问题，但你在管理时，仔细想想这个题目为什么要这样问，它能给你什么启示。

问题：

（1）你相信能获得名气与财富吗？

（2）你有充分的决心与动机实现心愿吗？

（3）你是否试过和别人多谈快乐的事，就会真的快乐起来？

（4）你有足够的热情提高工作效率吗？

（5）你能证明婚姻美满可反映出领导能力的高明吗？

（6）你是否容易不满现状而想法子改善？

（7）你一周有三个晚上不休息，继续工作，是否反而更快乐、更有成就？

（8）你能确立一个在一年内买一栋新房子的特定目标吗？

(9) 你遇到困难时，是否会有兴奋刺激的感觉？

(10) 你的目标是否明确，而且是否按部就班地去实现？

(11) 你知道你羡慕的某个人对你为什么那么有吸引力吗？

(12) 你认为你要把债务还清后，才会快乐，对吗？

(13) 当你看任何事物时，是否会训练自己深入地进行观察？

(14) 你是否有抽象思维的能力，能从各种不同性质的来源与经验中取得资料，重新组合来解决问题？

(15) 当一个庞大的计划改变时，你能忍受深度的困惑吗？

(16) 你是否觉得身居高位很自在？

(17) 看到团体和生意的成功，你会获得极大的满足，而并不计较是谁的功劳吗？

(18) 你善于察颜观色，体会别人的感受吗？

(19) 你和领导阶层或同事是否有成熟和谐的关系，认为没有反抗争辩的必要，但你是否也认为你是个好好先生？

(20) 你是否努力超越自己，但你也欢迎批评，也愿意与其他人的合作，并且不会感受到威胁？

(21) 你在公共场合，是否能应付得很好，能对个人或是人群悠然自信地谈话？

(22) 你是否总是随时准备工作，保持高度的精神状态，很少力不从心？

(23) 你是否能进行工作，即使更困难都能坚持到底？

(24) 你是否有很健全的伦理道德和价值观？

计分：从你答“是”与“否”的题目中，你可以知道要做一个营销管理工作与人生的成功者，你所具有的优点和缺点。每一个“是”代表1分，如果答对21分以上，表示你小有成功。如果答对16分以上，表示你还有成功的机会。对你没有得分的问题，要再花时间想想为什么你没得分，为什么它们是决定你成功的因素之一，你又将如何训练和改进工作，这个步骤绝不可少。

思考与练习

一、简答题

1. 如何对推销人员分类？

2. 推销人员的职责有哪几项？

2. 推销人员的素质包含哪些内容？

3. 现代企业的推销人员应具备怎样的素质？

4. 推销人员应具备哪些能力？

5. 推销人员应如何提高自己的能力？

二、案例题

[案例1]

齐藤竹之助开发客户的妙方

日本保险推销大师、世界首席推销员齐藤竹之助有自己的一套寻找推销对象的经验，其中非常重要的就是“新客户其实就在我们身边，寻找的过程是从无到有的”。他是这么说的，同时一直在身体力行。

在齐藤竹之助初搞推销的那年夏天，公司组织职工去上山田温泉游玩。齐藤竹之助是从中途上的火车，找到一个空座位后就坐了下来。这时，他发现同排座位上已经坐着一位约三十四五的妇女，她还带着两个小孩，大的约6岁，小的有3岁左右。齐藤竹之助断定这位妇女必是家庭主妇，心想从小孩到大人的保险都有希望，试试看吧，争取成功。趁列车在一站暂停之时，齐藤竹之助下车买了那儿的特产食品，很有礼貌地赠送给小孩吃，以此为缘，他同那位夫人聊了起来。他打听到她丈夫的工作性质、范围，还谈到小孩的学费等等，这样，他了解了对方的基本情况，更添了几分信心。那位夫人说她准备在轻井车站住一宿，第二天乘车去另一个旅游点。齐藤竹之助立刻表示很愿意为她在轻井车站找到旅馆，夫人听后非常高兴。因为轻井是避暑胜地，又时逢盛夏，单个旅客想要找到旅店是相当困难的。当然在介绍旅馆时，齐藤在自己的名片背面为她写了介绍信。不用说，齐藤也知道了她和她丈夫的名字等。两周以后，齐藤竹之助前往那位妇女家拜访，就在这天，他的推销获得了成功。

问：

(1) 齐藤竹之助为什么会断定这位妇女必是家庭主妇？

(2) 他具备怎样的推销能力？

(3) 这个案例从推销员应具备的能力角度给你怎样的启示？

[**案例2**]

原一平的笑容

原一平在30岁的时候，创下了全日本第一的推销业绩，此后屡见令人惊异的纪录。他是日本第一位国际扬名的保险大王，与其他同行相比，没有人能与之相提并论。然而，原一平在刚从事推销工作的时候，常常为自己的矮小而懊恼不已，他不止一次地仰天长叹：老天对我真不公平！但是，矮个子是铁的事实，想改也改不掉，想隐瞒也隐瞒不了。不久，一个与原一平身高相差无几的主考官改变了他。这位主考官曾留过洋，在美国专攻过推销，他的身材比原一平略高一点。若只看外表的话，和原一平一样。

他凝视着原一平，说道：“你我都明白，个子高大、体格魁伟的人，先是外表就显得威风凛凛。因此，访问顾客时也容易让对方产生好印象。可是，个子矮小的人，即使怀有同样的技术，不，纵然他的为人超过前者很多，由于受先天条件的限制，在踏出第一步时，无形中已经吃了大亏。你我都属于身材矮小的人，为了不输给个子高、体格好的人，同样要踏出第一步时，该怎么做呢？我想，首先必须以表情致胜，特别是非重视笑容不可，务必显示出发自肺腑的笑容。”

他的脸上立即浮现出笑容，那是一种浑身都在笑的笑容，是纯真感人的笑容，这笑容使原一平茅塞顿开。

从此以后，原一平开始训练笑，日复一日，月复一月，原一平一有空就对着镜子练习。也不知持续了多久，一天，他忽然发现镜中的他跟以前大不相同了，他的脸大放异彩，细加观察，眼神也有变化，这个发现使他信心倍增。一有信心，与镜中自己对话的训练也就更起劲了，他清清楚楚地看出自己的脸孔逐日有了变化。终于有一日，原一平自豪地说："如今，我认为自己的笑容与婴儿的笑容已经相差无几。"就是这个笑容被誉为"值百万美金的笑容"。笑不仅使原一平完全解除了自卑，也使他在推销的实践中日益得心应手。

问：

(1) 原一平的笑容为什么被誉为"值百万美金的笑容"？

(2) 和容貌相比，推销员应该具备什么更重要的素质？

(3) 从原一平身上你学到了什么？

三、自测题

你作为推销员上门推销商品时受到了顾客的冷遇，甚至是粗暴无理的态度，从推销员应具备的能力和素质角度看，你应该怎么办？

第四章 寻找顾客

学习目标

了解并熟悉寻找顾客的必要性。理解并掌握目标顾客的含义、寻找目标顾客的方法、顾客资格鉴定的内容，并学会建立顾客档案。

第一节 寻找顾客的必要性

一、寻找顾客

顾客在哪里？

1996 年，海尔公司的冰箱销售人员将营销触角伸向经济较发达的农村与县城。他们用货车装上电影拷贝、农用科技手册等分路下乡，免费放电影，赠送科技手册，义务修理各种品牌的电冰箱。在这种“醉翁之意不在酒”的亲情广告攻势下，浙江绍兴附近的新昌县，一个原本既不知道海尔冰箱也无销售点的县城，不仅有了经销商，而且头一个月就卖出了300 台冰箱。一个县城一个月的销售业绩如此，那么它的市场潜力可想而知。

（一）顾客及目标顾客的含义

1. 顾客

寻找顾客是推销程序的第一个步骤。由于推销是向特定的顾客推销，推销人员必须先确定自己的潜在顾客，然后再开展实际推销工作。寻找顾客实际上包含了这样两层含义：一是根据推销品的特点，提出有可能成为潜在顾客的基本条件。这个基本条件框定了推销品的顾客群体范围、类型及推销的重点区域。二是根据潜在顾客的基本条件，通过各种线索和渠道，来寻找符合这些基本条件的合格顾客。那么，什么是顾客呢？在这里，顾客是一个广义的概念，它是指购买产品以及可能购买产品的组织和个人。顾客既可能是一个机构、一家公司，也可能是单个的人，但无论是机构、公司，还是个人，只能称之为潜在顾客，对于推销员来说，从潜在顾客中准确而迅速地找出目标顾客，不仅能够节约推销的时间，而且使推销工作能够顺利地进行下去。

2. 目标顾客

目标顾客是指真正有可能购买产品的顾客。目标顾客是潜在顾客的组成部分，但二者却是有区别的。潜在顾客的范围比较广，是指有可能购买推销员提供的产品或服务的任何人。而目标顾客是在潜在顾客之中，有足够的权力或者财力来作购买决策的个人和组织。

（二）寻找目标顾客

目标顾客的寻找很少是在大范围内进行的，而是由推销员各自展开的。因此，在寻找目标顾客时，首先要对目标顾客群进行分析，其次要对目标顾客群进行筛选，从中找出最有可能购买产品的目标顾客。

1. 目标顾客群分析

选择目标顾客是一种有意识的行动，只有经过仔细分析整个市场，研究顾客的需求层次和需求特点，才能确定哪些顾客能使你的推销量达到最大。在确定目标顾客时，可以考虑以下问题：

（1）顾客对产品的需求和渴望的程度如何？

（2）利用不同的推销方法对顾客影响的效果如何？

（3）利用什么样的分销渠道和中间渠道？

（4）对于推销员来说，顾客是否容易接近？

所选择的目标顾客应当是成功机会最大的顾客，因为目标顾客的数目与公司的总销售量密切相关。选择目标顾客可以使公司将主要精力集中于公司最擅长的地方。当推销员集中精力于一个或几个目标顾客时，有关顾客需求的信息便易于获得，这些信息可用于提高推销技巧与增加销售量。

2. 对目标顾客群进行筛选

从潜在顾客中分析出目标顾客群以后，推销员还需要将目标顾客群（组织或个人）的名字列成一个名单，然后将他们按购买你产品的可能性大小排列起来，从中分析出很重要、比较重要和不太重要的目标顾客，从而筛选出最有可能及购买量最大的目标顾客。

二、寻找顾客的必要性

（一）有利于推销工作的顺利进行

推销员的推销工作总是在一定的区域内进行的，而在你的推销区域内，由于竞争的存在、人事的变动等原因，顾客也会变动。因此，在你的推销区域内，商业情况不可能一成不变，经常会发生非常复杂的变动，你的销售量也会随着商业情况的变动而变动。如果不寻求新的顾客，那么你的客户就会变得越来越少，推销工作会进展得非常不顺利。因为：

（1）有的顾客由于你的公司或其他原因，停止购买你们的产品。这些顾客对你们公司的服务不满意，或者对你们推销的产品不满意，因而不再购买你们的产品。有时，你的竞争者的优惠措施对顾客很有吸引力，这也使顾客终止同你的公司来往。

（2）有的顾客由于家庭地址或公司地址的变更，与你失去了联系。顾客地址变动后，你并不了解他们的新地址，所以失去了顾客。有的顾客可能搬出你的推销区域，由于交通及运输费用等原因，你不可能再同这个顾客发生业务联系了。

（3）有的顾客，包括公司、机构，宣告歇业或破产。这些顾客由于资金缺乏、经营亏损或其他方面的原因，不得不停止经营，因此，他们不可能再购买你的产品，你的推销因此会受到影响。

（4）有的顾客（主要是指企业），同其他企业合并，或被其他企业兼并。这些企业同其他企业合并或被兼并以后，失去了采购权，也就同你的企业失去了业务联系；而有些企业的采购人员由于晋升、调动、辞职或者离退休，新的采购人员又有他们自己的业务渠道，这样你的销售量也会因此受到影响。

此外，还有其他一些因素，也将影响推销员的推销量。因此，不管怎么样，你的原有的顾客只有可能不断地减少，不可能保持不变，即使原有的顾客数量保持不变，他们购买产品的数量也会改变，因此，推销员必须寻找新的顾客。

（二）有利于推销员谋求更好的利益和位置

由于职业的原因，推销员必须完成一定的销售额，否则他将被公司解雇，失去这个职业，同时，推销员如果能拥有更多的顾客，推销更多的产品，那么，他在获得更多的物质利益的同时，能得到更多的晋升机会，向着自己的奋斗目标靠得更近，这些都不断刺激着推销员去寻找新的顾客。

（1）推销员通过寻找新的顾客，可以了解有关潜在顾客的各种情报，包括顾客的需求、愿望、购买动机以及购买能力。推销员可以根据这些情报，有效地判断潜在顾客是否能成为目标顾客，这种判断对推销员是非常有利的，因为，只有判断出哪些顾客为目标顾客，才能提高推销工作的效率，避免浪费许多时间和精力。

（2）通过寻找新顾客可以使推销员有充分的信心投入到推销工作中去。推销员在寻找顾客的过程中，了解了有关顾客的各种情报，如顾客的需求、愿望、购买动机以及其他信息。推销员掌握了这些信息后，可根据顾客的不同需要及不同类型制定出相关的推销策略，实施不同的推销方法，这样就能大大提高推销工作的成功率，扩大销售业务及销售量。

■ 知识窗

小钱换大钱

在五花八门的行业中，恐怕数招揽保险生意是其中难做的一行了。然而，美国布兰希保险公司却知难而上，想出了一道怪招。

首先，该公司寄出各种保险说明书和简单的调查表给顾客，还附上一张优待券，上面写着：请您把调查表的几个空白填好，同时撕下优待券寄给我们，即可获得两枚罗马、希腊或中国等各国的仿古硬币。同时还申明：这是答谢您的协助，并不一定要您加入我们的保险行列。

信寄出了三万多封，回信是两万多封。该公司立即让业务员带上各色交辉的各国仿古硬币，按回信者的地址一一登门拜访。

“我特地给您带来了希奇而不多见的古代硬币，请您任挑两枚吧。”业务员说。顾客自然回报以热情的接待。待双方交谈得很融洽的时候，业务员便发起了招揽生意的进攻。这样收获自然可观：6000 多人新加入了布兰希公司的保险行列。

——资料来源：《我想，我做，我赚钱》，中国商业出版社出版

第二节 寻找顾客的方法

一、寻找顾客的主要方法

推销员寻找目标顾客的方法和手段是多种多样、各不相同的，它往往由推销员所推销的产品，或者由他们所提供服务的性质决定，不同的领域，不同的行业有不同的推销方法。这里介绍几种较常用的较普遍的方法：

（一）普遍寻访法

1. 含义

普遍寻访法也称“地毯式访问法”，这种方法主要是指推销人员在特定的区域内，对可能成为自己准顾客的一些人员，通过面对面的沟通和交流或电话、电子邮件等手段来寻找顾客的方法。

普遍寻访法的中心思想是假设在推销人员自己寻找的准顾客中，一定存在对自己推销有价值的顾客或能够成为自己的潜在顾客，且这些有价值的顾客或潜在顾客的数量与被访问的人数是按正比关系发展的。

2. 优缺点

普遍寻访法的优点是由于推销人员寻访的面广、量大，对获取更多的有价值的顾客或潜在顾客起到了非常积极的推动作用，同时扩大和提高了自己企业和产品在社会公众中的影响力，也锻炼和培育了一大批推销人员的推销能力。

普遍寻访法的缺点是由于推销人员可能的主观、判断失误，推销有一定的盲目性，成功率不高，且所投入的时间和精力大，成本比较高，有时容易遭遇顾客的反感、干扰。

3. 注意事项

（1）对目标市场进行定位和细分顾客群。对于任何一个企业来说，不管它的产品如何、品种多样和做工精美，都是无法满足复杂多变的市场和顾客的需要。根据市场营销的这个法则，推销人员在采用这种方法时，先要对整个目标市场进行定位，并把市场内的全部顾客和潜在顾客，划分为有不同购买欲望、购买需求、购买力等的顾客群。

（2）要有明确的目标或方案。推销人员在采取这种方法时，为了减少瞎闯、瞎碰，节约人力、物力、财力和时间，提高工作效率，在行动前必须做好“功课”：在熟知自己企业及产品的工艺构造、功能特性、用途等基础上，了解寻访市场和顾客的基本情况和心理需求，了解同类企业或相似产品的市场动态、发展趋势、竞争状况等，并拟定推销的目标和行动方案。

（3）推销人员要在“勤”字上下工夫。由于市场面广量大，顾客需求复杂多变，推销人员在采取这种方法时，必须要有一股干劲和热情，大胆地采用各种手段和方式，积极主动地寻找广泛的市场和顾客，做到“眼勤”、“手勤”、“腿勤”、“嘴勤”。

（4）谨慎对待顾客的拒绝。在现实中，我们常常会碰到这样的情况：如上门推销时，顾客把你当做“坏人”，不愿与之配合，甚至避开你或拒绝你；在街上，当你希望顾客停住脚步，把产品介绍给他时，顾客讨嫌你；对你所在的企业和产品甚至你本人没有好感等等。面对这种局面，推销人员要有一种气度和宽容度，要做到不卑不亢，态度谨慎，小心行事，千万不能冒动或与顾客对抗。

（二）顾客引荐法

1. 含义

顾客引荐法也称连锁介绍法或无限介绍法，主要是指推销人员通过熟人、朋友、合作伙伴等社会资源和现有顾客引荐准顾客的方法。现实中，许多潜在顾客大多不是通过广告宣传，而是通过现有的顾客口口相传得来的。目前这还是一种非常实际、有用的方法。

顾客引荐法的中心思想是顾客之间大多有着广泛的社会需求和社会联系，只要推销人员较好地把握机遇，利用现有顾客的各种关系和渠道，可以寻找到自己的潜在顾客。

2. 优缺点

顾客引荐法的优点是由现有顾客去带动潜在顾客的，对自己企业和产品知名度的扩大和美誉度的提高效果更直接、显著，推销成功的概率更高，从广告学的角度来说，这是一种“第三者”出面的宣传，是一般的派员宣传没有办法胜任和做到的。同时这种方法针对性比较强，大大地减少了推销人员在推销过程中的盲目性，节约了成本，也减少了推销过程的障碍。

顾客引荐法的缺点是由于要过分地依赖熟人、朋友、合作伙伴和现有顾客的资源，推销人员无法掌握具体情况，所以，对推销人员来说，自己可以灵活变化的余地不大。

3. 注意事项

（1）真诚服务于现有顾客。顾客引荐法主要是通过现有顾客去说服潜在顾客的，因此，对推销人员来说，先要用自己真诚的心去感化现有的顾客，让现有的顾客感受到自己的企业及产品是值得信赖的，服务是一流的，然后再通过现有的顾客将这种“美好的感觉”传给更多的人。也只有这样，现有的顾客才会引荐更多的潜在顾客。

（2）选择可以信任的现有顾客。现实生活里，顾客在引荐过程中，最有可能的是先把自己关系比较密切的人引荐过来，但事实上可能又存在这样一种情况，即被引荐过来的人可能又不符合企业营销的要求，因此，对推销人员来说，最好先选择值得自己信任的现有顾客去做这项工作。

（3）及时与现有顾客沟通。不管现有的顾客是否发展了潜在的顾客，对推销人员来说，最重要的一个工作是必须要对其表示满意和感谢，如果说现有顾客在引荐过程中出现问题，推销人员要主动承担责任，绝对不能将责任推向现有的顾客。

（三）委托助手法

1. 含义

委托助手法也称推销信息员法、猎犬法等。主要是指推销人员委托有关人员来寻找潜在顾客，以助推自己的推销业务进一步得到发展的一种方法。现实中，我们往往可以看到，顾客的需求和推销人员的推销要求的信息经常是不一致的，这中间的主要原因是推销人员不可能及时有效地去了解和掌握复杂多变的市场与顾客的需求，即便推销人员能够去做，投入的成本也比较高，且效果也不一定理想。如果说把这些信息收集的工作委托交给有关人员去做，得到的信息反而会更多、更大、更全面，所化的成本也会更少，效果更好。

委托助手法的中心思想是通过委托的方式，利用专业的信息人员和一些推销人员收集信息和做一些辅助的推销工作，帮助推销人员完成更高级、更艰难、强度更大的推销工作。

2. 优缺点

委托助手法的优点是由于推销人员雇佣了专业的信息人员或一些推销人员去收集市场与顾客的信息，寻找潜在顾客，这样为推销人员节约了更多的人力、物力、财力和时间，并将更多的人力、物力、财力和时间集中到更有效、更重要的推销工作中去，大大地提高了推销工作的效率。同时，由于信息来源广泛，有利于推销人员主动掌握更多的资源，这样大大地促进了新市场的拓展，也节约了大量的推销成本，减少和避免了推销人员去陌生市场与顾客处推销的麻烦。

委托助手法的缺点是由于要有求于有关的专业人员和别的推销人员，对推销人员来说，推销业绩往往要取决于推销助手的能力与素质，容易被人忽悠；对恶性的市场竞争会起到推波助澜的作用；现实中，合适的推销助手也不易找到。

3. 注意事项

（1）确定推销助手的聘用标准。即推销助手的工作性质与要求、个人的业余爱好与志趣、文化水平与业务能力、人际关系与交际范围等等，要同推销产品的性能特点、用途要求结合起来，尽可能做到一致。

（2）了解掌握委托市场的行情。委托助手法采用的手段之一是通过支付佣金的办法来调动推销助手的推销积极性，而事实上，许多时候推销助手也是因为自己手中掌握了丰富的信息资源，由此作为挟制或进行讨价还价的资本，因此，推销人员要及时了解和掌握委托市场的动态，并传递准确的信息。

（3）建立一支专业人才的队伍。为了有效采用这种方法，推销人员要从多途径、多渠道寻找专业人员，不能“一棵树上吊死”；同时对推销助手进行必要的公司理念、性质、产品性能特点、用途要求等专业知识的培训，以维护公司的形象。

■ 知识窗

世界著名的推销大王，创吉尼斯世界记录的美国历史上最伟大的汽车推销大王乔·吉拉德曾推销过13000多辆汽车。乔认为，干推销这一行，无论你干得多好，别人的帮忙总是有用的。乔做成的很多生意都是由“猎犬”（那些会让别人到他那里买东西的顾客）帮助的结果。乔的一句名言就是“买过我汽车的顾客都会帮我推销”。

在生意做成后，乔总是把一叠名片和猎犬计划说明书交给顾客。说明书告诉顾客，如果他介绍别人来买汽车，成交后，每辆车他会得到25美元的酬劳。几天之后，乔会寄给顾客感谢卡和一叠名片，以后每年他至少寄一封附有猎犬计划的信件，提示顾客自己的承诺仍然有效。如果乔发现顾客是一位领导人物，其他人都会听他的话，那么乔会更加努力促成交易并设法让其成为“猎犬”。实施猎犬计划的关键是守信用——一定要会给顾客25美元。乔的原则是：宁可错付50个人，也不要漏付该付的人。

猎犬计划使乔的收益很大，1976年猎犬计划为乔带来了150笔生意，约占交易的三分之一。乔付出1400美元的猎犬费用，收获了75000美元的佣金。

——资料来源《推销理论与实务》

作者：宋红素　化学工业出版社出版

（四）广告影响法

1. 含义

广告影响法也称广告开拓法、广告拉引法、广告吸引法。主要是指推销人员利用大众媒体手段如报纸、杂志、广播、电视以及电影、路牌、灯箱广告、车箱广告、招贴广告、宣传画册、邮政广告、电子邮件、厂商联合的商店各种促销等手段，发布产品信息，对企业和产品进行宣传，从而来寻找顾客的方法。这也是目前运用较多的一种方法。

广告影响法的中心思想是借用各种媒体（载体）的力量，对企业和产品进行宣传，进而扩大其影响，并影响和引导顾客的思想与行为。

2. 优缺点

广告影响法的优点是由于推销人员针对不同的群体，采用不同的手段，主动对企业和产品进行宣传，这样信息传递的速度更快，特别是利用第三人称的手法进行宣传，效果更好；广告本身含有专业技术要求，无论在创作新意、制作手段等方面都具有超强的震慑力、诱惑力、影响力，同时也能减少推销人员满天飞的现象。

广告影响法的缺点是由于必须通过某种载体进行宣传，技术含量高，成本大，费用高，尤其是电视形式，一般多以秒来计算，且按电视台的级别、电视节目的时间要求进行评判，费用特别大；宣传手法的模仿性强，容易造成良莠不齐、鱼目混珠的现象，效果难以在短期内显现。

3. 注意事项

（1）选择合适的广告媒体（载体）进行宣传。由于各种广告媒体（载体）的影响力、技术力量、制作水平、制作要求与费用等完全不同，所以推销人员要对不同的媒体（载体）进行筛选，根据自己企业和产品的具体情况合理安排。

（2）根据不同顾客的需求制作广告和选择广告媒体（载体）。由于顾客的背景不同，如教育程度、年龄、性别、职业、环境、收入水平、兴趣爱好、心理需求等等，对广告制作的要求和理解就不同，对媒体（载体）的信任度也有不同，所以，推销人员要特别注意这个问题，否则可能不仅不能达到目的，甚至有反作用。

（五）利用交易会法

1. 含义

利用交易会法主要是指利用各种商品展览会、商品展销会、订货会议、庙会等形式宣传企业和产品，并达到寻找顾客的目的的方法。现实中，如每年举办的国内影响很大的广交会，是国内厂商寻找外商的最好机会之一。内贸中的各种商品展览会、展销会、庙会等也同样是广大厂商寻找顾客的方法，效果显著。目前也是运用较普遍的一种方法。

利用交易会法的中心思想是凭借交易会的平台，推销人员大量散发自己企业和产品的信息，同时通过交流与沟通，了解和掌握市场与顾客的需求信息，从而使自己企业的产品更符合市场与顾客的要求，并寻找到更多的顾客。

2. 优缺点

利用交易会法的优点是由于推销人员可以通过参加各种形式的商品展览会、商品展销会、订货会议、庙会等的优势，在广泛地推介自己企业和产品的同时，在短时间内能比较集中地了解和掌握到大量分散的市场与顾客的需求信息，工作效率高；能较好地展示推销人员的能力与素质。

利用交易会法的缺点是由于推销人员通过自己设摊推销或招商后推销，推销工作的要求严格，推销人员本身的能力水平要好，推销费用高，尤其是自己举办的，费用则会更高。

3. 注意事项

（1）推销人员的选择。如果说推销人员没有扎实的专业理论知识、对自己公司和产品的了解不够及没有足够的信心、良好的自身素质与能力，要在极短的时间内，将自己企业和产品进行有效推介，并能做到在对方心中留下深刻的完美的印象，这是不可想象的。所以采用这种方法，对推销人员的选择是非常重要的。

（2）了解市场和顾客的需求。要把产品有效地推销出去，还必须有一个前提工作要做，即对市场和顾客进行把脉。只有充分了解与掌握市场和顾客的需求情况，才能使产品适销对路，也即能更快地寻找到潜在的顾客。

二、寻找顾客的其他途径

（一）从公司的其他推销员那里获得目标顾客

推销员可以从其他推销员那里获得目标顾客。这里包括两种情况：一是和你推销同类产品，与你竞争的推销员；二是推销相关产品或不同产品的推销员。从同你竞争的推销员那里得到有关目标顾客的信息，这听起来似乎不可能，但你的竞争对手往往拥有大量有价值的信息，这些信息对你来说是非常重要的，同时也具有非常大的吸引力。有时由于竞争对手的推销方法不灵活，或缺乏一定的技巧，不能拥有这些顾客，而你得知这些信息后，经过仔细分析，投顾客所好，最后将会成为你的顾客。因此，只要你注意观察，机智灵活，有意无意之间，便可以从竞争者那里获得目标顾客。

从推销不同产品的推销员那里，你也可以获得目标顾客，他们有时会主动透露一些有关目标顾客的信息。例如，公司服务部门的操作员或修理工可以给新来的推销员提供有价值的信息。相关产品的推销员一般情况下能够免费提供目标顾客的信息，但在有些情况下，如果目标顾客确实购买了推销员的产品，他们就要收取一定的费用。

（二）从公司市场调研部门获得有关目标顾客的信息情报

一般的大中型公司内部都设有市场调研部门，有的公司称市场开发部，他们往往以公司的名义进行市场调查，寻找与公司发展前景及新产品开发相关的市场信息，常常能找到对公司产品需求量巨大的一些公司、机构、中间商、代理商等等；同时，也能提供一些有关目标顾客的主要分布区域、需求对象、需求时间、数量等方面的信息。

（三）从以前接触过但未买产品的顾客中寻找

人们对待同一件事物的态度会因各种条件的变化而发生改变，以前的目标顾客也是如此。推销员以前接触过的顾客没有购买你的产品，而是购买了另一家的产品。但是他们对所购买的产品可能并不满意，这时，推销员可以乘虚而入，利用自己产品及其他方面的优势吸引顾客。有时，由于本公司的产品在质量上的改进、性能的提高，或者价格上的优惠，使产品产生更大的吸引力，可以把购买别的公司产品的顾客吸引过来；如果你的竞争对手是外国公司，有时会由于汇率的改变、关税的调整等因素的影响，导致竞争者产品的售价提高，这也可以使原来的顾客重新成为你的目标顾客。

具有创造性的推销员都相信，以前的目标顾客是重要的，不放弃以前的目标顾客，一定会有所收获。因为以前的目标顾客随着时间的推移，会逐步认识到你的产品的优点，进而会使用你的产品。

（四）从个人社交中寻找目标顾客

推销人员的工作性质决定了他有较广泛的社交圈子，朋友、亲戚、同事以及其他熟人有可能成为你的目标顾客，购买你的产品。但是，你的顾客都可能成为你的朋友，而你的朋友并不一定都能成为你的顾客。所以，推销员在利用亲戚、朋友和其他熟人关系时，要有一定的限度，备加小心，不要因你的推销而使原来的朋友、亲戚离你而去。当然，只要你合理地利用这个目标顾客的来源，你的朋友们可以成为你的顾客，并且你们之间还能保持良好的友谊。

推销人员寻找顾客的方法很多，在实际的推销活动中，各企业应根据行业及产品特点、推销人员的个人情况确认有效寻找顾客的方法，并将各种方法融会贯通、灵活运用。

■知识窗

客户无处不在

客户有的是，就看你自己是不是有办法找到他们。你会问，怎样才能吸引这些打开生意的人？你还要问，他们是谁？他们在什么地方？这应该问问你自己，因为准客户就在你的身边，你最了解他们。想想看，你的朋友和亲戚都知道你在什么地方做事吗？摸摸你的口袋，里面就有一本通讯录，他们的名单就在上面，我相信你不会不知道这就是一份准客户名单。

——资料来源：《推销学全书》

作者：原一平　兵器工业出版社出版

第三节　顾客资格鉴定

一、顾客资格鉴定的含义与必要性

推销活动的第二个程序是进行顾客资格鉴定。通过对购买者的寻找，推销人员获得了一些用户及个人的名单，但这些名单中的用户及个人是否都值得花费时间与精力进行接触与拜访，还需要经过对顾客资格鉴定这一关。

（一）顾客资格鉴定的含义

所谓顾客资格鉴定，就是指推销员对可能成为顾客的某个具体对象进行审查，以确定该对象成为准顾客的可能性。顾客资格鉴定的实质是顾客的购买资格审查。

（二）顾客资格鉴定的必要性

对推销工作来说，推销人员通过各种手段、方式、方法、措施等千辛万苦寻找到的准顾客，其实都非真正的能够实现购买力的顾客。在这里面，还有大量的观望顾客、试探顾客等等，因此，推销人员还要对准顾客能否购买自己产品的目标顾客继续进行系列的鉴定、筛选、分类、细化等顾客资格鉴定工作。

顾客资格鉴定工作是推销人员做好推销工作不可缺少的一项重要工作。通过顾客资格鉴定工作，推销人员可以进一步明确顾客的需求与期望，确认哪些是自己的真正大客户，哪些是自己的忠诚客户，哪些是自己应该努力去争取的客户，哪些是自己短期内的客户，哪些是自己需要长期投资、工作的客户，哪些是自己产品利润回报率较快、较高的客户，只有这样，才能避免重复的、无效的甚至于有害的推销工作，才能捕捉到真正的顾客，才能提高整个推销工作的效率。因此，在开始实际的推销约见与洽谈前，推销员必须对顾客的购买资格进行审查。

二、顾客资格鉴定的要素

(一) 顾客购买需求鉴定

1. 鉴定内容

顾客是根据自已的需要购买产品的，如果顾客不需要你推销的产品，他当然不会购买。无论推销员有多么高的洽谈技巧，产品的质量如何优良，售后服务如何周全，顾客也不会购买。这样做，只能是浪费推销人员大量的时间和精力，所以，对顾客购买需求要进行鉴定，这是核心内容。

顾客购买需求鉴定的内容多而杂，尤其是最终顾客，变化莫测。客观上说，是没有办法说清楚的，也不可能说全面，这里只能从原则上进行分析。

从顾客购买需求的实际要求来看，应该说必须围绕三个方面的内容，即第一，顾客需求的东西。顾客需要什么？产品还是服务？顾客是否有明确的需求？第二，顾客需求的时间。现在还是将来？特别是将来，产品无论在外型、性能、用途还是顾客自己的需求方面，都会发生变化。推销人员怎样去把握最佳的时机？第三，顾客需求的数量。顾客要多少？里面的弹性有多大？这个问题特别是在搞清楚企事业等团体单位顾客的情况时，更显重要。

2. 鉴定方法

从理论上说，可以用以下三种方法进行：

(1) 需求层次分析法。结合马斯洛的需求层次理论，对准顾客的需求层次进行分析，鉴定推销品的消费档次是否与顾客的需求层次相符合。

(2) 需求差异分析法。分析准顾客的需求差异，一是鉴定推销品的功能特点与准顾客的需求注重点是否一致；二是鉴定推销品的品牌是否在准顾客喜欢的范围之内。不同的顾客，对同类产品的需求注重点是不一样的，有的注重功能齐全，而有的则注重式样新颖。

(3) 边际效用分析法。了解准顾客对推销品的持有状况，分析推销品能够给顾客带来的边际效用。一般来说，顾客没有使用过的商品，其购买后的边际效用最大。

从实际做法上说，可以简化操作。主要有：①通过市场调研的方法进行鉴定。即可以通过发放市场调研表获取信息。市场调研表上事先对被确定调研的顾客群设置一些开放式的问答题，表格回收后再进行系列筛选、排序、归类、分析研究等，得出应有的结果。②通过经验判断的方法进行鉴定。即推销人员通过自己多年来的工作经验，结合实际情况综合分析研究，得出应有的结果。

■ 知识窗

据说，十几年前，三个公司的推销员甲、乙和丙来到南太平洋的一个岛上推销皮鞋。甲看到该岛居民都习惯打赤脚，就断定在这里推销皮鞋是不可能的，于是便给公司拍了如下电报："该岛无人穿鞋，没有市场，我决定明天回来。"而乙过了几天，面对岛上的情况，向他的上司拍了一封热情洋溢的电报："这里的情况太棒了，没有人穿鞋，是一个很大的市场，而且还没有被人发现。请急速发货过来。"过了一个多星期，丙才给公司拍电报："当地人都不穿鞋是因为他们患有一种特殊的脚疾，我现已联系医生帮他们治疗好了，经过宣传介绍和试穿活动，他们对穿鞋非常感兴趣。我按照当地人的脚型特点，列了一份货品清单。请及时发货。"事后，甲所在公司很快倒闭，乙所在公司勉强维持，而丙所在公司则如日冲天。

——资料来源：《推销技巧与实践》

作者：冯华亚　清华大学出版社出版

（二）顾客支付能力鉴定

1. 鉴定内容

一般地说，顾客支付能力鉴定应该包括最终顾客支付能力鉴定、企事业等团体单位顾客支付能力鉴定两个方面。

（1）最终顾客支付能力鉴定。最终顾客也就是我们通常所说的居民个人。最终顾客支付能力鉴定，通常应包括其收支情况、个人信用、个人信贷、个人储蓄等。

最终顾客的收入水平主要是指最终顾客实际得到的那部分收入。收入是决定最终顾客支付能力高低的前提。现实生活中，一个有影响力的明星决定了其在实际消费过程中肯定要比一般的普通老百姓的消费实力与水平要高得多。经济发达地区要比经济欠发达地区的人们收入要高，消费能力也要强些。为此，推销人员要排摸各类最终顾客的实际收入情况，根据不同需求推销不同的产品。

最终顾客的支出情况主要是要了解其支出总计划、期望购买的产品、消费习惯、消费特征、消费的其他背景状况，如教育程度、职业、性别、所处的群体氛围等等。为此，推销人员要了解最终顾客的实际支出情况，根据不同的支出情况提供不同的推销产品。

最终顾客的个人信用主要是指其是否有良好的诚信度，如有否在银行、保险、税务、商店等地方有不良的记录。个人信用度越高，对顾客支付能力的风险评估影响就越低。为此，推销人员要关注最终顾客的信用情况，以尽量减少推销的风险。

最终顾客的个人信贷也是影响其购买力大小的一个重要因素。从经济学的角度看，个人信贷能力越强，分期付款、赊销等形式就越多，购买力也就越强。为此，推销人员要根据最终顾客不同的信贷情况，安排不同的推销产品。

最终顾客的个人储蓄同样是影响其购买力大小的一个重要因素。一般可以这样认为，购买力与储蓄是成反比例的。购买力越大，用于储蓄的就越少，反之，购买力越小，用于储蓄的就越多。为此，推销人员还要多了解最终顾客的个人储蓄情况，对个人储蓄较少的最终顾客要主动开展推销工作。

（2）企事业等团体单位顾客支付能力鉴定。企事业等团体单位顾客支付能力鉴定，包括的内容也是比较多的，如单位的经营管理情况、单位支出情况、资金情况、国家有关政策法规的规定、单位信用等等。

单位的经营管理情况主要是能反映单位的总体业绩，一个单位的经营管理整体优势明显，其业绩肯定不错，尤其对企业团体顾客来说，赢利能力也就一定是强的。

单位支出情况主要是分析单位的近期内支出需求与规划、单位主要领导管理层人员的消费态度、消费习惯、消费特征以及其他消费背景状况等等。

单位的资金情况主要是分析单位的资金来源、赢利能力或国家财政拨款状况，应该说是分析过程中重要的一些参数。

国家有关政策法规的规定主要是了解单位购买物品在国家政策法规方面的有关规定与要求，包括招投标、进货的渠道、进货的方式、产品的具体购买条件、资金限额、付款方式、付款时间规定等等。

单位信用主要是分析单位的信用状况。尤其是对小型企业、经营管理不善的企业、有不良记录的单位要特别慎重。

2. 鉴定方法

（1）最终顾客支付能力鉴定方法。最终顾客支付能力鉴定方法应该说是比较难的一个问题，因为个人消费多是一种现货交易，也即是当场、即时完成的一种交易。作为推销人员来说，不可能再花大量的时间进行背景消费的调研，也不可能、职业道德规定也不允许当场正面直接向最终顾客提出各种自己想弄明白的问题，因此，只能是依靠推销人员的智慧、临场的应变能力进行侧面的观察和咨询，并作出正确的判断。

■ 知识窗

一天，英皇乔治三世驻扎在一家乡村小餐馆，午餐吃了两个鸡蛋，吃完付账，店主奉上一张两英镑的账单。

国王看了大为惊奇，问道："两个鸡蛋就要两英镑，你店里的鸡蛋有点稀罕吧？"

店主答道："小店的鸡蛋并不稀罕，但陛下却是位稀罕的贵客。"

国王慷慨解囊。

——资料来源：《销售人员常犯的58个错误》

作者：张清源　地震出版社出版

（2）企事业等团体单位顾客支付能力鉴定方法。企事业等团体单位顾客支付能力鉴定方法有很多，而且比最终顾客支付能力鉴定要容易得多，因为，企事业等团体单位顾客除了极少部分的办公用品购买以外，一般多是通过如招投标购买、看样订货等途径实现的。主要有：

第一，通过银行进行了解。主要是对方资金到达自己的开户银行后，可以了解资金到位的数额、时间、速度等情况。但注意，不能直接到对方开户银行去查询。银行储户安全方面有规定，除了公安、检察机关允许到银行查询外，一般其他单位和个人都不能查询。

第二，通过间接渠道进行了解。如通过税务部门、工商部门进行了解，可以注意收集大众媒体报道的资料，也可以通过相关的政府主管单位、业务往来单位等进行了解。

第三，通过推销人员自己的观察进行了解。这是一种主观判断，多带有一种感情的色彩，有时候收集的信息不一定准确、全面。当然，这与推销人员自身的素质有一定的关系。

第四，通过“间谍”的方式进行了解。也即是通过熟人、朋友或收买人心的方法深入对方单位，获取对方单位内部的各种情报信息。

（三）顾客购买决策权鉴定

1. 鉴定内容

顾客购买决策权鉴定，主要是鉴定谁是真正拥有最后购买拍板决定的人，这一过程是非常关键的，主要可以包括家庭购买决策权鉴定和企事业等团体单位顾客购买决策权鉴定两个方面。

（1）家庭购买决策权鉴定。家庭购买决策权鉴定，应该说主要是寻找在一个家庭中真正起核心作用的那个人。从理论意义上看，一般都认为一个家庭中能起核心作用的那个人多为家长，尤其是在传统观念浓厚的家庭中，更是如此。但从现实意义上看，一个家庭中能起核心作用的那个人不一定是家长，有时候可能是妻子，也有可能是孩子。

（2）企事业等团体单位顾客购买决策权鉴定。企事业等团体单位顾客购买决策权鉴定，应该说鉴定的难度更大、更复杂。因为每个单位的主要领导管理干部素质与工作作风不同，规章制度要求不同，权限设置也不同。一般地说，大致可以趋向于以下几类人员：

第一，企事业等团体单位的主要领导人员。如董事长、总经理、厂长、事业单位等团体的最高负责人。

第二，经主要单位领导人授权的部门负责人。如主管某项工作的单位副职领导人、副总经理、办公室负责人、后勤部负责人、设备部负责人、工会负责人、采购部负责人、采购人员等等。

第三，不能进行独立拍板但对拍板人有较大影响的人。如单位的其他副职、工程师、财务部负责人、中层管理人员、质量检验部负责人、仓库负责人、仓库保管员、生产车间负责人等等。

2. 鉴定方法

（1）家庭购买决策权鉴定方法。家庭购买决策权鉴定方法主要可以通过对话交流的方式获取信息，即与家庭中的各成员进行对话交流，捕捉最有发言权的拍板人；也可以通过推销人员自我观察的方式获取信息，即在一边暗暗地倾听别人的谈话，观察别人的言行，再分析得出结论。

（2）企事业等团体单位顾客购买决策权鉴定方法。企事业等团体单位顾客购买决策权鉴定方法主要是通过各种渠道、手段了解获取有价值的情报，即推销人员首先要了解企事业等团体单位中主要管理人员的自身素质与工作作风、规章制度、国家的政策法规要求等，其次要了解企事业等团体单位的例行做法。

第四节 建立顾客档案

一、建立顾客档案的重要性

顾客档案是指有关目标顾客的名单、地址，有关目标顾客的购买需求、购买愿望、购买嗜好，推销员拜访顾客的日期等方面的信息。建立顾客档案，对推销人员来说是非常重要的，它关系到推销人员的推销成功率和推销业绩。

（一）顾客档案有助于推销员牢牢抓住顾客

推销人员寻找目标顾客的途径、方法多种多样，有许多顾客是在不经意中得到信息后找到的。如果没有将随时得到的信息资料记录下来，并建立起相应的顾客档案，有时候会导致失去顾客。例如，你答应过某一时间去拜访顾客，但你却忘记了，虽然事后可以弥补，但在顾客心目中，已经对你产生了不信任感。不信任的后果最终导致推销员失去这位顾客。如果推销人员将随时获得的有关顾客的信息资料及时记录下来，并建立起顾客档案，就不会错过拜访顾客的时间与机会。因此，有经验的推销员经常把目标顾客的名字，按拜访的先后顺序排列，制成一份名单。这样做可以有效地防止遗忘。

（二）有助于推销员制订严密的访谈计划，提高推销成功率

一个优秀的推销员，在与顾客进行推销洽谈之前，需要制订一份严密的推销洽谈计划。在制订计划时一般要考虑这样一些问题：关于洽谈的主题，我能够说些什么？必须说些什么？我应该采取怎样的洽谈策略？我以什么样的方式、方法来接近目标顾客？等等。然后把这些问题的答案从顾客档案里找出来。有了答案，就可以制订较为严密的推销洽谈计划，从而能提高推销工作的成功率。

（三）有助于推销员安排好拜访日程，提高推销工作效率

对推销人员来说，目标顾客都是重要的。然而，在众多的目标顾客中，还是可以区分出很重要、比较重要和不太重要的目标顾客。具有创造性的推销员，对于目标顾客是经常评估的。在拜访顾客之前，根据预先寻找顾客中得到的信息资料所建立起的顾客档案，就可以对目标顾客进行大体的评估，使得推销员工作的先后次序比较清晰。当对目标顾客进行第一次拜访之后，把你在洽谈中获得的信息补充到顾客档案中，并再次对顾客进行评估，分出他们的重要性次序。这样做，可以大大提高推销工作的效率。

（四）能促使顾客重复购买，增加购买次数

推销工作并不是一帆风顺的，可能会遇到许多的困难与挫折，尤其在与顾客的接触过程中，遇到的困难就更多。因为顾客并不是那么容易接近的人，人的性格本来就是互不相同的，有的顾客对你的产品没有兴趣，因而表现得相当冷淡，而另外一些顾客虽然对你的产品感兴趣，但态度却相当粗暴。因此，推销员要谈成一笔业务，必须克服许多困难。正因为如此，推销人员应该对已购买的顾客适时寄一些小礼物、贺卡或感谢信，以感谢顾客对自己工作的支持。这样做，可以使推销员在以往的顾客心目中留下良好的印象，促使他们重复购买，增加购买次数。而这一切都离不开顾客档案。

二、准顾客档案资料表

推销人员要寻找源源不断的准顾客，就应制作准顾客档案资料表。

（一）准顾客档案资料表的内容与形式

1. 准顾客档案资料表的内容

（1）顾客资料方面包括：姓名、出生年月、家庭住址、工作单位、工作地点、工作种类、职业特点、个人收入、个人的兴趣爱好、特别突出点、为人的性格特征、配偶的姓名、年龄及工作情况，若有子女则含子女的情况等。

（2）推销员工作方面包括：预定拜访的时间、地点、次数、拜访的主题、洽谈的主要内

容与方法、预备推销的产品、实际需要的产品、激励顾客购买的最好办法、不能会面的原因等。

2. 准顾客档案资料表的格式

准顾客档案资料表没有固定的格式，它可以依据推销员个人情况不同，或制作在硬纸卡上，或输入个人电脑中，其形式也随人所愿，只要便于记录、使用就行了（见表4－1）。

表4－1 准顾客档案资料表

准顾客资料方面			
姓名	出生年月	家庭住址	
工作单位		单位地址	职务工作内容
配偶姓名及工作情况		儿女姓名及有关情况	
以前是否购买过本企业的产品			
目前所需商品			
兴趣爱好			
为人的性格特点			
生活习惯			
推销员工作方面			
预访的时间、地点			
拜访内容			
拜访后的印象			
实际需要的产品			
成交的原因			
失败的原因			

（二）准顾客档案资料表的使用

在实际推销过程中，每个推销员的操作程序各有不同，在使用准顾客资料表上也同样有所区别。但大致可以从这样几方面来操作：

（1）每晚将当天获得的准顾客的人名和有关资料填入准顾客资料表中。

（2）把第二天准备拜访的准顾客资料表取出，按顺序排好，取出的数量要比实际访问的人数多2—3倍，以防有的被访者外出。

（3）当天取出的准顾客资料表没有被访问到的，应当留到第二天再进行。

（4）对已经接触过但没有约见的人，应将他们的资料表放回原处，记下日期及简要的讨论情况。

（5）对具有“名人效应”的中心人物资料及时记录后，应放到准顾客资料表中较为显著的地方。

（6）第二天拜访要用的具有“名人效应”的中心人物资料应抽出来，既可以再定一次约会的时间，也可以按以前约定的时间拜访。

（7）为新的有可能成为“名人效应”的中心人物作详细的资料表，并将该资料存入准顾客档案系统中。

（三）准顾客档案资料的评估

1. 分级、归类与调整

根据已有的准顾客资料，对准顾客资料表进行分级、归类与调整，将有助于推销员开展实际的推销工作，也有助于顾客档案的管理。

（1）分级。A级：即将购买推销品的准顾客；B级：因某种原因暂时不可能购买推销品的准顾客；C级：从目前情况看不太可能购买推销品的准顾客。

（2）归类。有了上述分析，推销员就可以作出相应的标识，如以红、绿、白来区分，把不同的准顾客资料表进行归类，以便查找。

（3）调整。随着推销工作的实际展开，推销人员对准顾客的认识也会随之变化，从资料评估得出的结论，与面谈或经过更深入调查后的结论并不一致，这就需要对原先的分类作出适当的调整。

2. 淘汰不合格的准顾客

（1）基于现有顾客资料淘汰。对那些明显不符合购买推销品条件的顾客，目前不可能发展成为准顾客的顾客，推销员可以将其删除淘汰。

（2）拜访以后淘汰。推销人员通过拜访获得资料后，认为该顾客因其他重大原因不能购买推销品，如目前确实不需要，或没有货币支付能力等。

（3）放弃一些看似合格的准顾客。有些准顾客，在各方面都符合购买推销品的条件，但因对你公司或推销员的成见太深，你拜访了三五次后仍没有结果。对这种顾客，推销人员可以毫不犹豫地加以删除淘汰。

（四）准顾客性格类型表

推销人员在推销生涯中，会接触到许多顾客，这些顾客几乎包括了不同年龄、不同职业、不同性格的人。为了提高拜访的成功率，每个推销员必须把握不同类型顾客的性格特点、购买心理，把握具体顾客的性格爱好。推销人员根据顾客的性格特点，可以把顾客分为几种类型，并制作成表格，方便拜访前查看参考，从而制定相应的拜访对策（见表4－2）。

表4－2 顾客性格类型分类表

顾客类型	性格特征
忠厚老实型	1. 对每件事都很实在，不到万不得已他们是不会决定一件事是否该做，还是不该做。 2. 对于推销员都有一种防御的心理，比较犹豫不决，没有主见，不知是否该买，但一般不会开口拒绝推销员。 3. 推销员很难取得他们的信任，但只要诚恳，一旦对你信任，就会把一切都交给你。
自傲型	1. 爱夸夸其谈，喜欢吹牛，认为自己什么都懂，别人还没有说出自己的观点，他就打断说自己知道。 2. 常常炫耀自己，表现比别人特殊，比别人知道得多。 3. 最大的特征是毫不遮掩，心里有什么就说什么。
故作大款型	1. 与前一类相似，只不过他炫耀的是自己的财富。 2. 认为自己有钱，不在乎钱，或即使没有钱，但为了虚荣心，也表现出有钱的样子。 3. 不希望别人奉承他们，只希望商品的质量好，品牌好，能满足自己的需求就可以。

续表

顾客类型	性格特征
精明严肃型	1. 比较精明，有一定的知识水平。 2. 冷静思考，沉着观察推销员，从推销员的言谈举止中发现问题。 3. 讨厌虚伪和造作，希望别人了解他们。 4. 冷漠、严肃，对推销员抱一种怀疑态度。 5. 对自己的判断比较自信，一旦确定推销员的可信度后，也就确定了交易的成败。
孩子气性格型	1. 很怕见陌生人，特别怕见推销员，怕回答问题。 2. 有小孩的好动心理，推销员和他一接触，他就表现出坐立不安的样子。 3. 一旦推销员与他混熟，胆子就增大，把推销员当做朋友看待，信任也就产生了。
沉默寡言型	1. 不爱说话，但颇有心计，做事非常细心，并且有主见。 2. 表面看来冷淡，似乎很难接近，其实内心是火热的，只要能与他交朋友，他有可能把生命的一切都给你。
外向干练型	1. 办事干练心细，并且性格开朗。 2. 容易接近，容易取得交谈成功。 3. 很坦率地把自己不购买的理由和想法说出来。
对新事物有特殊兴趣型	1. 对待任何新事物都异常兴奋。 2. 态度认真大方、有礼貌，主动询问有关商品的问题。 3. 比较单纯，只要推销员真诚、热情、主动，容易成交。
拘泥热心型	1. 对任何人都很有礼貌，热心，没有偏见，不存在怀疑的问题。 2. 对待强硬态度，或逼迫态度则比较反感。 3. 不喜欢别人拍马屁，奉承他。 4. 对彬彬有礼的知识分子，对勤学、诚恳的人特别尊重。
狡诈多疑型	1. 生性多疑，怀疑推销员，怀疑商品，担心受人欺骗。 2. 生活和工作中比较忧郁、烦恼，并且令人讨厌，很少有朋友。 3. 不信任别人，很狡诈。

顾客的类型除了按照性格类型来划分外，还可以按年龄和职业等来划分，对此，推销员也应作相应的了解。

三、拜访记录整理与推销程序表

(一) 每日拜访记录

每日拜访记录是推销人员推销工作的有机组成部分，它的作用在于帮助推销员回顾一天的工作，对顾客和自己作出分析评估，使推销工作更有计划性，免于疏忽和遗忘。

1. 每日拜访记录的内容

(1) 一般顾客资料包括：姓名、年龄、工作单位、地址。

(2) 顾客介绍的资料包括：被介绍的顾客资料、顾客的需求说明、准备拜访的时间。

(3) 顾客的态度。顾客对待推销员的态度多种多样，一般有热情、冷漠、爽快、犹豫、接纳、拒绝。

(4) 顾客的性格类型一般有：沉默寡言型、外向干练型、狡诈多疑型。

（5）购买意向一般有：对推销品基本满意，近期有购买意向；不满意推销品，根本不打算购买。有时有些顾客提出的购买要求超出了推销员的销售范围，这时要做具体的分析：有时仅仅是借口，有时可能是实际的要求，若是实际需求，则应想办法加以解决。

2. 拜访记录整理与准顾客档案资料回填

（1）每日拜访记录是一本流水账，除了顾客资料外，还有许多内容。因此，推销人员要把每日拜访记录重新整理归类。

（2）每日拜访记录中的一些有关顾客的重要资料，应该迅速及时地回填到准顾客的档案资料表中去，以补充原顾客档案表中顾客资料的不足或不全。

（3）对已成交的顾客，除记录一般顾客的资料外，还要记录下成交日期、成交的数量与金额、交货的日期及地点、付款的时间、方式等等。并建立已成交顾客档案。

（二）编制推销程序表

编制推销程序表的目的，是使推销人员在进入推销实战之前，对商品推销的整个过程做一个全面的了解。这样，在推销的过程中，不致于迷失方向。可以清楚地知道自己所处的位置，自己面临的问题和如何去解决；可以在了解推销对象的实际状况时，对自己的推销工作时时做检查，看看会不会在某个环节失去客户及该如何采取相应的弥补措施（见表4－3）。

表4－3　　推销程序表

推销重点	推销过程		要点	推销心理
事前计划	准备	推销前的准备工作	1. 根据准顾客档案卡所提供的资料，分析研究顾客的具体需要。 2. 根据对方的需要，事先设计推销方案。 3. 推销时所需的资料、演示工具、用品应先准备妥当。 4. 接近顾客时要说的有些话应事先拟好，如有需要可事前演练一下。	探求需要
推销自己	接触	访问与面谈	1. 接触目的：争取面谈。 2. 访问要领：信心，胆量，不怕拒绝，不生气。 3. 面谈要领：采取主动，注重第一印象的建立。	引起注意
		促成亲密感	1. 要消除准顾客的不信任感、戒备心理或拒绝心理。 2. 使准顾客认为你是个诚实不会强迫别人的人。	
推销商品的效用	说明	建立共同问题	1. 从你事先所设计的提案的有关话题谈起，使准顾客不知不觉中，内心发生不安，唤醒他的潜在需要。 2. 提醒一般人普遍可能会面临的问题。	激发购买欲
		建立个别问题	1. 把共同问题的结论与准顾客自己的问题比较一下。 2. 对准顾客本身的实际问题，与准顾客共同讨论如何去解决。	
		提出解决问题的方案	1. 提出你事先准备好的方案，使准顾客充分了解。 2. 向准顾客说明你的建议的时候，要简洁，要有魄力，要有主动性。	

续表

推销重点	推销过程		要　点	推销心理
		顾客异议处理	对准顾客的各种犹豫、拒绝、反对意见，必须一一去克服，使准顾客的心理状态接近于下决心购买的阶段。	
推销商品	结束	激励与促成交易	1. 准顾客仍犹豫不决时，需要你协助他，甚至帮他跳过这一关。用故事、比喻或展示名单激起其购买的决心。 2. 签订成交协议，办妥有关成交的一切手续。	促使顾客下决心购买
扩充销路	告辞	时机	1. 不要太浪费顾客的时间，使他对你有良好的印象。 2. 以爽朗、坚定、明快的姿态与顾客告辞。	使顾客满意
	事后服务	方法	1. 经常与顾客保持联系，了解顾客对所购产品的满意程度及使用情况，并提供相关服务。 2. 把企业的新产品及时介绍给顾客。	

上述推销程序虽互相联系，一环扣一环，但又常常处于一种互动的状态之中，因此，推销人员在对某一客户进行推销时，既要遵循总体的推销程序，又要发挥自己的主观能动性。这样，才能抓住每一个推销机会，成功地完成推销任务。

■ 知识窗

A. 客户的档案管理内容：

1. 基础资料

客户的基础资料应包括客户的编号、客户的名称、地址、邮编、电话、传真、电子邮件、网址、客户负责人的情况、账号、税号、工商登记号、所有制性质、类别和规模等，见下表。

客户基础资料

客户编号：	客户名称：	地址：		邮编：	
电话：	传真：	http：			
负责人：	性别：	年龄：	职务：		电话：
往来银行账号：			税号（国税）：		
工商登记号：			所有制性质：		

类别：☐ 代理商　☐ 批发商　☐ 二级批发商　☐ 购物中心　☐ 超市　☐ 百货店　☐ 便民店　☐ 其他

规模：☐ 超大　☐ 大　☐ 中　☐ 小

2. 信用资料

客户的信用资料应该包括客户的注册资本、开业历史、信用额度（即最多能欠企业多少钱）、信用期限（即返还企业货款原最后日期）、结账日和付款条件，见下表。

客户的信用资料

注册资本：	开业历史：
信用额度：	信用期限：
结账日：	付款条件：

3. 经营资料

客户的经营资料应该包括销售人员、营业人员的数量、商圈范围、营业面积、仓储面积、运货方式、送货地点和竞品情况，见下表。

客户的经营资料

销售/营业人数：	商圈范围：	营业面积：	仓储面积：
运输方式：☐ 铁路 ☐ 水运 ☐ 气运 ☐ 自提			送货地点：
竞品情况：	竞品 1	竞品 2	竞品 3

4. 销售业绩统计

客户业绩统计表应包括每年甚至每个月的实际销售额，见下表。

客户业绩统计表

月 年	1	2	3	4	5	6	7	8	9	10	11	12	合计
1998													
1999													
2000													
2001													
2002													

——资料来源：《训练销售精英》

作者：孔雷　企业管理出版社出版

■本章小结

寻找顾客是推销工作的第一步。它包含两层含义：一是根据推销品的特点，提出有可能成为潜在顾客的条件；二是根据潜在顾客的条件，来寻找符合这些条件的合格顾客。推销员的任务之一就是要从潜在顾客中分辨出真正有可能购买本企业产品的目标顾客。

对于推销员来说，寻找顾客非常重要，它有利于推销工作的顺利进行，有利于推销员谋求更好的利益和位置。

推销员寻找目标顾客的方法手段很多，具体操作时根据推销品的特点和服务的领域不同有所侧重。常用的方法有：普遍寻访法、顾客引荐法、委托助手寻找法、广告影响法和利用交易会法等等。

此外，推销人员还可以从公司的其他推销员、市场调研部门、个人社交等途径获取信息，寻找顾客。

有了目标顾客，推销员的第二项工作是对目标顾客的购买资格进行审查，以便确定是否值得花时间和精力来接触和访问他们。

顾客购买资格审查包括：顾客购买需求审查；顾客支付能力审查；顾客购买决策权审查。顾客购买资格的审查要贯穿于推销的全过程，一旦发现其不具备购买资格，就要及时中止推销活动。

推销员有了明确的拜访对象后，为了提高推销的成功率和推销业绩，还需要建立完整的顾客档案。顾客档案包括准备拜访的准顾客的资料档案和已拜访过的记录拜访内容的顾客档案。推销员根据顾客档案编制好推销程序表，以便抓住每一个推销机会，成功完成推销任务。

■个案分析

把握顾客的需求重点

一位销售轿车的推销员正在为顾客推荐一辆豪华轿车，引导顾客从不同的角度观看车的外型，让准顾客用眼睛证明所看到的是多么气派的外型；请顾客坐在车上，让他感受车的宽敞、舒适及豪华；然后他拿出几位商场知名人士签下的订购合约给这位准顾客过目。就这样，他们开始谈到车的价格及交车手续，不一会儿准顾客签下了一辆将近120万元车的合约。

分析：

也许你觉得那个推销员纯粹是运气好。难道真的只是推销员运气好吗？不是！因为这位汽车推销员正确地做了两件事才给自己带来了好运气：一是他充分掌握了准顾客的需求，知道准顾客自己根本不开车，备有专职的私人司机，他对车也不是很了解，这位顾客需求的重点只有两个字“气派”。因此，推销员只针对“气派”这个销售重点诉求。二是他的销售重点是证明他推荐的车子能满足顾客的需求，例如他引导准顾客从不同角度来看这部车的外型是如何让人一看就觉得气派非凡，他让准顾客坐在车中亲自感受舒适、宽敞及豪华，他拿出商场上知名人士的订购合约，证明这部车是有地位人士的最佳选择，充分地证明这部车的身份不凡。

通过分析上面的案例可知，推销要获得成功，必须把握几个要点：

(1) 找出能满足顾客需求的销售重点。商品的整个推销过程无论有多长，推销员说服工作无论有多复杂，但真正能促使顾客签约的原因只有几点，顾客绝对不会因为你商品的所有销售重点而购买，也不会因为你的销售重点比别人少了一两点而不购买，真正的重点是你的销售点中的一两样能充分地证实并满足他的需要。

(2) 准备好针对销售重点的证据。由于每个准顾客的需求重点不同，满足准顾客的销售重点也不尽相同，因此，推销员必须针对你商品的所有销售重点，找全能证明它的所有证据，这些证据包括样品、专家证言、知名顾客的推荐信、质量认证证书、顾客的感谢信、成功的销售案例等。而在向某一个个体顾客介绍你的推销品时，又必须针对个体顾客的需求重点来展示产品，并找出证明它的最好办法。

思考与练习

一、简答题

1. 什么是潜在顾客？什么是目标顾客？二者有何区别？

2. 为什么推销人员要连续不断地寻找新的准顾客？

3. 寻找顾客的主要方法有哪些？

4. 什么是顾客资格鉴定？推销人员在推销之前为什么要对准顾客的资格进行鉴定？

5. 推销人员应如何鉴定目标顾客的购买资格？

6. 你认为建立顾客档案对推销工作有什么帮助？

7. “只要顾客有钱，推销人员就能够让他们购买商品。”这种观点是否正确？为什么？

二、案例题

[**案例1**]

“情侣苹果”卖得快

元旦，某高校俱乐部前，一老妇守着两筐大苹果叫卖，因为天寒，买的人很少。一教授见此情形，上前与老妇商量几句，然后走到附近商店买来节日织花用的红彩带，并与老妇一起将苹果两两一扎，接着高叫道：“情侣苹果哟！两元一对！”经过的情侣们倍感新奇，用红彩带扎在一起的一对苹果看起来很有情趣，因而买者甚众，不消片刻尽皆卖光。老妇感激不尽，所得颇丰。

问：同样的苹果，经教授之手摇身一变成为“情侣苹果”，则立即由滞转俏，这是把握了顾客哪些方面的需求重点？能给我们的商品推销带来什么样的启示？

[**案例2**]

唐劲风如何寻找他的潜在顾客

唐劲风是东亚大学工商管理学院的三年级学生。刚刚接受了一份阳光岛度假村俱乐部的暑期工作。唐劲风第一次参加销售会议，女经理谭园园在阐述她对销售人员的希望。

谭园园：我知道当你们被聘请时就已经知道需要做什么。但是，我还想再次就有关事情做进一步说明。现在你们的第一项工作是销售阳光岛会员卡。每一张会员卡价值为2000元人民币。如果你们有什么问题，直接提问。

唐劲风：每一笔买卖我们可以提取多少佣金？

谭园园：每销售一张会员卡，你可以拿到其会员卡价值的10%，也就是200元。会员卡赋予会员很多权利，包括每年可以到太阳岛度假村免费入住两天，届时可以享受度假村的桑拿浴与健身，可以获得两份免费早餐。若会员平时到度假村度假的话，住宿、餐饮、娱乐、健身等都可以享受50%的优惠折扣。而且，你还可以从会员的所有费用中提取更多的佣金报酬。

唐劲风：那么，我可以获得双份的报酬了。

谭园园：不错。你销售的越多，提取的佣金就越高。

唐劲风：我到哪里去寻找太阳岛度假村的会员呢？

谭园园：你完全可以自己决定如何做。但是，寻找潜在顾客是你成功的关键。根据我们以往的经验发现，每10个你找到的潜在顾客中，你将会与其中的3个顾客面谈，最后与一个顾客成交。还有问题吗？……可以从你的亲朋好友开始。

问题讨论：

1. 唐劲风应集中于哪一个目标市场？

2. 唐劲风应该怎样寻找潜在顾客？

3. 唐劲风应如何制订访问计划呢？

——资料来源：《人员推销》

作者：应恩德、朱姝、陆军　电子工业出版社出版

三、自测题

模拟某个产品推销建立一份顾客档案。

第五章

推销接近

学习目标

认识接近顾客是推销过程的一个重要环节。懂得为什么要做好推销前的准备工作以及准备的内容，约见顾客时应确定对象、事由和时间地点。理解和掌握接近顾客的常用方法。

第一节　推销接近的准备工作

推销人员在接近顾客之前，必须进行认真充分的准备，预测可能出现的意外情况，并制订出应变的方案，才能在与顾客的接触中做到随机应变，掌握主动。

一、推销接近的含义与作用

（一）推销接近的含义

所谓推销接近，是指推销人员为进行推销面谈，对目标顾客进行的初步接触或再次访问。推销接近是推销人员正式接触推销对象的一个步骤，是正式开展推销面谈的前奏。接近的目的是让顾客认识与注意推销人员，注意推销品，提高顾客对推销人员和推销品的兴趣。同时，推销人员从接近中了解顾客的具体需要及差异性，为下一步的正式洽谈做准备。

（二）推销接近的作用

推销接近的准备工作，实际上是推销人员继续抓好对目标顾客的各种情报信息资料的再收集、再分析的阶段，是俗话所说的砍柴前的“磨刀”功夫。通过这个阶段，推销人员可以进一步做到“知己知彼”。具体地说，其重要作用在于：

1. 有利于推销人员进一步接近目标顾客

现实中，我们经常会看到这样一种情况：如果有一个不认识的人找上门来推销产品，你的最快一个反映是这个人会不会是一个骗子？其推销的产品可靠吗？当然，如果是事先有一个熟人引见，或有约定，那情况是完全不同了。推销接近就是做一些有利于接近目标顾客的铺垫工作。

2. 有利于推销人员进一步换位思考

推销人员如果要取得推销的实效，最重要的一点应该是要了解和掌握顾客的心理。在推销接近的准备工作中，推销人员不仅仅要做一些了解自己企业和产品的工作，还可以更多地熟知顾客的情况，从而也促使推销人员去进一步换位思考，真正地站在顾客的一方，感受顾客的心理，改进自己的推销工作。

3. 有利于推销人员提高工作效率

对推销人员来说，由于要对顾客进行大量的摸底、访问，时间是一个非常宝贵的资源。如何合理利用时间，减少不必要的浪费，或者说把被动化为主动，应该说是推销人员一直以来感到困惑的问题，也是希望解决的问题。在推销过程中，如果能在事前约定访问的时间、地点、内容等，可以避免推销人员满世界瞎撞的局面，同时这无疑也是解决推销人员合理利用时间，提高工作效率的一个举措。

■ 知识窗

美国大西洋石油公司的一份调查资料显示：在交通、时间等条件相同的情况下，业绩优秀的推销人员用于接近准备的时间占全部推销活动的21%，而表现一般的推销人员用于接近准备的时间只占全部推销时间的13%，两者相差8%。这说明准备工作与推销业绩是有相关性的。

——资料来源：《推销理论与实务》
作者：宋素红　化学工业出版社出版

二、推销接近准备工作的内容

推销人员推销接近准备工作的内容应该说主要取决于推销工作的性质、要求与顾客的需求。一般来说，应包括以下几个方面：

（一）推销的产品及有关资料

1. 推销的产品实物

推销人员要准备好推销的产品实物，即推销样品。推销样品主要是推销人员为了在推销过程中让顾客实实在在能看到要买的东西，以增强推销面谈的说服力，“眼见为实”。现实中，许多人已经对华而不实的各种广告、“王婆式”的自我吹嘘失去了认同感。因此，实物从某种意义上来看，是最有力的一种推销手段。推销人员在推销接近准备工作中，要认真对待推销实物，如果说有的产品体积大，难以携带，则要考虑用最逼真的照片来替代实物。

2. 推销的产品资料

推销人员要准备好推销的产品资料，如产品说明书、广告资料等，尤其是大宗电器之类的推销产品，推销人员是不可能随身带着去推销。在这种情况下，产品说明书、广告资料等产品资料发挥了不可替代的作用。因此，如何做好产品说明书是推销人员在推销接近准备工作中一项非常重要的工作。现实中，推销人员除了准备一些文字资料以外，很多人还精心准备了一些图片资料甚至是电子类的资料。

（二）目标顾客的资料

1. 个体（最终）顾客的资料

个体（最终）顾客的资料主要应包括：

（1）姓名。一要写好，二要读准。推销人员在称呼或书面书写时，务必小心，不得有误，以免闹出笑话来。

（2）年龄。了解顾客的真实年龄有助于推销预测。但推销员切勿当面打探冒犯，尤其对女士。

（3）性别及职业。不同的性别、不同的职业体现了不同的身份、地位和购买意向。

（4）籍贯。人们对乡土都有浓厚的情感，外地遇同乡有一种归属感，因此，在拜访中可利用同乡攀情交友，展开人际关系。

（5）文化程度。推销人员可以根据顾客的文化程度决定谈话的内容和方法，有时还可以作为一个话题。

（6）居住地点。它可能反映出目标顾客的社会地位、朋友群，甚至家世。

（7）民族及宗教信仰。掌握目标顾客这方面的情况，可使推销人员在进行推销洽谈时，避免卷入不必要的争论，减少推销洽谈的阻力。

（8）家庭状况。了解家庭成员的构成及其价值观、消费观、消费方式、消费兴趣爱好与偏好等；了解家庭的收入水平；了解家庭的信贷与储蓄情况。

（9）需求状况。了解个人与家庭现阶段的重大消费要求、需求量、需求结构等等。

（10）其他。包括顾客的电话号码、邮政编码、电子邮箱、地址等等。

■ 知识窗

一位朋友因公务经常出差泰国，并下榻在泰国著名的东方饭店，第一次入住时饭店良好的环境和服务就给他留下了深刻的印象。当他第二次入住时几个细节更使他对饭店的好感迅速升级。

那天早上，在他走出房门准备去餐厅的时候，楼层服务生恭敬地问到："李先生是要用早餐吗？"李先生很奇怪，反问："你怎么知道我姓李？"服务生说："我们饭店有规定，晚上要背熟所有客人的姓名。"这令李先生大吃一惊，因为他频繁来往于世界各地，入住过无数高级饭店，但这种情况还是第一次碰到。

李先生高兴地乘电梯下到餐厅所在的楼层，刚刚走出电梯门，餐厅的服务生就说："李先生，里面请。"李先生更加疑惑，因为服务生并没有看到他的房卡，就问："你知道我姓李？"服务生答："上面的电话刚刚下来，说您已经下楼了。"如此高的效率让李先生再次大吃一惊。

李先生刚刚走进餐厅，服务小姐微笑着问："李先生还要老位子吗？"李先生的惊讶再次升级，心想："尽管我不是第一次在这里吃饭，但最近的一次也有一年多了，难道这里的服务小姐记忆力那么好？"看到李先生惊讶的目光，服务小姐主动解释说："我刚刚查过电脑的记录，您去年的6月8日在靠近窗口的第二个位置上用过餐。"李先生听后兴奋地说："老位置！老位置！"小姐接着问："老菜单？一个三明治，一杯咖啡，一个鸡蛋？"现在李先生已经不再惊讶了："老菜单，就要老菜单！"李先生已经兴奋到了极点。

——资料来源：《推销技术》

作者：刘厚钧　郑州大学出版社出版

2. 企事业等团体单位顾客的资料

企事业等团体单位顾客的资料主要应包括：

(1) 基本情况。主要了解如单位名称、单位地点、单位性质、单位电话（包括传真）、邮政编码、网址、交通条件、工会主要负责人或主要职能部门负责人的联系方式、职工人数等。

(2) 采购方式（惯例）。主要了解购买习惯。如果是政府部门及事业单位、大型的国企单位等，主要了解招投标的情况，以及一些非采用招投标的采购方式和日常性的采购要求与方向。如果是一般的企业，了解的购买习惯包括采购部门、采购要求、采购制度、采购程序、采购时间、采购频率、采购批量、进货渠道、支付方式以及购买行为、购买类型等等。

(3) 需求状况。主要了解需求产品的质量、价格、档次、规格、功能、产地、交易量、交易时间、运输要求，以及对供货商的要求，如优惠待遇、服务等。政府部门及事业单位、大型的国企单位等与一般的企业要求不同，关注的重点不同，所以要有一定的针对性。

(三) 推销人员的访问计划

推销人员的访问计划做得好与坏是推销成败的重要一环。主要应包括以下几个方面：

(1) 设计访问工作的各项环节。主要包括推销人员在推销产品过程中所要陈述的观点、与顾客交流的切入点、何时访问、何地进行、与谁一起访问、访问过程中运用的语言等等。

(2) 着重解决几个问题。主要是解决访问过程中可能出现的问题，如顾客临时改变计划、不愿再接受访问等；解决访问结束后能否引起顾客进一步的兴趣，如引起顾客的关注、激发顾客的购买热情、自发宣传推销产品等等。

(四) 推销人员的其他准备工作

常言道：细节决定成败。推销人员除了主要的几项工作必须要有充分的准备外，细节的工作同样也要认真对待。推销人员的其他几项工作的准备主要有：

(1) 推销辅助工具的准备。推销人员在推销过程中，主要靠的是推销技艺，但这也不完全否定其他的要求。有人在总结日本丰田汽车公司推销经验时指出："一个优秀的推销人员一靠推销技巧，二靠各种推销工具。"这说明推销的辅助工具也是推销人员在推销过程中一种非常重要的手段。推销人员的推销辅助工具很多，如上面已经提到过的推销产品及产品说明书等资料，推销产品的证明资料包括产品订购单、合同书，以及各种国家和地方、行业的产品质量检查与管理的认证证书。

(2) 其他准备。主要包括推销人员的名片、身份证、介绍人、介绍信，以及笔记本电脑、计算器、笔、笔记本、小礼品等。

第二节 约见顾客

对推销人员来说，约见顾客是推进推销面谈的一个实质性的工作，必须做好充分的心理准备和其他各项工作的准备，争取留下良好的第一印象，也为以后的工作做好铺垫。

一、约见的含义与重要性

(一) 约见的含义

约见，又称商业约会，是指推销人员事先征得顾客同意会面的行动过程。约见是推销人员成功接近顾客的第一步，既是推销接近准备的延续，又是推销接近的开始。

（二）约见的重要性

1. 约见有利于推销人员增加接近顾客的机会

现实中，许多顾客都不愿接待陌生的推销人员，主要原因是讨厌陌生人打扰自己，同时，由于某种社会原因，害怕陌生人伤害自己，不信任陌生人。通过约见后，顾客就会自然而然地消除戒备心理，并同意见面。这样，推销人员接近顾客的机会也就自然增加了。

2. 约见有利于推销人员制订合理的推销面谈计划

在推销接近的准备工作中，推销人员已经制订了一个推销访问计划，但是，不管这个计划事前考虑得多么仔细、周到，在很大程度上看，都是推销人员的一种主观意愿，而且许多时候是脱离实际的。只有真正接触到顾客后，才能正确理解顾客的心理与需求，才能急顾客所急，想顾客所想。约见顾客，是推销人员真正接触顾客、进入顾客心灵的开始。通过约见，有利于推销人员制订更加合理、更加人性化的推销面谈计划。

3. 约见有利于推销人员进行科学的决断

在推销访问计划中，其实我们也不难看到，推销人员自身非常困惑的问题，也是急于想要解决的问题是，推销过程中推销人员自己陈述的观点能否被顾客接受？陈述过程中，有否遭到顾客的反感？约见顾客，可以发现自己与顾客的差距所在，找到解决问题的钥匙。通过约见，有利于推销人员更清楚地了解和掌握顾客的基本情况，并迅速调整计划，作出更科学的行动方案。

4. 约见有利于推销人员提高推销效果

在推销工作中，对推销人员来说，最耗费的是时间，最宝贵的也是时间。怎样才能投入最少的时间，取得最佳的推销效果，对推销人员来说，也是想方设法要解决的问题。约见顾客，可以减少等候顾客的时间，也可以避免盲目的推销。通过约见，有利于推销人员合理安排时间，并进行有的放矢的工作，提高推销工作效率。

二、约见的内容与方法

（一）约见的内容

推销人员约见顾客的内容严格地说，应该没有定论，要按实际情况来定。因为顾客不同，顾客的背景条件也不同，推销人员不可能教条式地照搬照抄，更多地是靠推销人员临场应变能力的发挥。一般说，包括以下四个方面：

1. 确定访问的对象

推销人员在访问之前，先要明确目标顾客是谁？如个体（最终）顾客，他或她是否有最后的购买拍板权？或者说他或她是否是家庭中对决策起重要影响作用的人？如企事业等团体单位顾客，他或她是否为单位主要领导层人员？是否已经被授权，能够最后拍板？是否能为推销工作起到牵线搭桥作用？这个工作主要是为了节约整个推销过程的时间，保证推销人员精力充沛。

2. 确定访问的目的

推销人员在访问之前，在明确目标顾客的同时，还要注意编造访问顾客的理由，且编造的理由要让顾客能够深信，即感到你是站在他（她）的立场与利益的，而不是纯粹在推销你的产品，这样顾客才会愿意接受你，也才会同意你的约见。

3. 确定访问的时间

推销人员在访问之前，要充分考虑自己的工作性质、推销任务和顾客的实际情况等。只有把这些问题结合起来通盘考虑，才能做到“把握最佳的时机”，才能做到使顾客满意，才能使推销任务顺利完成。

■ 知识窗

日本著名汽车推销员奥城良治堪称为“推销怪杰”。他十分珍惜时间，一旦需要等人，就是几分钟也要利用，其方法是：到近处访问；利用近处的公用电话进行电话推销；核对顾客卡；拟定访问计划；想好下次的应对法；革新推销创意；开发推销技巧等。

——资料来源：《推销技巧》

作者：王红　武汉大学出版社出版

4. 确定访问的地点

推销人员在访问之前，还要充分考虑顾客的方便度、顾客的特殊需要、顾客的个性与偏好、顾客的尊严以及推销产品的实际问题等等。特别是从顾客的角度来考虑，一定要充分满足顾客的心理需求，让顾客感到最大程度的满意。访问的地点没有特别的规定，一般可以在顾客的工作地、顾客的居住地、推销人员的单位、各种社交活动地、公共场所等。

（二）约见的方法

为了实现推销目标，完成推销计划，推销人员必须认真研究约见顾客的方式方法，以便在约见不同顾客时，作出适当的选择。

1. 当面约见

所谓当面约见，是指推销员与顾客当面约定访问事宜。推销人员可以利用与顾客会面的各种机会进行当面约见，例如，在途中不期而遇时，在见面握手问好时，在起身分手告别时，还可以利用各种会议，利用朋友的聚会、引见，甚至自己主动到顾客的工作单位等地去约见。

当面约见是一种比较理想的约见方式，简单易行。推销员可以在当面约见时直接观察顾客的态度、性格等，对约见有所准备；可以有机会交流感情、表达思想，给顾客留下良好印象，使顾客乐意接受约见；当面约见也比较可靠，实在。但是，当面约见也有不利的一面，容易受到地理因素的限制，效率低；一旦推销人员口头表达方式不妥，容易引起顾客的误解，日后也难以纠正；如果遭到顾客拒绝，推销员就容易处于被动局面，使约见目的难以实现。

2. 电讯约见

所谓电讯约见，是指推销员利用电话、传真、电报、互联网等电讯手段约见顾客的方法。现代通讯业的快速发展，使这类高效的约见通讯工具得到越来越广泛的使用。

电话约见迅速而灵活方便，是目前约见的主要方式。它使推销员免受奔波之苦，又使顾客免受来访的干扰，几分钟之内双方可就约见事宜达成一致。但受通讯条件的限制，这种方式不能应用于不具备条件的顾客。而且，顾客居于主动地位，容易找到推托或拒绝约见的借口。推销员在运用电话约见时，要注意技巧，语言要简练，语调要平稳，用词贴切，心平气和，好言相待，尤其是顾客不愿意接见时不可强求。

电报和电传约见的优点是速度快，并且不用顾客在家等候，但费用高，对问题不能详尽说明。互联网是很有前途的一种方式，尤其是在年青人中，接受比较快，许多人都比较喜欢用这种方式传递信息。

3. 信函约见

信函约见是通过约见信函的寄出及反馈达到约见的目的，这类信函包括个别约见信和集体约见信。例如，个人书信、会议通知等。信函约见的优点是：函件可以不受当面约见顾客时可能遇到的人为障碍阻挠，畅通无阻地进入目标顾客的办公地点和居住地，只要言词得当，就容易被顾客所接受；信函的体裁比较自由，既可以用恳切的文辞强调顾客能够获得的利益，又可以委婉写出产品的上乘品质和优惠的价格，还可用实例证明企业的实力和产品的效用，要表达的意思都可跃然纸上。

信函约见的缺点是：它所花费的时间是最多的，而且反馈率比较低。许多顾客对推销约见信毫无兴趣，甚至不去拆看，使推销员苦心推敲而付出的辛劳变得毫无意义。信函中如果用词不当，还会引起顾客反感而拒绝约见。因此，信函约见必须从内容和形式两个方面加以注意。信函的内容，要尽力做到真实与适度的修辞相结合，书写工整，文笔流畅。信函的形式，要求尽可能自己动手书写，尤其是个人书信，避免使用印刷信件，邮票也应自己动手贴上，而不要加盖“邮资已付”的标志，还要及时用电话联系，以弥补反馈率低的缺陷。

■ 知识窗

尊敬的××先生/女士：

您去年是否把大笔的钱交给了政府的税务部门?

很多人，甚至是那些和您一样精打细算的人，都这么做了。为什么呢？因为很少有人知道财税法规新的减税政策。为何不现在就采取行动，以便7月9日这一关键时刻之前，获得您当年应得的减免税呢?

让我们的“规划纳税公司”告诉您如何根据新法规来省钱吧。特别是当您考虑到您通过它将节省一大笔钱时！

在过去的一年里，我公司为众多家庭和组织服务过，帮助他们根据不断变化的税法更好地调节税赋状况。我们的服务收费低，现在我愿意用我的经验为您服务。

我将在下周四下午与您联系安排个方便的时间见面。为了感谢您与我交谈，第一次会面将是免费的。我期待着您能省钱以达到您的财政目的。

×××公司

××年×月×日

——资料来源：《推销实务》

作者：黄元亨　高等教育出版社出版

4. 委托约见

所谓委托约见，是指推销人员委托第三者约见顾客的方法。委托约见包括留函代转、信件传递、他人代约等。受推销员之托的第三者，是与推销对象本人有一定社会联系和社会交往的人士，包括对顾客本人有一定社会影响的有关人员，如接待人员、秘书、同事、邻居、亲友等。它的优点是能够克服某些顾客对推销员的戒备心理，获得推销对象的真实信息；有利于快速接近顾客，并获得顾客的信任；推销效果显著。缺点是推销人员处于被动地位，如果被委托的人与约见人关系一般，就不易得到约见人的重视，也容易引起误约，贻误推销时机。

5. 广告约见

广告约见是指推销人员利用各种大众传媒工具，如报纸、杂志、广播、电视、直接邮寄、张贴或散发印刷广告等约见顾客。它可以在约见对象不明或太多的情况下，进行广泛约见或无特定对象约见，也可在约见对象十分明确的情况下，进行集体约见。它的优点是覆盖面广，效率高。缺点是针对性差，费用高。

此外，还有其他许多约见的方法，推销人员可根据具体情况，选用一种或综合使用几种方法达到约见的目的。

■ 知识窗

1. 关于“销量”的七个新概念

- 毛销量：指公司的出货量，完成了公司货物的“仓库转移”。
- 净销量：指被消费者消化掉的公司出货量，是市场的真实销量和真正销量。
- 存销量：指毛销量和净销量之间的差额，即“通路存货量”，它包含了经销商的存货量、各级分销商的存货量，以及所有终端的存货量。
- 滞销量：当“存销量”不能转化为“净销量”时，“存销量”就变成了“滞销量”。
- 贱销量：滞销产品低价处理后的销售量。
- 负销量：通路把滞销产品退回给公司的货物量。
- 死销量：指既没有贱卖掉，也没有退回厂家，而在通路上变质无法再销售的滞销品量。

一个存在“滞销量”的市场是一种危机市场。只有把滞销量转化成净销量时，对企业有意义的销量才真正产生。“存销量”转化为“净销量”的方法：

- 净销量提升为导向进行动态管理；
- 提高产品力；
- 将净销量与人员激励相挂钩；
- 进行品牌宣传；
- 扩大终端覆盖率，提高终端存销量；
- 终端促销、终端导购和终端生动化。

——资料来源：《中国商贸》2005 年 8 月

作者：郭旭

2. 电话预约的要领与技巧

- 尽量不要先说出价格。
- 简单扼要说明商品特色。
- 由推销员决定拜访的日期、时间。
- 先取得对方信任。
- 说话速度不宜快。

- 强调“不强迫购买”
- 多问问题，尽量让客户说话。

——资料来源：《推销实战技巧》
作者：王孝明　经济管理出版社出版

第三节　接近顾客

接近顾客是推销人员为了推销洽谈顺利进行而与顾客的一种初步接触。这是推销过程的一个重要环节，虽然大多数时推销人员与顾客接触的时间很短，也不一定开始进行直接的产品推销活动，但它将会对以后的推销洽谈、成交等环节起到决定性的作用。因此，在这一阶段中，推销人员要通过自己的努力，做到在心理上接近顾客，达到与顾客的真正交流。如果做不到这一点，那至少要给顾客留下良好的第一印象，获取顾客的基本信任。

一、接近顾客的技巧方法

（一）介绍接近法

所谓介绍接近法，是指推销人员自行介绍或经由第三者介绍而去接近推销对象的一种方法。它主要包括口头介绍和书面介绍两种。在推销中，接近的对象不同，介绍的方式也有所区别。

1. 自我介绍法

简单地说，自我介绍法是指推销人员直接以口头介绍、递交名片、介绍信、身份证、委托书等的形式进行自我推介的一种方法。这是推销人员接近顾客常用的一种方法，也是其他许多接近方法的基础，但是，无情的事实表明，推销员开始接近顾客时所作的自我介绍绝大多数是毫无意义的。顾客一般不大关心推销员的自我介绍，只是在推销品或者推销员的建议令他感兴趣后，才重新询问推销员的尊姓大名或查看推销员的名片。所以，在接近顾客之初，推销员不一定详细地进行自我介绍，就是进行自我介绍也要和其他方法配合使用。

2. 他人引荐法

他人引荐法是指推销人员通过与顾客比较熟悉的第三者的介绍来推介自己的一种方法。当推销人员与目标顾客没有任何关联的情况下，这种方法是比较有用的，因为它能消除相互之间的心理障碍，拉近相互之间的距离，并使顾客容易产生一种信任感和好感。

当然，因所找的介绍人与顾客往来关系是否密切和对顾客能否产生直接或间接影响，介绍人所起的作用不同。顾客与介绍人员关系的密切程度越大，所起的作用就越大，反之，所起的作用就越小。这种方法也有限制性，有时顾客碍于人情面子而勉强接待推销员，却不一定有购买诚意，只是虚于应付，而在有些情况下，顾客还忌讳熟人的引荐。在实际推销过程中，推销人员事先还要掌握顾客的基本情况与心理，以避免引起更大的麻烦。

推销员应努力扩大自己的交往面，争取有关人士的协助和引荐，但应注意尊重介绍人的意愿，不可勉为其难。

（二）产品接近法

产品接近法又称实物接近法，是指推销人员直接利用推销产品来推介自己和接近顾客的一种方法。现实中，许多顾客只是对产品有兴趣，因此，这种方法多少能给顾客直接带来购买的欲望和丰富的想象力。

推销员采用产品接近法，直接把产品、样本、模型摆在顾客面前，让产品作自我推销，给顾客一个亲自摆弄产品的机会，以产品自身的魅力引起顾客的注意和兴趣，既给了顾客多种多样的感官刺激，又满足了顾客深入了解产品的要求，同时，这种方法最适合于具有独到特色的产品，或颜色鲜艳、雅致，或功能齐全，或造型别致等等，因为这类产品很容易吸引顾客的注意力，诱发顾客的询问。但是，采用产品接近法也存在一定局限性。首先，推销员本身必须具有知名度或一定的吸引力，要能够刺激起顾客的使用欲望，才能引起顾客的注意和兴趣，使推销员达到接近顾客的目的。其次，推销品应精美轻巧，便于携带。再次，推销品必须是看得见、摸得着的有形的实体，无形产品和服务（如各种保险、旅游、服务等）无法利用产品接近法。最后，推销品必须品质优良，不容易损坏或者变质，操作简便，使用效果显而易见，这样才经得起顾客反复摆弄，并使顾客从触摸、检验和操作中感受到产品所能带来的利益。

■ 知识窗

产品接近法满足了顾客的心理需求

从推销心理学角度讲，产品接近法符合顾客认识和购买商品的心理过程。一般来说，人们在决定购买之前总希望彻底了解商品及其各种特征，包括产品的用途、性能、造型、颜色、味道、手感等。有些顾客还喜欢亲手触摸和检查产品，甚至动手试试，或者干脆拆开，看个究竟。产品接近法正是利用了一般消费者的上述心理。产品接近法给顾客提供了一个亲手摆弄产品的机会，充分调动了顾客五官肢体的积极性，发挥其视觉、嗅觉、听觉、味觉、触觉的功能，直接引起顾客的注意和兴趣。只要顾客笑口一开，面谈立即开始。现代心理学认为，操弄或操作是人类的基本动机之一。既然人们喜欢操弄产品，推销人员何不让他们开开眼界操作操作呢！在利用产品接近法接近顾客时，推销人员就是要让顾客先睹为快，先闻为快，满足其操弄和探究的心理。一旦顾客因此心情愉悦，推销也就接近大功告成。

——资料来源：《推销理论与实务》

作者：宋素红　化学工业出版社出版

（三）利益接近法

利益接近法就是推销人员直接利用顾客追求利益的心理，利用所推销的产品或服务能给顾客带来的实惠、好处，从而引起顾客的注意和兴趣，进而转入面谈的一种接近方法。从现代推销原理来讲，这是一种最有效、最省力的接近顾客的方法。因为这不仅符合顾客求利的心理，而且符合商业交易互利互惠的基本原则。顾客购买商品的目的是想通过商品使用价值的实现而从中获得某种利益，而工商企业的购买更是直接以盈利为目的。但在实际推销过程中，顾客也往往会不愿直接、明确地表示想得到的利益，因此，推销人员在推销过程中，要注意明晰产品购买后能给顾客带来的利益究竟有多大、多实在，让顾客看得到、摸得着。当然，推销人员也不能在这一过程中为了突出产品的卖点、打动顾客的心等作虚假的宣传。

（四）好奇接近法

好奇接近法是推销人员利用顾客的好奇心理来接近对方，从而达到推销自己产品的目的的一种方法。好奇心是人们的一种普遍心理，现实中，我们常常可以看到这样一种情形：有一个地方排了一列长长的队，队伍外面的人不知道这列队排着干什么，出于好奇，一些人又不自觉地加入了这一列长队。利用顾客的好奇心理来接近顾客、诱发顾客的购买热忱，是许多商家经常采用的一种促销策略。

运用好奇接近法应注意，推销人员无论采用语言、动作、实物或其他什么方式唤起顾客的好奇心，都应该与推销活动相关，否则将难以转入推销洽谈。唤起顾客好奇心的事物应当符合客观规律，合情合理，奇妙而不荒诞；还应考虑到顾客的文化素养和生活环境，要避免推销员自以为奇特而顾客却觉得平谈无奇，弄巧成拙反而妨碍了接近顾客。

（五）表演接近法

表演接近法，是指推销人员利用各种戏剧性的表演手法来展示产品的特点，从而引起顾客的注意和兴趣的一种方法。这是一种古老的推销术，也被称为马戏接近法，戏剧化接近法。在现代推销中，这种方法仍有重要的利用价值。例如，一位消防用品推销员见到顾客后尚未开口，就先从提包里拿出一件防火衣，然后将它放进一个大纸袋子里，用打火机点燃纸袋，当纸袋烧完后露出了仍然完好无损的防火衣。这一戏剧性的表演，使推销人员不费口舌就拿到了订单。

表演接近法实际只是把产品示范过程戏剧化，迎合某些顾客求新求奇的心理，从而把顾客自然地带入购买的情景之中。在具体应用这种方法时应当注意：应当尽量使表演产生戏剧效果，既出人意料，又合乎情理，既能打动顾客，又不露表演的痕迹；应当尽量让顾客参于其中，以激发顾客的兴趣，并增加真实感和互动性；表演要与产品的展示结合起来。

（六）问题接近法

所谓问题接近法，也叫问答接近法或讨论接近法。是指推销人员利用提问方式或与顾客讨论问题的方式来接近顾客的一种方法。在实际推销工作中，问题接近法可以单独使用，也可以和其他各种方法配合起来使用。例如，好奇接近法、利益接近法等都可以用提问作为引人入胜的开头。推销员可以首先提出一个问题，然后根据顾客的回答再提出其他一些问题，或提出事先设计好的一组问题，引起顾客的注意和兴趣，引导顾客去思考，环环相扣，一步步达到接近的目的。

推销人员在具体运用问题接近法时，应当注意以下几点：

（1）问题必须突出重点，有的放矢。推销人员必须在接近准备的基础上设计所提问题，要能一针见血，切中要害。

（2）问题表述必须简明扼要，抓住顾客的关注点，最好能形象化、量化、直观生动。例如，对酒店经理说：“您希望在保证贵酒店正常经营的情况下，明年电费开支减少15%吗？”对食品店经理说：“您是否想在不增加营业面积和费用开支的情况下使贵店明年的销售额增加50%吗？”等等。这样的提问能抓住顾客的关注点，引起顾客的注意和兴趣。

（3）问题应当具有针对性、耐人寻味，应当是顾客乐意回答和容易回答的，要避免有争议、伤感情和顾客不愿意回答的问题，以免引起顾客的反感。

(七) 直陈接近法

所谓直陈接近法也称报告接近法、陈述接近法或说明接近法。是指推销人员利用直接陈述来引起顾客的注意和兴趣，进而转入面谈的接近方法。推销员直陈的内容，可以是商品的新特点，可以是价格、服务等方面的优惠条件，也可以是有关企业情况的介绍。但是，所陈述的内容必须与顾客有密切的利害关系，才能引起顾客的注意和兴趣。例如，“这种商品比同类商品价格便宜20%”，“这种改性淀粉（造纸原料添加剂）能增强纸张的韧劲和张力，并使产量提高20%”。这样，就免去了不必要的繁文絮语，开门见山地直接陈述一个事实或一个道理，可以立即吸引住顾客，缩短与顾客的认识过程，迅速转入正式面谈。

(八) 馈赠接近法

馈赠接近法是指推销人员通过赠送一些小礼品来激发顾客的好感，进而达到和顾客拉近关系，融洽气氛的目的的一种方法。在实际推销中，这种方法经常被推销人员用作接近顾客的“跳板”、“桥梁”。然而，推销员在选择什么礼品作为馈赠时，必须注意：

(1) 投其所好。在馈赠礼品之前，推销人员要尽最大努力了解顾客的兴趣爱好，不能凭自己的主观意向确定礼品。如对家庭主妇来说，最好选择实用性强一些的东西作为礼品。

(2) 促动媒介。礼品是推销人员作为一种接近顾客的手段，所以礼品选择时要考虑意义重大但数量、金额不能太大的东西。这里，礼品既要符合国家的有关规定，不能成为变相的商业贿赂，也不能愚弄、欺骗顾客。

(3) 扩大产品影响。推销人员在选择礼品时，最好选择一些与自己推销的产品相关的东西，以优惠待遇馈赠顾客，这样，一方面让顾客感到实惠，另一方面让顾客了解和爱上推销的产品。如一公司的推销人员有一次在推销奥妙品牌的洗衣粉时，他给顾客的小礼品是小小包装的奥妙品牌洗衣粉。这是很妙的礼品，推销效果肯定非常好。这种做法在推销化妆品时见到的则更多了。

(九) 赞美接近法

赞美接近法，是指推销人员利用顾客的虚荣心理，通过恭维、赞颂、夸奖等形式来获得顾客的好感，并接近顾客的一种方法。人的天性就是希望得到别人的赞美与肯定，因此，赞美接近法是一种行之有效的方法。但在运用赞美接近法时，要特别注意分寸，不能随便瞎吹，尤其是赞美人的外貌时，更是如此，否则，让顾客感到缺乏一种诚意和信用；要投其所好，顾客愿意听的要多说，如碰到顾客的小孩子会读书，你就多说说这小孩子的聪明、会读书、将来有出息。如顾客的小孩孝顺，你就说顾客你的福气有多好。同时要有诚意。在赞美顾客的时候，一定要让顾客清楚你的赞美是从心理发出来的，而不是假装出来的，这样，顾客才会真正感到高兴。

(十) 求教接近法

求教接近法，是指推销人员以造访求教的形式来接近顾客的一种方法。造访求教，可以是带着真问题去请教，也可以作为一种借口去请教。这种方法对于专家型的顾客来说，比较适合、有效。运用这种方法要考虑请教的方式方法，态度要诚恳，多听其言观其行，请教问题前不忘先恭维、赞美，后请教问题，推销产品前不忘先请教，后推销。例如，“×××师傅，你是我们这一行的行家，请问：我做的这种推销方案哪里还有缺陷?”

(十一) 调查接近法

调查接近法，是指推销人员利用推销的机会，运用调查的手段来接近顾客的方法。从现代推销学来看，推销的过程，实际上也是一种调查的过程。推销人员在推销过程中，可以把事先设计好的顾客调查表交给顾客（可以是封闭式的，也可以是开放式的。如果是封闭式的，顾客只要在设计好了的表格内打上“√”，操作时比较简单，而如果是开放式的，顾客要在设计好了的表格上根据调查者设计的问题进行回答，操作时相对难度要大一些），请顾客根据调查者的意图和问题进行填写，调查者再根据反馈的顾客调查表内的一系列数据进行分析研究，然后得出应有的结论。这种方法比较容易获得顾客的认可，从而也比较容易接近顾客。但在实际运用中，这种方法强调调查的目的和内容要明确，设计的表格要有一定的针对性，尤其是开放式的表格，没有一定文化水准和思想的人是不可能去完成的。

除了上述介绍的方法外，还有聊天接近法、反复接近法、服务接近法等，推销人员应当在推销实践中加以灵活运用，并根据推销的实际情况创造一些新的并行之有效的接近顾客的方法，以取得推销的成功。

二、运用接近方法技巧时应注意的问题

推销员为了能有效接近顾客，顺利导入推销面谈，除了运用适当的接近方法技巧外，还得注意如下问题：

（1）必须掌握有关顾客、公司、推销品等情况；

（2）尽量吸引顾客的注意力；

（3）选择适当的演示技巧。

（一）掌握有关的情报

如果一个推销员对顾客提出的问题支支吾吾、含糊其辞，回答不上来，那么他的推销活动注定要失败。而如果他掌握了有关的知识、情报和资料，顾客有问必答，又能使顾客十分满意，那么他的推销活动会进展得非常顺利。

1. 掌握顾客的情况

顾客购买产品通常都不是在购买产品的特征，而是购买可以满足某种需求或解决某个问题的产品或服务。例如，顾客为了解决冬天洗澡的问题，需要购买热水器；女士们为了打扮自己，使自己更年轻、更漂亮，需要购买时装、化妆品等等。

需要是人们希望得到而又未得到满足的感觉。需要未得到满足时，可导致人们心情紧张，产生不舒适的感觉，当它达到迫切的程度时，便驱使人们产生购买行为。

美国行为学家马斯洛在20世纪40年代就提出了“需要层次论”，他把人们的需要按先后顺序分成五个层次：

（1）生存需要，指人们衣、食、住等维持生命活动的基本生活需要。

（2）安全需要，指人们生命、财产、职业等方面的安全和保障需要。

（3）社会需要，指家庭、亲友、团体、组织与社会活动中的人际交往以及归属欲方面的需要。它包括社交往来、探亲访友，希望得到他人的友谊和帮助，要求参加感兴趣的团体和组织的归属欲等。

（4）尊重的需要，指在工作、职业或学识等方面受到别人的尊重与承认，包括自尊心与荣誉感。

（5）自我实现的需要，指在事业上能够发挥个人才能并取得成就。包括自我实现、成就欲和对理想目标的追求。

这些需要由低向高延伸，需要的层次越低越不可缺少，因而越重要。只有当低层次的需要基本满足后，才设法去满足高一层次的需要。推销员要针对不同层次的消费者群，有针对性地进行推销活动，根据不同需要的层次，确定推销活动的范围和方向。

只有了解顾客的需要，才能搞好推销工作，做到"有的放矢"。否则，不了解顾客需要什么，盲目去推销，推销成绩肯定不会理想。

2. 熟悉本公司的情况

对于顾客来说，推销员就是公司的象征，是公司的代表。既然推销员代表着公司，他就有责任去熟悉他所服务的公司以及公司的政策。推销员应该对自己所服务的企业有一个全面的了解，包括企业的诞生与发展沿革、经营目标、经营方针以及今后的长期发展规划，企业的职能机构及主要领导人，企业的财务状况及主要设施等等。虽然没有一位顾客会向你打听你所服务的公司的全部知识，但是你必须未雨绸缪，做好准备，以防万一。

熟悉掌握有关公司的知识，对推销会有很多好处。能够巧妙回答有关公司情况问题的推销员，通常都会给顾客留下深刻而良好的印象。例如，推销员熟悉了本公司有关价格、回扣、信用条件、产品运送程序等情况后，在接近顾客以及促使成交的过程中能及时地利用优惠条件来吸引顾客，引发顾客的购买欲望。当你的产品和竞争者的产品非常近似时，公司的形象常常是影响顾客购买决策的关键性因素。因此，推销员必须了解公司的优点与限制条件，熟悉公司方方面面的情况。

3. 熟悉产品情况

推销员在了解熟悉本企业的基本情况后，必须熟悉掌握所推销的产品知识。具体包括本企业生产的产品的性能、质量、款式（包括花色、品种、规格）、档次与价格、技术情况、用途及使用维修，本企业产品的市场面、市场占有率、目标顾客的不同类型及购买特点和购买动机等等。例如，作为一名照相器材的推销员，你除了熟悉你公司生产的各类照相机外，还必须了解顾客购买照相机的目的是什么，他们需要照相机作何种用途，是为了个人外出旅游时摄影留念，还是职业上的需要。只有这样，你才能根据每个顾客的具体需求，提供不同规格型号、不同品质档次及价格标准的照相机，才能赢得顾客，提高推销的成功率。

4. 熟悉竞争对手的情况

对于一个推销员来说熟悉自己所推销的产品，这是最基本的条件。此外，推销员还必须了解竞争者的产品与活动。了解掌握了竞争者的状况，在推销的过程中你将有自信心。因为你能根据竞争者的弱点，突出自己产品的优点，吸引顾客。同时，你也能给顾客留下深刻的印象，扩大影响。

顾客买东西，通常是货比三家的。他们常常希望推销员能够作产品比较，如果你能够主动提供这方面的资料，他们就不需要挨家挨户比较产品孰优孰劣了，所以他们会欢迎你。在作产品比较时，务必要诚实，以保持你在顾客心目中的信任感。

作为一个推销员，要想了解所有竞争者公司、产品和商业活动的详细情况，几乎是不可能的。但必须了解竞争者的产品与活动中，某些可能已经成为他们推销重点的显著的因素。如：竞争者的推销员和他的经历；竞争者的价格和信用政策；竞争者的推销策略；竞争产品或服务有哪些优缺点；竞争者在交货日期履行承诺以及服务等方面的可靠度等等。熟悉了竞争者的状况后，可以根据自己的推销目标和计划，运用适当的接近顾客的方法和技巧，就能顺利导入推销面谈。

（二）积极使用推销辅助器材

推销人员在接近顾客时，应积极使用你的推销辅助器材。目前，推销员可以使用的推销辅助器材有：

1. 产品

推销员接近顾客的目的是将产品卖给顾客。因此，将所推销的产品作为推销的辅助器材是最为直接有效的。推销员在接近顾客时，可以直接将产品演示给顾客看，再伴以生动的说明，就能激起顾客的情绪与感受，所以，只要条件允许，推销员就应该用实际产品做示范。

用产品作为推销的辅助器材，实际上就是让顾客参与你的推销演示，是让顾客扮演积极角色的一种最佳方案。因为产品本身就具有强化推销的积极效果，当示范与说明同时进行的时候，就有助于推销员突破推销上的种种困难。例如，有些产品如汽车、打字机、照相机等，可以让顾客亲自试用或操作，实际演示产品的性能，才能消除顾客对产品说明的怀疑。顾客在实际操作中获得的对产品性能方面的认识比推销员的口头说明更有意义、更有效果。

2. 仿制品

由于产品重量、体积等方面的原因，推销员不可能将产品随时携带，随时向顾客演示，这时，就可以采用推销品的仿制品来做示范，帮助说服顾客。仿制品一般采用推销品的模型。例如，汽车的推销可以通过缩小了若干倍的汽车模型给顾客展示，来吸引顾客的注意力和兴趣。若顾客对汽车模型爱不释手，再配以推销员的生动说明，推销成功的可能性就大大提高了。

3. 照片与插图

照片与插图可以帮助推销员的推销说明更生动、更清晰，特别适用于一些预先性的推销工作。例如，我国的房产开发商，在楼盘开发之前，都要制作精美的楼书，既是广告宣传资料，又是售楼人员向顾客介绍楼盘及户型的有效道具。因此，许多产品的推销都可以借助于照片与插图来接近顾客。

此外，可用作推销辅助的器材还有：广告作品、图表图形、资料夹、产品目录书等等。

（三）选择适当的演示技巧

推销员接近顾客时，时刻都要注意将产品演示给顾客看，而演示的效果如何，不仅取决于演示器材，还取决于推销员的演示技巧。

1. 掌握不同顾客的心理特点，有针对性地演示

由于不同的顾客有着不同的兴趣爱好和性格特点，推销员接近顾客时就不能用一成不变的模式来向顾客作推销说明和演示示范，而是应该针对各个顾客的不同性格特点采用能够吸引顾客的生动演示法，把顾客的个人兴趣和注意放在中心位置，以最终顾客购买你的产品为演示目的。

2. 选择无声语言的技巧

推销人员在选择产品的样品、图片资料、录像资料、模型等无声语言来向顾客演示时，一是要使这些“无声语言”保持最佳状态，以保证演示的最佳效果，防止在演示中出意外；二是尽量让顾客一起参加示范，让顾客深入到你的产品中去，从而才能引起顾客对推销品浓厚的兴趣；三是演示动作要生动活泼，富有戏剧性。

3. 选择有声语言的技巧

良好的口才是推销成功的一半。如果推销员自感口才好，口齿清楚，说话又有一定的幽

默感，那么，在接近顾客时，可以自己良好的口才和表演能力，以自己的音容笑貌去鼓励顾客，增强他们的购买信心。

总之，推销人员运用示范技巧时，必须记住：示范不是目的，让顾客购买产品，达成交易才是目的。即使要求顾客一同参加示范，推销员也要保持主导地位，从而正确引导顾客的积极性，避免出现任何差错。

■ 知识窗

1. 销售词汇

美国推销专家汤姆发现，有24个词汇具有销售的力量，妨碍销售的词汇也有24个。

销售中的第一个词是你顾客的姓名，你要用最亲切的声音读出，在整个推销过程中你要经常提到。其他23个词是：了解、证实、健康、从容、保证、钱币、安全、节约、新的、亲爱、发现、正确、结果、真诚、价值、玩笑、真理、安慰、骄傲、利益、应得、快乐、重要。耶鲁大学在以上24个词的后面，又加上了5个词：你、担保、优点、明确、好处。

妨碍销售的24个词是：应付、花费、付款、契约、签字、尝试、困扰、亏损、丧失、损害、购买、死亡、低劣、售出、出卖、代价、决心、费劲、困难、义务、责任、失败、不利、不履行。

——资料来源《推销实战技巧》

作者：王孝明　经济管理出版社出版

2. 根据客户的需求而作的利益陈述

——客户："这种型号的设备多少钱？不会比同类型×××品牌的贵吧？"

销售人员："这个您放心，我们这个型号的产品性价比很高，比同类型的×××品牌要多出两个功能，而且价格要低约5%。这是因为在我公司品质控制体系建立之后，我们的产品的成本普遍降低而调低了价格。"

——客户："这个仪表的错误率如何？我一定要它控制在万分之一以内。"

销售人员："结果肯定让您很满意，这种仪表的错误率在十万分之一以内，精度绝对够标准。这里还有省工业部门质量检验证明，您可以看一看。"

——客户："这种饮料的保质期有多长？低于9个月的我们超市不要。"

销售人员："这种饮料密闭包装，无菌灌装，保质期12个月。肯定可以在保质期内一销而光的。"

——客户："可是，这么长的时间，能够保证口味地道、口感纯正吗？"

销售人员："本饮料不含防腐剂、不含人工色素和香精，是由纯天然果实、植物提炼加工而成的，外加上无菌利乐包装，绝对保证在保质期内口味如一、香醇味美。"

——资料来源《销售人员的十堂专业必修课》

作者：刘永中　金才兵　南海出版公司出版

■本章小结

推销人员对目标顾客进行初步接触或再次访问是推销过程的一个重要环节。为增强推销员的自信心，提高推销洽谈的成功率，接近前要做好充分的准备。准备工作的内容要按个体顾客、团体顾客和现有顾客的不同来进行。

接近准备工作做好后，就应约见顾客了。约见顾客是指推销人员事先征得顾客同意可以进行推销访问的一种行为过程。

顾客约见的内容包括约见的对象、访问的事由、约见的时间与地点等；约见的方法有当面约见、电讯约见、信函约见、委托约见、广告约见等。

接近顾客是推销人员正式接触推销对象，开展推销面谈的前奏。为吸引顾客的注意力，提高推销洽谈的成功率，接近顾客还需掌握一定的方法技巧。常用的方法有：介绍接近法、产品接近法、利益接近法、好奇接近法、表演接近法、问题接近法、直接陈述接近法、馈赠接近法、求教接近法、调查接近法、聊天接近法等等。

推销员接近顾客的方法技巧很多，但无论采用哪种方法，都必须注意三个问题：

推销员要掌握有关顾客、公司、推销品的情况，资料掌握得越详细越好；

为使推销接近能充分吸引顾客的注意力，有时还需借助你手中的产品、模型、图片资料来充当接近顾客的辅助器材；

接近顾客时可选择恰到好处的演示技巧，以加深顾客对推销员及推销品的印象。

■**个案分析**

［**案例1**］

电话预约三部曲

电话预约的目的，是为配合与潜在顾客会面而做的事前安排。如何取得预约也是一门学问。

1. 试探性提问

推销员："本公司所生产的蜂之语胶囊是深受消费者喜爱的保健品，希望能有幸拜访您，对您进行说明。"

顾客："……"

推销员："您服用过这类保健品吗?"

顾客对此一般有三种回答：

"正在服用。"

"服用过。"

"没服用过。"

2. 诱导性提问

面对其回答，推销员也可以有三种回答：

"是哪家公司的产品呢？……您服用的效果如何?"

"为什么停止服用呢?"

"为什么不服用呢?"

这些提问都会成为介绍你公司产品的铺垫。根据其回答，就可以抓住机会，及时介绍你公司产品的优点和销售服务了。

这时，顾客会向你了解本公司产品的特征和销售服务。你可以顺势进一步提问，诱导其进入下一个阶段。

推销员："服用这种保健品，您是否觉得身体比过去更好些呢?"

3. 想象式提问

对刚才的提问，如果对方的回答是否定的。你就应该作出使对方切实感受到你公司产品好处的提问。例如：

"本公司产品的原料是纯天然的，生产工艺是一流的，在用户中有很好的口碑，您是否应该了解一下呢?"

"那好吧。"

如果得到这样的回答，就是明白无误地告诉你已经取得了预约。

[**案例 2**]

亚当森的故事

美国柯达公司老板伊斯曼，曾捐款在罗切斯特市建造一座音乐厅、一座纪念馆和一座戏院。为承接这批建筑物内的坐椅，家具制造厂商展开了激烈的竞争，结果都失败而归。

正是在此情况下，"优美座位公司"经理亚当森亲自出马，前去拜访伊斯曼，希望拿下这笔价值 9 万美元的生意。

伊斯曼的秘书在引见前，就对亚当森说："我知道你想得到这批订货，但我可以告诉你，如果你占用了伊斯曼先生 5 分钟以上的时间，你就完了。他是一个很严厉的大忙人，所以你进去后要快快地讲，讲完马上出来。"亚当森微笑着点头称是。

亚当森被引进伊斯曼的办公室后，看见伊斯曼正埋头于桌上的一堆文件，于是静静地站在那里仔细地打量起这间办公室来了。"先生有何见教?"过了一会儿，伊斯曼抬起头来，发现了亚当森。秘书把亚当森做了介绍后，便退了出去。这时，亚当森没有谈生意，而是说："伊斯曼先生，在我们等您的时候，我仔细观察了您的这间办公室。我本人长期从事室内的木工装修。但从没见过装修得这么精致的办公室。"

伊斯曼回答说："哎呀！您提醒了我差不多已经忘记了的事情。这间办公室是我亲自设计的，当初刚建好的时候，我喜欢极了，但后来一忙，就没机会仔细欣赏一下这个房间了。"

伊斯曼走到墙边，用手在木板上一擦，说："我想这是英国橡木，是我的一位专门研究室内细木的朋友专程为我订的货。"

伊斯曼心绪极好，带着亚当森仔细地参观起办公室来，把办公室内的所有装饰一一地向亚当森作介绍，从木质谈到比例，又从比例扯到颜色，从手艺谈到价格，然后又详细介绍了他的设计经过。亚当森微笑着聆听，饶有兴趣。

亚当森看到伊斯曼的谈兴正浓，便好奇地询问起他的经历来了。伊斯曼便向他讲述了自己苦难的青少年时代的生活，母子俩如何在贫困中挣扎的情景；自己发明柯达相机的经过，以及自己为社会所做的巨额捐赠……

亚当森不但听得出神，而且由衷地赞扬他的功德心，本来秘书警告过亚当森，谈话不要超过 5 分钟。结果，亚当森和伊斯曼谈了一个小时，又一个小时，一直谈到中午。最后，伊斯曼对亚当森说："上次我在日本买了几把椅子，放在我家中的走廊里，由于日晒，都脱了漆。我昨天到街上买了油漆，打算由我自己把它们重新漆好，您有兴趣看看我的油漆表演吗？好了，到我家里和我一起吃午饭，再看看我的手艺。”

不言而喻，最后亚当森拿到了9万美元的订单。

分析：在本案例中，亚当森为得到9万美元的订单，做了三件事，也给了我们三点启示：

1. 在接近伊斯曼之前，详细了解了伊斯曼的兴趣爱好和个性特点。伊斯曼对室内装修有着浓厚的兴趣和特殊的爱好，凡事喜欢自己动手，也喜欢向别人炫耀自己在这方面的眼光及手艺，而在工作上极为严厉和认真。

2. 在接近伊斯曼的过程中，亚当森投其所好，采用赞美接近的方法，称赞伊斯曼办公室装修上的精致与高雅，引起伊斯曼对自己的好感及谈话的兴趣，在倾听的过程中，暂时抛开要谈的生意，像朋友一样“闲谈”，在听伊斯曼的谈话中了解其真正的需求。

3. 亚当森深深懂得“要推销产品首先要推销自己”的道理，故在谈生意之前先与伊斯曼交上朋友，等彼此熟悉信任了，再谈生意，这样生意才能谈成。

思考与练习

一、简答题

1. 推销员在接近顾客前需要做好哪些准备工作？

2. 接近个体准顾客与接近团体（组织）准顾客在准备工作上有哪些不同？

3. 约见顾客的基本内容包括哪些？约见的主要方法有哪些？

4. 为什么说自我介绍法是推销员最常使用的方法，也是作用最微弱的方法？

5. 什么是产品接近法？运用产品接近法应注意些什么问题？

6. 什么是利益接近法？在什么样的条件下采用利益接近法效果比较好？

7. 推销员在运用推销接近的方法技巧时应注意哪些问题？

8. 推销人员平时应如何训练自己的语言技巧？

二、案例题

[案例1]

一次失败的推销

汽车推销员小张在一个工厂推销汽车，了解到该厂业务部已经提出了换购两辆新车的申请，去找厂长。厂长说：“过去，这事我就可以决定。但是，近来企业经济状况不太好，预算管理比较严格，必须开会讨论决定，取得常务董事的许可。”小张去找了具有决定权的常务董事，经过会谈，他认为这笔生意做成功了。可是几天后，那位厂长打电话告诉小张他们已经决定购买别的牌子的汽车。

问题：分析小张这次推销失败的原因是什么？

［**案例 2**］

推销员小李的故事

某服饰推销员小李为接近一大商场采购经理，进行了多次拜访，但都被拒绝了。原因是该商场多年来主要经营另一家公司的服饰品，认为没有必要改变固有的合作关系。这一次，小李在商场又“恰巧”遇到了采购经理，他说：“可否给我 10 分钟就一个业务问题提一点建议?”采购经理感到新奇，请小李进他的办公室坐下。小李一开始就拿出一种新式领带，请采购经理鉴赏，要求他为这种产品报一个公道的价格。采购经理仔细地检查了每一条领带，然后作出认真的答复。接着，小李又进行了一番讲解。眼看 10 分钟快到了，小李便拎起皮包要走，然而，采购经理却留住了小李，开始洽谈并成交，以略低于小李的报价订购了一大批货。

问题：

(1) 推销员小李在多次被拒绝后采用了什么样的推销接近法?

(2) 小李本次接近后能洽谈成交的关键因素是什么?

三、自测题

某服装厂推销员小王准备去某商厦进行推销，试列出一份接近准备工作目录及其具体内容。

第六章

推销洽谈

学习目标

理解推销洽谈的含义。了解推销洽谈的种类和原则。理解和掌握推销洽谈的技巧和策略，并能运用这些技巧策略与顾客进行有效的洽谈，说服顾客购买推销品。

第一节　推销洽谈的含义、种类和原则

一、推销洽谈的含义

（一）洽谈的含义

洽谈，也称谈判，是社会生活中经常发生的事情，几乎每个人都在某一特定条件下成为一个洽谈者。与小商小贩的讨价还价；与单位领导讨论个人工作调动；作为企业代表与其他洽谈者磋商某一交易活动等等，都可以看成是一种洽谈。因此，洽谈已成为我们生活中不可缺少的一部分。由此可见，所谓洽谈，就是指人们为了实现各自的利益，就涉及洽谈双方或多方共同关心的问题进行磋商，并谋求一致意见而进行的协商行为过程。

从上述分析看，洽谈有以下特点：

1. 洽谈是建立在人们需要基础上的

人们的需要是多种多样的，有物质的需要和精神的需要；有生理需要和心理需要；有低级需要和高级需要。人们为了满足其内在需要，就会寻找另一方有同样需要的人进行意见交换，改变关系，或寻求同意。这种相互间的满足行为是洽谈发生的根源。因此，人们的需要是洽谈的基础。

2. 洽谈是双方或多方的交际活动

要洽谈就要有洽谈对象，只有一方是无法进行洽谈活动的。从采购员与推销员一对一的洽谈，到我国加入 WTO 的多边贸易洽谈，无不说明了洽谈至少要有两方以上的参与者。洽谈是一种交际活动，需要动用交际手段和策略。

3. 洽谈是寻求建立或改善人与人之间的关系

国家与国家的关系最终体现为两国人民之间的关系。买卖关系通过买卖行为体现了商品

所有者和货币所有者的关系。人类社会关系不可能一成不变，通过洽谈，人们在涉及自己的某一方面利益与对方达成一致，就能建立起新的社会关系或改善人们的社会关系。

4. 洽谈是一种协商的行为过程

洽谈的整个过程，就是提出问题和要求，双方经过讨价还价，协商解决问题，谋求双方要求或利益的一致意见，最终达成协议。若没有达成协议，则说明协商活动的失败。

（二）推销洽谈的含义

推销洽谈即为推销面谈，也称业务谈判。它是指推销人员运用各种方式、方法和手段，向顾客传递推销信息，协调双方利益，说服顾客购买推销品的过程。根据这一含义我们可以看出，推销洽谈的目的在于向顾客传递有关商品信息及有关企业经营服务方面的信息，诱发顾客的购买动机，激发顾客的购买欲望，说服顾客采取购买行动。

推销洽谈的目的决定了推销洽谈具有以下特点：

（1）推销洽谈的内容是商品或服务的交易活动。

（2）推销洽谈的手段是说服，通过说服来调和买卖双方的利益，最终达成某种协议。

（3）推销洽谈具有互动性，是买卖双方共同参与的过程。推销员介绍商品，顾客提出各种疑问与异议，经过双方的沟通协商，或最终促使交易达成，或洽谈失败。因此，推销洽谈不可能只是一方的行为。

（4）推销洽谈是合作与冲突的统一，是原则性与灵活性的统一。

二、推销洽谈的种类

推销洽谈的种类很多，从不同的角度可进行不同的分类。

（一）按推销洽谈的主题划分

1. 商品要素洽谈

商品要素洽谈是以商品的质量、数量、价格、品种、规格、功能、服务等为内容的洽谈。其中价格是商品要素洽谈的核心。

2. 交易方式洽谈

交易方式洽谈是以交货方式、交货时间、结算方式以及有关费用负担等为内容的洽谈。其中交货方式和结算方式是交易方式洽谈的核心。

3. 签订合同洽谈

签订合同洽谈是以明确推销双方的权利和义务关系为主要内容的洽谈。推销合同的条款和内容必须符合《中华人民共和国经济合同法》的规定，同时便于双方履行。

（二）按推销洽谈的人员多少划分

1. 一对一洽谈

一对一洽谈是指在一个推销员和一个顾客之间进行的推销洽谈。推销数量、金额都较小的洽谈大多是一对一的。一对一的洽谈是一种最困难的洽谈类型。因为，洽谈的双方都是只有一个人，都是单独作战，没有助手。对于推销人员来说，一对一的洽谈要求自己独立思考、分析、判断、决策，这就对推销人员的知识、能力及随机应变等综合素质提出了更高的要求。

2. 小型洽谈

小型洽谈是洽谈双方参与的人数在2—4人之间的洽谈。这是比较常见的推销洽谈类型。

一般适用于项目较大或内容比较复杂的推销洽谈。这一洽谈类型关键是正确搭配推销洽谈的组成人员。

3. 中型洽谈

中型洽谈是指双方参与洽谈的人数在4—12人之间的推销洽谈。

4. 大型洽谈

大型洽谈是指洽谈项目数多、洽谈内容复杂，并且双方参与洽谈的人数在12人以上的推销洽谈。这一类型的特点是洽谈人数多，往往拥有经济专家、法律专家、技术专家等人组成的顾问团；洽谈程序严密、时间长，有时还要把整个洽谈过程分成若干个阶段，若干个中小型洽谈来完成。

（三）按推销洽谈的方式划分

1. 美国式洽谈

美国式洽谈反映了美国人的性格特点。他们性格爽朗，能直接地向对方表露真诚、热烈的情感，他们充满了自信，随时能与别人进行滔滔不绝的长谈。在磋商阶段，他们精力充沛，能迅速把谈判引到实质阶段。他们十分赞赏那些精于讨价还价，为取得经济利益而施展手法的人。他们自己就精心使用策略去谋得利益，同时也希望别人具有这种才能。

2. 北欧式洽谈

在洽谈中，北欧人比美国人显得平静得多。在洽谈开始的寒暄阶段，常常呈现出沉默寡言，或讲话慢条斯理等现象，所以在谈判初级阶段，容易被对方征服。

北欧人的长处在于他们在最终阶段很坦诚和直率，在洽谈的过程中他们能提出充分建设性的意见。他们不像美国人那样擅于讨价还价，而是比较固执。因此，与北欧人谈判时，应该对他们坦诚相待，采取灵活和积极的态度。

3. 德国式洽谈

德国式的洽谈特点是准备工作做得完美无缺。他们喜欢明确表示他们希望做成的交易，完全确定交易的形式，详细规定洽谈中的议题，然后准备一份涉及所有议题的计划表，而不太喜欢采取让步的方式。在推销洽谈中如果由德国人提出了报价，那么讨价还价的余地会大大缩小。

4. 日本式谈判

日本式洽谈不受时间、场合的限制（惯于相当随便地作出口头承诺）。尤其是遇到棘手的谈判，更需要制造良好的整体气氛。他们通过利用洽谈中途的休憩时间的娱乐活动、举办晚宴等来弥补会议桌上的不足，甚至控制整个洽谈过程。

5. 中国式洽谈

中国式的洽谈具有以下特点：

（1）顾全面子。在洽谈中，中国人希望对方把他看作掌握大权的或关键性人物。如果在开谈时态度强硬，要迫使对方作出让步时，千万注意不要使中国人在让步中丢失面子。

（2）有专业知识。中国人常把许多专家带到谈判中来，技术专家、金融专家、运输专家或其他专家。这样会不可避免拖延谈判时间，因为，每个专家都要在谈判中维护并争取自己的“面子”。

（3）对西方人不信任。中国人对西方人企图使谈判带有政治色彩极为反感，但喜欢西方人对他的家庭发生兴趣，送个礼物给他的孩子，即使是一个小小的不太高级的礼物，意义仍是重大的，对他来说是非常有价值的，甚至一个盛大的宴会仍比不上这个礼物。

6. 阿拉伯式洽谈

来自中东地区的谈判人员，具有沙漠民族的传统风格，特别重视谈判的开端，往往会在交际阶段花费很多时间，经过长时间、广泛地、友好地开场白来增进彼此的敬意，也许会出现双方共同接受的成交可能性，于是，似乎是在一般的社交场合，一笔生意竟然做成了。

采用阿拉伯方式洽谈，必须把重点放在制造谈判气氛和试探阶段的工作上。传统阿拉伯式谈判的最大长处，是可以大大缩短讨价还价和交涉阶段，尽快达成协议。

三、推销洽谈的原则

推销洽谈的原则是指导推销人员具体洽谈协调的准则。在推销洽谈过程中，推销人员为了达到推销目的，可以利用各种洽谈的技巧、方法去说服顾客。但推销人员无论采用何种手段、何种技巧，都得把握一个度，都必须遵循以下原则：

（一）针对性原则

针对性原则是指推销人员必须服从推销目的，使洽谈本身具有明确的针对性。它要求推销洽谈活动必须针对推销品的用途、性能特点，针对顾客的需求特点及推销洽谈的环境特点等来进行。

（二）鼓动性原则

鼓动性原则是指推销人员在推销洽谈中用自己的信心、热情和知识去感染顾客，鼓动顾客，说服顾客，促使顾客采取购买行动。鼓动性原则要求推销人员始终抱有成功的信念，克服身份、角色的自卑心理，热爱自己的推销工作，热爱自己的顾客，同时要有丰富的产品知识及企业知识，只有这样，才能说服顾客，鼓动顾客。

（三）参与性原则

参与性原则是指推销人员应设法引导顾客积极参加推销洽谈，接触推销品，促进推销信息的双向沟通，增强推销洽谈的说服力。参与性原则要求推销人员必须与顾客打成一片，认真听取顾客的意见，鼓动顾客操作商品，调动顾客的积极性和主动性。

（四）诚实性原则

诚实性原则是指推销人员在推销洽谈过程中讲真话、凭实据，切实对顾客负责，不玩弄骗术。这一原则要求推销人员必须实事求是地介绍商品，出示真实的推销证明，树立良好的推销信誉，做到文明推销，合法推销。

■ 知识窗

诚信的力量

美国曾经发生过这样一件事：1993 年，一场经济危机对美国造成了巨大冲击，全国上下一片萧条。

此时，位于美国加利福尼亚州的哈埋逊纺织公司同样蒙受了这种冲击，更为不幸的是就在这种时候公司又遇到了火灾。公司的绝大部分财产，被这场无名大火化为灰烬。为此，公司所雇用的数千名员工被迫回家，悲观地等待公司破产的消息和失业风暴的来临。

谁知，员工们在经历了无望而又漫长的等待之后，却意外地接到了公司董事长亚伦·

博斯发给每个员工的一封信，宣布向公司员工继续支付一个月的薪金。在这种情况下，能有这样的消息传来，令员工们深感意外。在万分惊喜之余，员工们纷纷打电话给董事长亚伦·博斯，向他表示感谢。

一个月后，正当员工们陷入下个月的生活困难时，他们又接到了公司董事长发来的第二封信，再向全体员工支付一个月的薪金。员工们接到信后，已不光是感到意外和惊喜，而是热泪盈眶。

可许多人却不理解，亚伦·博斯的一位朋友还打电话给他，建议他别感情用事，批评他缺乏商业头脑。

此时，失业大潮正席卷全国，人们普遍为生计发愁。作为噩运当头的哈理逊纺织公司的员工，能得到如此照顾，无不满心感激。第二天，这些员工怀着“给我滴水之恩，定当涌泉相报”的心情，自发地组织起来，涌向公司义务清理废墟，擦试机器，有些员工还主动去联络一度中断的货源。员工们纷纷使出浑身解数，昼夜不停地卖力工作，当自己是公司的主人，恨不得一天干两天的活儿。三个月后，奇迹出现了，公司重新运转起来。就这样，这家纺织公司很快就起死回生了。如今，哈理逊公司已名列全美纺织企业榜首，成了美国最大的纺织品公司，分支机构已遍布了世界各地的60多个国家和地区。

任何形式的灾难都是人的灾难，而人的最大灾难就是失去了诚实和信用。一旦化解了人的灾难，建立了诚信立业、诚信立世的思想，希望也就来临了——就具有了让企业起死回生、让世界排山倒海般的智慧和力量。

——资料来源：《人间方圆》2004年8月A版

第二节　推销洽谈的准备工作

一、推销洽谈准备工作的意义

从顾客的角度讲，推销人员也许是不受欢迎的人物。许多没有经验或刚工作的推销人员遭到冷遇后，都患上了不同程度的“洽谈恐惧症”。其原因一方面是害怕“无法预料”，譬如对顾客想讲些什么话，对顾客所说的话应如何回答，对顾客招待自己的方式等均无法预料等；另一方面是担心遭到顾客拒绝后会伤害自己的自尊心，有失体面。这就使得某些推销人员害怕与顾客洽谈。要克服这种恐惧症，一是要在推销洽谈中锻炼自己的心理承受能力；二是要在洽谈之前，做好充分、具体、全面的准备工作，才能有备无患。尽管每次洽谈的对象、内容千变万化，但顾客对同类产品的推销反应总是有一定规律的，而且，许多反应是可以预料的。因此，准备工作做的越充分越好，推销人员在洽谈中越能灵活应变。

二、推销洽谈准备工作的主要内容

（一）收集情报，充分了解顾客

推销洽谈的实质是说服顾客，并与顾客达成一致的协议过程。这个过程需要与顾客主动地进行双向沟通，并协调双方的利益。所以，推销员必须在洽谈开始之前准确、全面地把握洽谈顾客的状况。

1. 了解顾客的基本情况

包括顾客的姓名、年龄、职务、性格、特点、偏见、爱好、工作作风、顾客本人及其所在部门和公司的状况、愿望和要求等。推销人员掌握了这些基本情况，就可以大致判断出顾客是怎样一个人，是心胸开阔、慷慨大方，还是小心谨慎；是墨守成规，还是不守信用、胆大妄为；他在公司起什么作用，是否有决定权等等，从而制定相应的对策。

2. 明确顾客的需要

顾客的需要是购买的前提和基础，满足顾客需要是推销的目的。为此，推销人员必须认真研究，了解顾客的真实需要，设身处地地为顾客着想，这样顾客才会接受推销建议并积极配合。当顾客有了反对意见时，要充分理解其意图，从而能在洽谈中争取主动，按照顾客的意思措词，在最合适的时间把顾客的疑虑首先提出来，并给予适当解释，避免争执。这会使顾客认识到推销人员的坦诚，从而在洽谈的开始就为赢得顾客的信任奠定了基础。

3. 熟悉产品和服务

产品的性质、类别、功效如何，以及所推销产品的最新特色，它能为顾客带来什么好处等都要明确。这样才能把顾客的需要与所推销的产品联系起来，促使顾客接受。随着市场经济的发展，各种产品彼此间的差异越来越小，众多的产品和服务相互竞争，当今的市场和顾客比以往更加依赖推销人员。那些在人们由于选择太多而感到困惑时，能够帮助他们解决问题，协助他们得到其想要的产品和服务的推销人员，才能赢得顾客的信赖，才能有更好的销售业绩。

（二）制定洽谈计划

为了使推销洽谈的整个过程按事先预想的要求顺利进行，并最终实现推销目的。推销人员在洽谈前要制订详细而具体的洽谈计划。洽谈计划一般包括：

1. 洽谈目的

洽谈目的在于向顾客传递信息，诱发顾客的购买动机，说服顾客作出购买决定。在确定洽谈的具体目标时，必须寻找共同点，将顾客的需要和推销人员的需要结合在一起，确立一个共同的需要，以减少不同利益之间的冲突。

2. 洽谈要点

洽谈要点包括如何吸引顾客的注意力，引起顾客的购买兴趣，刺激顾客的购买欲望，促使顾客达成交易。这是洽谈的关键所在。而顾客的个性心理是有差异的，有的注重产品的功能和质量；有的注重产品的形象和外观；有的注重产品的使用与服务。因此，推销人员应根据已掌握的顾客资料，事先设计好洽谈的要点。

3. 洽谈的预期评价

对洽谈取得的成绩，作一个预期的评价，对洽谈要出现的结果，作一个预先安排。

（三）做好洽谈的心理和物质准备

1. 自信

顾客是不会向一个没有主见，态度冷淡，对失败抱有恐惧心理的推销人员订货的。优秀的推销人员在洽谈之前，都会有意地选择采用能给自己带来成功的正面想法，以激发求胜的勇气。推销人员必须具备两方面的自信：一方面是对自己所推销的产品有信心。确信该产品质量优良，对顾客用处很大，推销这种产品是为顾客提供服务，使顾客得到真正的利益。另一方面是对自己有信心，坚信自己从事的是正当而有益的工作，对自己的工作充满热忱。这样推销人员就能全身心地投入到自己的推销工作中去，即使碰到难对付的顾客，也会努力寻找推销的契机，产生意想不到的新主意。有时推销失败了，也不至于一蹶不振。反之，如果恐惧、自卑，就会听从良机溜走。因此，推销人员应该相信自己的创造力和魅力，只有这样，才会激发自己取得洽谈的成功。

2. 诚恳

与人交往，诚信为本。推销人员与顾客初次见面时，顾客心理往往都会筑起某种“壁垒”。要消除顾客的防范心理，达到有效的沟通，必须要有诚恳的态度。因此，作为推销人员，若能与顾客坦诚相见，有帮助其解决问题和困难的一片诚意，顾客总是会了解和接受的，同时也会积极协助解决推销人员的问题。所以，推销员与顾客打交道，必须讲信用，并善于发现顾客的长处，以笑脸缩短双方的距离。

3. 谈吐自然、风趣

推销人员介绍产品要简明扼要，重点突出，要让顾客在短时间内抓住要点，力戒口头禅。说话讲究语调语速，既不能太快，也不能太慢，做到抑扬顿挫。同时，尽量举出具体的事例或采用演示的方法，帮助顾客了解所推销产品的性能和用途。

4. 仪表整洁、大方

推销人员要注意自己的仪表，衣服要朴素整洁，举止要自然大方，时刻注意举止行为。在推销产品之前，先推销自己，用自己良好的仪表仪态，给顾客留下美好的印象。

5. 仔细检点推销用品

在推销洽谈之前，先要检点价格表、合同书、订货单、公司或自己的名片、货品的说明书、样品等。只有各种推销用品齐全，才能有备无患。

（四）大宗业务推销洽谈的地点选择及模拟洽谈

对于大宗业务的推销洽谈来说，往往需要组成推销洽谈小组来完成。为了保证洽谈业务的顺利进行，推销人员在洽谈之前除了做好上述准备外，还要做好以下两方面的准备。

1. 选择好洽谈的地点

洽谈地点的选择，涉及洽谈环境心理因素问题，对于洽谈效果有一定的影响。合适的洽谈地点，能够增强己方在洽谈中的有利条件，因此，洽谈人员应十分重视洽谈地点的选择。洽谈地点一般有三种情况可供选择：己方场所，对方场所，第三方场所。这三种地点对洽谈人员各有利弊，应根据洽谈的具体情况作认真的分析和选择。

（1）己方场所。洽谈人员无需分心去熟悉和适应环境，而且可以利用东道主的身份来按自己的要求布置洽谈场所，环境、饮食、睡眠不受影响，能主动掌握洽谈的日程安排；洽谈中需要“添加资料”，获取也方便，一旦发生难以解决的问题，还可动员公司的其他成员共同参与做好工作。但己方洽谈人员往往求功心切，心理压力较大。总之，选择己方场所洽谈有利因素多一些，就像体育比赛一样，在主场比赛获胜的可能性会大一些。因此，在组织大宗业务的推销洽谈时，尽量争取选择己方场所进行洽谈。

（2）对方场所，也称客场场所洽谈。它除了不了解熟悉洽谈环境，不能掌握洽谈日程安排这些不利因素外，也有许多有利因素。如：洽谈人员远离所在企业，可以避免受本单位各种杂事的干扰，全身心地投入洽谈；必要时可以借口上级授权有限，手头资料不足，水土不服造成身体不适等理由拖延或暂停洽谈；洽谈人员可以在洽谈方案规定的范围内，较好地发挥自己的主观能动性等。

(3) 第三方场所。当洽谈双方的矛盾冲突较大，在主客场洽谈都不适宜的情况下，则可选择第三方场所洽谈。选择第三方场所洽谈对双方都不存在偏向，双方均无主场与客场之分，但选择第三方场所洽谈的程序比较复杂，双方先要为确定正式洽谈场所进行准备性试谈。在实际的业务洽谈中，除非双方信任度不高，相互关系不融洽，一般不宜选择第三方场所进行洽谈。

不论是在己方场所还是在对方场所洽谈都应做好各项准备工作。如到对方场所洽谈时，应尽可能了解领会本企业领导的洽谈意图，充分准备好各种信息资料，携带好必要的洽谈助手。如在己方场所洽谈，作为东道主不仅应做上述准备，还要做好洽谈场所的布置工作。

2. 洽谈现场的布置与座位安排

洽谈现场不同于一般的会场，应根据洽谈的需要来布置，同时安排好双方洽谈人员的座位。

(1) 洽谈室的布置。洽谈室内的环境要宽敞、优雅、舒适，并有良好的通风条件，照明条件，隔音条件。另外还要有能容纳双方洽谈人员的谈判桌和座椅。洽谈室内一般不宜安装电话机，以防干扰和泄密，也不要用录音设备以免影响洽谈者畅所欲言。

(2) 休息室准备。在洽谈室旁可以安排休息室，供洽谈人员休息之用。休息室最好有一大一小两间，大的可以让双方共同使用以融洽关系，小的可以给对方单独使用。休息室内应安装电话。同时，安排 1—2 名秘书在附近办公室值班，以便传递打印、复印文件资料和联系办事。

(3) 双方洽谈人员座位的安排。一般情况下在安排座位时要掌握对等的原则，不能在安排座位时给人有某一方占主导地位的印象。如果是两方洽谈则安排各坐一面，首席主谈人员坐中间，其他人坐其两边，以便各方低声商量或传递纸条和文件。同时，要尊重客人的风俗习惯和宗教信仰。

3. 模拟洽谈

模拟洽谈，又称假设预演，是洽谈准备的最后一项工作。模拟洽谈的实质是按已经准备好的洽谈方案进行一次“实战演习”，以期通过演习使洽谈人员得到一次训练，并从中找出洽谈方案的不足而予以改进。模拟洽谈的形式可采用即兴讨论会和小组剧等。

(1) 即兴讨论会。由一些具有专门知识和洽谈经验的人员组成讨论小组，对已初步拟定的洽谈方案进行讨论。在即兴讨论会上，每个参加会议的人都可以不受拘束地畅谈自己的意见，但彼此不交锋，不争论。不管某个人的意见多么古怪、离奇，多么不中听，也不准其他人进行批评、纠正或反驳。由于即兴讨论会的气氛比较轻松，没有压抑、约束的感觉，为参加讨论的人提供了一种安全感，从而能够活跃人的思想，产生出对原洽谈方案新的看法和建设性意见，在此基础上可以为原洽谈方案提供宝贵的改进意见，使准备工作更加成熟。

(2) 小组剧。又称排演式会议。在小组剧形式中洽谈小组中的部分成员可以扮演成对方的某个洽谈角色，模拟对方的洽谈风格，站在对方的利益角度同小组其他成员进行洽谈。这样可以使洽谈人员身临其境地提出问题和回答问题，并通过交锋，可以使洽谈人员设身处地地考虑问题和处理问题，甚至找出一些原先被忽略的问题。在小组剧方式中不仅可以让部分成员扮演对方洽谈人员，还可以使小组成员互扮不同的洽谈角色。通过这样的扮演可以使小组成员间更好地互相了解，从而在真正的洽谈中配合得更加默契。

■ 知识窗

面谈过程中推销员应注意的事项

- 不打无准备之仗。在谈判前一定要做好充分准备。
- 不要让对方通过你的价格让步形态看出你的目标所在。
- 了解对方让步的真正用意，以免误入对方让步的陷阱。正确评估自己的能力，充满自信地挖掘自己的潜力。
- 不要一次做完所有的让步，因为如果双方还达不成协议，就难免发生僵局。
- 不断加深你已经了解的东西，用以发现事情的真相。
- 经才智来取得谈判桌上的胜利，获得真正的“平等互利”。
- 以合作的态度进行洽谈，才能力求使谈判达成协议。同时，一场成功的谈判，应该是双方都有所得，只不过所得到的份额多少不同而已。
- 不要在重要问题上先作出让步。一般来说，先作出让步者通常是失败者。
- 假定对方不知道你的弱点，要在试探中判断这种假定的对错。
- 不要接受对方一次性杀价，也永远不要接受最初的价格。
- 慢慢表现你的实力，以便使人理解易于被接受。在未了解对方真实目的前不要冒失前行。
- 谈判要想获得成功，推销员必须能把机警、迅速和敏感融为一体。既要随时准备攻击对方防线的每一个破绽，又要洞察对方情绪的变化，及时抓住灵感，选择最佳的解决措施，以使自己成功。
- 不要被对方的最后通牒所吓倒，因为他还可能会改变主意，到那时也要顾全他的面子。
- 让步不能太快，更不能免费让步。因为轻易得到的东西得不到重视。
- 千万不要放弃争取有望得到的利益，即使是微小的利益也必须力争，除非到了极限。
- 发生僵局，双方在不影响大局的情况下，都应该尽快做些弥补。
- 每次谈判都必须假定对方永远需要最大的要求，不要一开始就报出底价，因为对方无论如何也不会自动透露最低的要求。不要用最后通牒去吓唬对方，除非你安排的善后处理绝对万无一失。
- 牢记自己让步的次数，因为这关系到你开价的力量和以后交易的信誉。
- 不要被对方无理或粗野的态度吓住，这也表示对方已经黔驴技穷了，此时不妨耐心等待，或者可考虑以牙还牙。
- 敢于向旧的规章制度、原则挑战。
- 最好能顾全大局，以求全盘皆胜。
- 不能放松警惕，以防对方突然提出意外的要求而措手不及，丧失心理上的优势。
- 即使快要达成协议或已经达成协议，也要勇于承认自己的错误，并提出来请求更正，绝对不要将错就错。
- 在谈判中，要保持礼貌的态度，因为礼貌是减少摩擦的润滑剂。

——资料来源《推销实战技巧》

作者：王孝明　经济管理出版社出版

第三节　推销洽谈的技巧与策略

一、推销洽谈的技巧

推销洽谈的技巧方法很多，对不同的商品，不同的顾客可以采用不同的技巧方法。但所有的技巧、方法都是围绕着激发顾客的购买欲望而展开的。推销人员应根据具体情况具体分析，灵活机动地运用已掌握的洽谈技巧去做好洽谈工作。

（一）推销洽谈的开谈技巧

1. 建立和谐的气氛

建立和谐的气氛，能为正式洽谈奠定良好的合作基础，为洽谈铺平道路。双方洽谈人员只有在和谐的气氛中，才能开诚布公地交谈。为使整个洽谈过程建立并保持和谐的洽谈气氛，推销人员应注意以下要点：

(1) 注重仪表、讲究礼节。整洁美观的仪表易使顾客产生好感，留下良好的第一印象。穿着应与自己的身份相一致，与洽谈的环境相一致，与顾客的爱好情趣相一致，顺应社会风尚，力求给人整洁清爽、风度优雅的感觉，从外表上就取得顾客的认同。推销人员的工作既然是与人打交道，就要懂得人际交往的礼节，大方得体的礼节使对方感到可亲、可敬、可信，拉近了彼此间的距离。为此，推销人员一方面要遵守一般的社交礼节，另一方面还要保持言行的不卑不亢，并讲究体态和风度。

(2) 寻找共同点。共同点是拉近洽谈双方彼此距离，消除陌生感和戒备心理的基础。共同点越多，洽谈气氛会越轻松和谐。因此，推销人员在洽谈过程中要善于寻找和发现双方的共同点。共同点可以与推销品有关，也可以与推销品无关。与推销品有关的共同点如对顾客某些评价标准的赞赏与认可，与推销品无关的共同点如双方共同的经历、共同的爱好等。

(3) 讨论顾客需要。建立和谐气氛的最好方法是对顾客的问题、需要和愿望给予充分关注，并适时、恰当地进行协商，使顾客相信推销员理解他的需要和愿望，推销员将努力解决他所面临的问题。这样做可一举两得：节省时间、建立和谐气氛，切合推销主题。

2. 适时提出问题

推销人员在自我介绍和通过其他的一些表现取得顾客的初步信任后，就应巧妙地把谈话转入正题以真正开展推销工作。提出问题是切入正题的一种有效方法。比如一个从事租房业务的推销员，面谈不久就问顾客："听说贵公司要从西区搬到东区？"顾客答："是的。"推销员马上可接下去说："那么你们一定需要有人帮助你们找房子，我们公司就是专门从事这类业务的，愿为贵公司效劳。"提出问题是唤起欲望的常用方法，而且它还可以进一步发现顾客的需要。不过提问要与推销有关，要有助于转入正题。在表述方面，应确保陈述明确，防止对方误解，不要提含糊问题，表述方式应力求新颖、出其不意，能刺激对方深思，促使其认真考虑。

（二）推销洽谈中的倾听技巧

在推销洽谈中，倾听和讲话一样具有说服力。美国谈判和推销专家麦科马克认为，如果你想给对方一个丝毫无损的让步，你只要倾听他说话就成了，倾听就是你能做的最省钱的让步。

在推销洽谈中倾听对方讲话并非像人们想象的那么简单，推销员必须掌握以下几条倾听时的技巧。

1. 推销员要心胸开阔，抛弃那些先入为主的观念

在推销洽谈中，推销员听取对方的发言时，不要为自己的好恶左右，也不要先入为主地听，而是要有鉴别、有重点地听。只有这样，才能正确理解顾客讲话所传递的信息，准确把握讲话的中心，认真听取、接受顾客的反对意见。

2. 要全神贯注，努力集中注意力

倾听顾客讲话，必须集中注意力，同时还要开动脑筋，进行分析思考。由于心理的原因，人的注意力并不总是稳定持久的，它受到各种因素的干扰。因此，只有认真倾听顾客讲话，善于控制自己的注意力，克服各种干扰，才能始终保持自己的思维跟上顾客的思路。

3. 倾听顾客讲话，还要学会约束自己、控制自己的言行

推销员倾听时不要轻易插话而打断顾客的讲话，也不要自作聪明地妄加评论。通常人们喜欢听赞扬语言，不喜欢听批评对立的语言。当听到反对意见时，总是忍不住要马上反驳，以为只有这样才说明自己有理，还有的人过于喜欢表露自己。这都会导致与顾客交流时，过多地讲话或打断别人讲话。这不仅会影响自己倾听，也会影响对方对你的印象。因此，推销员在洽谈时，要学会倾听，善于倾听，并创造倾听的机会。例如，面对顾客，尤其是没有经验、不善演讲的顾客，需要用微笑、目光、点头等鼓励、赞赏的形式表示呼应，显示出对谈话的兴趣，或在顾客讲话时，可以用“是”、“对”表示对顾客讲话的肯定和理解，促使顾客继续讲下去。

（三）洽谈中的提问与答复技巧

1. 洽谈中的提问技巧

提问也是推销洽谈的重要内容，边听边问可以引起顾客的注意，为他的思考提供既定的方向，也可以获得自己不知道的信息，还可以控制洽谈的方向，使话题趋向最终结论。但洽谈中提出什么问题，怎样提问题，何时提出问题要讲究技巧。

（1）限制性提问。这是一种目的性很强的提问技巧，它能帮助推销员获得较为理想的回答，减少顾客拒绝的或推销员不愿接受的回答。这种提问方式的特点是限制对方的回答范围，有意识、有目的地让对方在所限范围内作出回答。

（2）婉转型提问。这种提问是用婉转的方法和语气，在适宜的场所向对方发问。这种提问是在没有摸清对方虚实，先虚设一问，投一颗“问路的石子”，避免对方拒绝而出现难堪局面，又能探出对方的虚实，达到提问的目的。例如，推销员在洽谈时不知顾客是否会接受自己的产品，又不好直接问他要不要，于是推销员试探地问：“这种产品的功能还不错吧？你能评价一下吗?”如果顾客有意，他会接受；如果顾客不满意，他的拒绝也不会使双方难堪。

（3）启发性提问。这是一种声东击西、欲正故误、先虚后实、借古喻今的提问方法，以启发顾客对某个问题的思考并说出推销员想得到的回答。

（4）协商性提问。如果推销员要顾客同意你的观点，应尽量用商量的口吻向顾客提问，

如“你看这样写合同是否妥当”，这种提问顾客比较容易接受，而且即使不接受你的条件，但洽谈的气氛仍能保持融洽，双方仍有合作的可能。

此外，适时提问也是推销员掌握洽谈进程争取主动的机会。

2. 洽谈中的答复技巧

在推销洽谈中要回答顾客的问题，也不是一件容易的事。因为推销人员不但要根据顾客的提问回答，而且还要把问题尽可能讲清楚，使顾客得到答复。同时，推销员对自己回答的每一句话都要负责任，因为顾客可以把他的回答理所当然地认为是一种承诺。这就给推销员带来一定的精神负担和压力。因此，推销员在回答顾客提问时，要掌握一定的技巧。

（1）不要彻底回答所提的问题。推销人员要将顾客的问话范围缩小，或者对回答的前提加以修饰和说明。比如顾客对某种商品的价格表示关心，直接询问这种产品的价格，如果推销员彻底回答顾客，把价钱一说了之，那么，在进一步的洽谈过程中，推销员一方可能就比较被动了。倘若这样回答：“我相信我们产品的价格会令你们满意的，请先让我把这种产品的性能说一下好吗？我相信你们会对这种产品感兴趣的……”这样回答，就明显地避免了把顾客一下子吸引到价格上来。

（2）不要确切地回答对方的提问。推销员回答顾客的问题，要给自己留有一定的余地，在回答时，不要过早暴露自己的实力。通常，可先说明一件类似的情况，再拉回正题，或者利用反问把重点转移。

（3）减少顾客追问的兴致和机会。顾客如发现推销员的漏洞，往往会刨根问底地追问下去。所以，回答问题时要特别注意不让对方抓住某一点继续发问。为了这样做，有时借口问题无法回答也是一种回避问题的办法。

（4）让自己获得充分的思考时间。推销员回答问题必须谨慎从事，对问题要进行认真的思考。要做到这一点，就需要有充分的思考时间。一般情况下，推销员对问题答复的好坏与思考时间成正比。正因为如此，有些顾客会不断地催问，迫使推销员在对问题未进行充分思考的情况下仓促作答。碰上这种情况，推销员更要沉着，不必顾忌顾客的催问，而是转告对方必须进行认真思考，因而需要时间。

（5）不轻易作答。推销人员回答问题，应该具有针对性，有的放矢，因此，必须认真思考问题的真正含义。当顾客提出一些模棱两可或旁敲侧击的问题，意在以此摸推销员的底，对这类问题更要清楚地了解顾客的用意，否则，轻易、随意作答，会造成己方的被动。

总之，推销洽谈中应答技巧不在于回答对方“对”或“错”，而在于应该说什么，不该说什么和如何说，这样才能产生最佳效果。

（四）推销洽谈的演示技巧

推销洽谈的演示技巧，是推销人员运用非语言形式，通过看、听、品尝、触摸等，让顾客直接接受商品信息，促使顾客购买推销品的洽谈方法。演示可以更生动形象地直接刺激顾客，制造一种真实可信的情景，使双方洽谈的主题进一步深化。在推销洽谈中，有些信息无法用口头语言进行有效传递，这时通过表演展示、示范表达的方式来完成，既可以节省洽谈时间，又能增强推销的可信性，容易收到良好的效果。

洽谈中根据演示内容的不同，演示技巧方法具体有以下几种：

1. 产品演示法

产品演示法是指推销人员通过直接演示推销品来说服顾客购买推销品的一种洽谈方法。

在推销洽谈过程中，与其千言万语费尽口舌，还不如拿出推销品来让顾客看一看，摸一摸，闻一闻，尝一尝。例如，一位推销玻璃杯的推销员向顾客介绍说：“这种玻璃杯是本公司最近推出的新产品，适合家庭、办公室、饭店、餐厅等多种场合使用，最大的优点是掉在地上不会碎。请看，杯子落地了，没有碎！”这位推销员通过产品的演示向顾客说明了推销品的特点，真实可信，也一下子吸引住了顾客。因此，在推销洽谈中，通过推销品陈列和推销品演示，可以更迅速、准确、生动、形象、有效地传递推销信息，更有力地诱发顾客的购买动机，更直接地刺激顾客的购买欲望，更具有说服力。在使用产品的演示技巧时，推销人员应注意以下几点：

（1）要突出产品的特点和亮点。在演示中，推销人员要把产品中最能说明问题的特点和亮点部位展示出来，让顾客看过明白。例如，一件男式西装，其产品的特点和亮点是领子部位、衣袖与衣衫的连接部位、前胸分片的大小、前胸上左口袋位置、针线的走向路线及长短等的做工是否精工细作。这些方面如果推销人员能主动亮出来并向顾客进行有效的说明，应该说是能打动顾客的。

（2）要配有讲解和示范。推销人员在演示中要充满激情和自信，用极富有诱导性的、生动活泼的语言向顾客进行吆喝，同时根据顾客的不同要求进行示范，以此来感染顾客的情绪，激发顾客的购买欲望，影响顾客的购买态度。我在超市中就看到一个卖电磁灶具的小伙子是这样进行推销的：他把一个不锈钢锅放在电磁灶具上，同时开启了开关。就在这同时，他开始讲解电磁灶具的操作要领。稍过一点时间后，他又往不锈钢锅中放了一点食用油，待油烧热了后，又放进事先准备好的青菜进行翻炒。他一边炒菜，一边又不停地讲用电磁灶具的好处。不一会，一盘香喷喷的菜就烧好了。再过后，他请一位顾客亲自动手进行实验，使顾客乐不可支，不知不觉中，顾客会觉得这个东西真不错。如果你在现场，可能你也会被吸引过去的。

2. 文字演示法

文字演示法，是指推销人员通过介绍产品的文字资料来说服顾客购买推销品的一种洽谈方法。在现代推销环境里，文字是传递推销信息的重要媒介，也是比较有效的刺激物。在无法或不便演示推销品的情况下，就可以采用文字资料的介绍来传递相关信息。例如，一张完整的产品价目表，可以把一个厂家生产销售的各种产品不同型号规格、不同批量的价格信息清清楚楚地传递给顾客。文字资料的介绍作为一种最基本的洽谈方法，可以快速准确地传递推销信息，既准确可靠，又方便省力，提高了洽谈的效率。在推销洽谈中，可以供推销人员使用的文字资料有：产品说明书、产品价目表、文字广告、产品获奖证书、质量检测证书等等。这些文字资料，可以大大提高顾客对推销品的信任度。但应注意的是，推销人员平时要注意收集有关资料，并进行分析研究；考虑到介绍过程中的单一、枯燥无味，推销人员可以将图片穿插进去，以增强活力，提高效果。

3. 图片演示法

所谓图片演示法，是指推销人员通过演示有关推销品的图片资料来劝说顾客购买推销品的洽谈方法。由于图片资料图文并茂、生动形象，效果直观，演示起来容易被顾客接受和理解，能引起顾客的购买联想，产生积极的情景效应，增强洽谈的说服力和感染力。图片演示法作为一种直观洽谈法，可以传递产品演示和文字演示所无法传递的某些重要的推销信息，因而在推销洽谈中被推销人员广泛采用。这种方法特别适用于住房、汽车的推销洽谈。

4. 音响、影视演示法

所谓音响、影视演示法，是指推销人员利用录音、录像、光盘等现代推销工具进行演示，来劝说顾客购买推销品的洽谈方法。音响、影视演示法融推销信息、推销情景和推销气氛于一体，使顾客产生陶醉、迷恋之感，是国外推销员普遍使用的一种现代洽谈方法，目前也被我国推销人员看好，成为一种不可缺少的推销洽谈工具。例如，一位推销员为在杭州推销生长在高山云雾中的绿色蔬菜，把种植蔬菜的某高山盆地的风景及蔬菜的长势拍摄成录像带，在超市门口播放，宣传无化肥、农药污染蔬菜的好处，一下子吸引了来超市购物的顾客，从此也打开了杭州市场。因此，利用音响、影视演示法开展推销洽谈，可以生动形象地传递大量的推销信息，制造真实可信的推销气氛，充分调动顾客的情感，增加洽谈的说服力和感染力。

（五）推销洽谈的报价技巧

推销品的价格是推销洽谈中经常遇到的难题，不少推销活动，最后的成功与失败，往往与价格有关。现在，大多数推销人员的收入与业绩都跟销售额，亦即与价格挂钩。因此，在推销洽谈中，推销人员还应掌握一定的报价技巧。

1. 先行报价法

在推销洽谈中采用先行报价法，能争取在洽谈之初占据主动，表明了己方要达到的目标，直接影响洽谈对方的期望水平，可以对洽谈全过程中的所有磋商持续地发挥作用。

2. 对比报价法

对比报价法是推销员在向顾客解释推销品的价格时，不是直接报出价格，而是列举出其他同类产品的价格状况，再推导出推销品的价格。同时，通过分析比较推销品与其他同类产品的优缺点，说明推销品价格的合理性。

3. 均摊报价法（除法报价法）

均摊报价法是采用缩短时间单位或采用单一使用单位的方式，分解推销品的价格，以减轻价格压力的一种报价。有时，顾客一见到推销品的价格很高，会被吓住，很可能使对方一下子打消购买念头。这时，推销人员可采用均摊报价法，将一次投资大而受益时间长的产品价格分解到一天、一个星期等较少的时间单位上，或缩小报价单位，使洽谈对手容易接受。例如，黄金饰品总是以多少钱一克来报价，而不是以多少钱一公斤来报价。

4. 高价报价法

推销人员故意将推销品的价格报得很高，而自己心中又保留一个控制价位。这种报价法是专门针对那些有砍价欲望的洽谈对手。高价一旦报出，有砍价欲望的洽谈对手会将精力集中在与推销人员的讨价还价上，推销人员也不甘示弱，每一次让步都据理力争，直到退到最低控制价位为止。

（六）推销洽谈的拒绝技巧

在推销洽谈中，不能总是无原则地妥协。当对方向己方提出某种要求和某项建议，希望己方答应，而己方由于种种原因不能答应时，则需要运用拒绝技巧。在拒绝对方时，应注意：

（1）拒绝的态度要诚恳，措辞要委婉，不伤感情；

（2）拒绝的内容要明确，应尽可能地用提出建议来代替拒绝；

（3）应讲明处境，引起同情，说明拒绝是不得已的；

（4）应从对方的角度来说明拒绝的利害关系。

具体来说，有以下几种拒绝技巧：

1. 把问题不断抽象化，可以达到含蓄拒绝的效果

在洽谈中，有时想用具体的话来直接拒绝对方很难启齿，或者找不到确实的拒绝理由，可以把话题抽象化，同时含蓄地把己方的意图渗透给对方，使对方还未直接接触所提要求或建议的正式答复之前，就领悟到己方的态度，从而被迷迷糊糊地拒绝了。

2. 笼统地答复对方的要求

例如，一位广告公司的设计师对一位携带自己的画来应征的青年说道："唔，我看不太懂您的画，画一些我能看懂的画来吧。我今天10点钟有个约会，现在已经9点50分了，你看……"说"我看不太懂您的画"，这种拒绝本身是笼统的，能看懂的画又是什么呢？对方不了解这一概念，画什么？怎么画？这就使对方失去了第二次进攻的目标。这种不直接否定对方，只提出笼统答复的拒绝技巧，可以把对方的概念构成弄迷糊，不让对方感觉到你是在明显拒绝他，却巧妙地达到了拒绝的目的。

3. 学会说"是，是，不过……"可使对方的说明欲望丧失

在洽谈时，当己方意见与对方有出入时，不要急于唱反调，应说"唔，不错。"或"是的，您说的一点儿也不错。不过，请让我说出我的看法……"说"是"，总比断然说"不"要给人以安心感。先用说"是"来肯定对方的话，使双方之间架上了"心桥"，然后转折一下，再说出有效的"不"，这种柔软的拒绝意见，对方不易反感。

4. 把对方的话题分断，然后逐句不漏地否定，就能达到拒绝的效果

洽谈的对方一般都是运用说服的技巧，想用几句连贯一气的话来把听者的心理导向对自己有利的方向去，所以，你只需在这种诱导效果尚未发挥出来之前，分断其文句的连贯，把话题逐句否定就能达到拒绝的目的。

二、推销洽谈的策略

推销洽谈，作为推销活动的中心内容，自然需要讲究策略。策略有时是导致洽谈成功的重要因素。然而，任何策略都不可能让推销人员在洽谈中做到"一计致胜"，还需推销员在洽谈中灵活运用。

（一）原则性洽谈策略

原则性洽谈策略是由美国哈佛大学的罗杰·费希尔与威谦·尤端创立的。原则性洽谈策略建议洽谈双方各得其所的协议方案，当双方利益发生冲突时，坚持用公平的、客观的标准作决定，而不是双方进行意志力量的较量。原则性洽谈的要点与方法被称为现代推销洽谈的新观念。

1. 原则性洽谈策略的含义

原则性洽谈策略也称问题解决式洽谈策略，多为推销方格中（9，9）型心态的推销人员所采用。这种洽谈策略认为，在推销人员与洽谈对手之间存在着谋求各自利益与长期合作的问题，这些问题是需要经过洽谈双方的努力才能解决的，问题解决的结果是洽谈双方能得到各自所需要的利益，能维持长期的愉快的合作关系。

2. 原则性洽谈策略的特点

原则性洽谈策略体现了现代推销学的核心概念与原则，几乎是一种无往不胜的洽谈策略。但是，在推销洽谈中要运用这一策略，推销人员必须有解决问题的心态和修养，解决各类问题的知识和能力，并在推销洽谈中作出巨大努力。一般来说，原则性洽谈策略适用于一切经济谈判，尤其适用于推销洽谈，通过问题的解决，使洽谈双方双赢。

（二）合作式洽谈策略（互利型策略）

合作式洽谈策略是一种令双方都感到公平合理，强调诚意与合作的洽谈策略。其特点是：

1. 选择可行性洽谈方案

通过对洽谈对手信息的掌握与资料的收集，了解对方的需求及其特点，在此基础上拟定尽量使双方都满意的洽谈方案。

2. 充分表示洽谈的诚意与合作的愿望

推销洽谈转入洽谈正题后，推销人员要充分表示洽谈的诚意与寻求长期合作的愿望，把洽谈的重点放在利益上，而放弃自己的立场，尽量排除一切无谓的争吵与干扰，紧扣“利益”主题，把洽谈引导到寻求共同利益及探讨选择合作的方案上来。

3. 求同存异，达成协议

在整个洽谈过程中，始终注意探测对方的需求，了解对方采取合作态度的条件与愿望，通过提示、暗示、演示、说明、证实等方法技巧，让对方了解己方的愿望与利益，并在双方利益的满足与协商过程中，寻求共同的利益，寻找相同认识之处，可以互补之处，从而达到在更多方面的相互理解，求得最大限度的大同，以最终达成协议。

4. 坚持使用客观标准

推销洽谈中有争执与矛盾是常有的事，例如，洽谈中可能涉及推销品的质量标准、质量检验方法、索赔金额等等，推销人员既不能以通过牺牲自己利益的退让来达成协议，也不可能使对方受损失而维持长期的购销关系。所以，必须使用双方都认可的公平客观的标准，即作为第三者的仲裁机构。有了公平的、公认的客观标准，洽谈的结果就能使洽谈双方都成为赢家。

（三）胜负式洽谈策略

当推销人员在进行一项一次性洽谈活动，打算把某个产品卖出去后就再也不同这个购买者打交道了，或者根本不想做一个优秀的推销员时，可以采用胜负式的洽谈策略。胜负式策略为：在洽谈中，始终采取高压式的极端行为，要么令对方屈服于压力而满足己方需求，要么激怒对方令谈判破裂。

1. 胜负式策略的特点

（1）洽谈开始时的极端行为。推销人员在洽谈开始时，往往采用傲慢的态度，采用使购买者没有选择余地的开局，无任何说明理由的高报价，并告诉对方有人愿意出更高的价格购买推销品等等。

（2）洽谈过程采取粗暴的行为并提出无理要求。

（3）通过情绪发泄与表达，给对方造成心理压力。例如，大声地提出意见，动作幅度大，提出抗议后愤而离去；把对方的让步看成软弱可欺，一再穷追猛逼；有时发出无缘无故的大笑、冷笑等。

（4）无限期地拖延谈判。

2. 使胜负式洽谈转化为合作式洽谈

在推销洽谈中，若洽谈对手采用了胜负式策略怎么办？推销人员一般不宜采取针锋相对的行为，那只会“一拍两散”。推销洽谈从来没有以对抗取胜的。因此，一方面推销人员不应该采取胜负式洽谈策略；另一方面，应该掌握使胜负式洽谈转化为合作式洽谈的方法。具体有：

（1）以柔制刚。对于一些自信比较强或者态度强硬的顾客，不采取直接对抗的办法，而是以守为攻，静心等待有利的机会再表明自己的态度或说服顾客。例如，明确指出对方所用的策略，并说明这种策略无用，是在演戏、在吓人，但表示可以理解和宽容；把对方的注意力引导到原来的洽谈议程上来，指出对方采取的措施无非想在某些方面获得利益，这些利益应通过双方的讨论与协商才能满足，进行实质性讨论而不是进行情绪性讨论。

（2）找出对方观点行为后面的因素，给予解决。例如，采用发问的形式去了解对方，而不用批评的方式。

（3）充分利用沉默。俗话说：“沉默是金。”当对方不理睬你的关于实质性问题的讨论时，当对方提出一个极端不合理的要求时，当对方对你进行毫无道理的抨击时……推销员完全可以运用最好的武器——沉默，它表明了推销人员的素质、修养与真诚。

（4）把人与问题分开。不谈人的问题，而立即就实质性问题进行讨论，或请第三者提出双方都可以接受的方案。

（5）如对方属于蓄意欺骗，应坚持客观标准，在情况属实后尽快结束洽谈，寻求法律保护。

■ 知识窗

1. 推销谈判中的让步技巧

第一种让步型态：(0/0/0/60)。这是一种坚定的让步，先让对方一直以为妥协无望。若是一个三心二意的买主早就放弃讨价还价了。但如果遇到一个坚强的非买不可的买主，他在卖方一次作出重大的让步后，会更加斗志昂扬，坚守阵地，继续逼卖主再让步，这会给强硬的买主继续施加压力的可乘之机。

第二种让步型态（15/15/15/15）。这是一种平均步伐的让步，极易刺激买主的更大期望。第四次让完后，若卖主坚持不再让，买主就会失望，很可能达不成交易。

第三种让步型态（8/13/17/22）。这是一种既大踏步前进，又大踏步后退的大起大落的让步方法，同前两种让步形态一样不可取。因为它会使买主相信：“再坚持一下，令人鼓舞的价钱就在前面。”从而要求会越来越高，最后很可能给卖主造成很大的损失。

第四种让步型态（22/17/13/8）。这是一种表示卖主的立场越来越坚强，又表示卖主虽然愿意妥协，但防卫森严，不会轻易让步的一种型态。

第五种让步型态（26/20/12/2）。这是一种表示出具有强烈妥协愿望的让步形态。不过它同时也告诉买主，所能做的让步是有限的。当卖主的倾向已经很明显后，聪明的买主便会领悟出，更进一步的让步已经是不可能的了。

第六种让步型态（59/0/0/1）。这是一个很巧妙，但又是一个很危险的让步方法。说他巧妙，是指它能使对方的心理造成由喜到忧、又由忧变喜的波折。危险的是，卖主永远不知道买主是否能在更高的价格上成交，因为他一下子让步59，步伐太大。容易失去在较高价格上成交的有利时机。

第七种让步型态（50/10/＋1/－1）。这种形态巧妙在，当第二次让完后，价钱又回升 1 元，如果买主再坚持压价，便又减去 1 元。总的让步仍为 60 元，但却使买主在心理上得到了很大的满足。

第八种让步型态（60/0/0/0）。这是和第一种让步型态完全相反的另一个极端，同样是对卖方不利的型态，它会对买主产生十分强烈的影响。一下子削价 60 元，使买主顿时充满了信心和希望，但接下来的便是失望。如果卖主不再降价，很可能失去这个交易的机会。

总之，纵观以上几种基本类型的让步，可以得出这样几点有益的结论：

• 千万不要作出一次性的巨大让步，也不要进行大起大落的让步，应该把计划中的让步组成一个巧妙的链条。

• 理想的让步方式是：假如你是买主，应先作一点大的让步，然后再长时间缓缓让步，最好其中能上、下浮动一两次，而最后一次一定是要让点。因此，有经验的售货员在给顾客称东西时，都是称完后再抓一点加上去。顾客就很满意了；如果称完后再从秤盘上抓下来点，尽管是很少很少，顾客心理反应就完全不同了，最后让一步的道理就在这里，使对方心理感到满意。

——资料来源：《现代企业经营管理》

作者：赵宗晋　郭学德　范传统　中国经济出版社出版

2. 谈判的策略

• 让其“硬相”表演，不要被对方的激烈言辞所激怒。仔细倾听，寻找其漏洞，一旦发现，就紧抓住不放，采取攻势，将其“硬相”击退。

• 不要被对方“诚恳的态度、亲切的语言”所迷惑，特别是对其“软相”提出的所谓“合情合理”的条件更要三思，不要轻易让步。

• 采取相同策略，以硬对硬，毫不留情地激怒对方，使其怒中出错，即可抓住其错处群起而攻之。

• 对对方“硬相”的表演不予理睬，待其主谈者回来后，不给其喘息的机会，马上“旧话重提”，迫使对方让步。

——资料来源：《推销实战技巧》

作者：王孝明　经济管理出版社出版

■本章小结

推销洽谈也称推销面谈，指推销人员运用各种方式、方法和手段，向顾客传递推销信息，协调双方利益，说服顾客购买推销品的过程。

推销洽谈从主题角度可以分为商品要素洽谈、交易方式洽谈、签订合同洽谈。

推销洽谈从参加人员的多少可以分为一对一的洽谈、小型洽谈、中型洽谈、大型洽谈。

推销洽谈从洽谈方式可分为美国式洽谈、北欧式洽谈、德国式洽谈、日本式洽谈、中国式洽谈、阿拉伯式洽谈。

推销员在进行推销洽谈时，应遵循针对性、鼓动性、参与性、诚实性四大原则。

推销员在推销洽谈前应做好充分的准备工作，准备工作的内容包括：收集情报，充分了解掌握要洽谈的顾客的具体情况，熟悉推销品的性能特点和能提供的服务情况；制定一个可操作的洽谈计划；做好洽谈的心理准备和物质准备。

推销员在推销洽谈时，针对不同的顾客可以采用不同的洽谈技巧：

推销洽谈的开谈技巧，通过建立和谐的洽谈气氛和适时的提问，顺利地转入推销品的业务谈判上来；

推销洽谈中的倾听技巧，通过主动地倾听顾客的讲话，了解顾客的真正需求和对推销品效用期望；

洽谈中的提问与答复技巧，通过限制性、启发性的提问，介绍性、解释性的答复来进一步展示推销员的风采，增强顾客对推销员的好感；

推销洽谈的演示技巧，通过推销员的产品演示、文字演示、图片演示、音响影视演示来真实地展示推销的性能特点，以增强顾客对推销品的可信度；

推销洽谈的报价技巧，通过推销员的先行报价、对比报价、均摊报价、高价报价手段的灵活运用，为推销品争取一个合理的价格；

推销洽谈的拒绝技巧，在于洽谈中拒绝顾客的无理要求。

推销员在洽谈中，除了掌握洽谈技巧外，还需制定相应的洽谈策略。主要有：原则性洽谈策略；合作式洽谈策略；胜负式洽谈策略。

掌握推销洽谈的技巧和策略有助于推销员做好推销洽谈工作。

■个案分析

［案例1］

卡车推销员与客户的对话

推销员：“你们需要的卡车我们都有。”

客户：“我们要两吨的。”

推销员：“你们运的东西，每次平均重量一般是多少？”

客户：“很难说，大约两吨吧。”

推销员：“是不是有时多、有时少呀？”

客户：“是这样。”

推销员：“究竟需要用什么型号的汽车，一方面要看你运什么货，另一方面要看你在什么路上行驶对吧？”

客户：“对。”

推销员：“你们那个地方是山区吧，而且据我所知，你们那里路况并不好，那么汽车的发动机、车身、轮胎承受的压力是不是更要大一些啊？”

客户：“是的。”

推销员：“你们主要是利用冬天田里没活了跑运输吧？那么，对汽车承受力的要求是不是更高呢？”

客户："是的。"

推销员："货物有时会超重，又是冬天在山区行驶，汽车负荷已经够大的了，你们决定购买汽车型号时，连一点余地都不留吗？"

客户："你的意思是……"

推销员："你们难道不想延长车的寿命吗？一辆车满负荷，另一辆车从不超载，你觉得哪一辆车寿命会更长呢？"

客户："当然是载重量大的那辆了。"

于是，他们的谈判成功了。

分析：

本案例中的推销员运用劝说技巧说服客户购买了他想推销的四吨型号的卡车。他以询问的方式，在了解顾客真实需求的同时，引导顾客按推销员的思路来认识卡车的性能特征、行驶要求、使用寿命等顾客所关心的问题，使顾客感受到推销员的诚意及热情，从而愉快地购买了推销员所推荐的卡车。

[**案例 2**]

钟声变奏曲

有一对老夫妻，花了三个月时间找到了一只他们异常喜爱的古玩钟，他们商定只要不超过 500 美元就买回来。但是，当他们看清上面的标价，妻子却犹豫了，"哎哟。"妻子低声道，"钟上的标价是 750 美元，我们还是回去吧。我们说好了不超过 500 美元，还记得吗？"

"我记得。"丈夫道，"不过我们试一试少点卖不卖。我们已经寻找了这么久了。"他们俩私下商量了一下，由丈夫任谈判代表。尽管他认定 500 美元买到这只钟的希望是小的。

他鼓起勇气，亲自去对钟表销售员说："我看到你们有只小钟要卖，我看了上面的定价，我还看到价格的标签上有许多尘土，给它增添了古董的气氛。"顿了顿，他又接着说道："我告诉你我想干什么吧，我想给你的钟出个价，只出一个价，就这个。我肯定这会使你震惊，你准备好了吗？"他停下来看看效果，"哎，我给你 250 美元。"

钟表销售员连眼睛也没眨一下："给你，卖啦！"

丈夫反应怎么样，夫妻俩欣喜若狂了吗？不，事实的结果是难以想象的。"我多傻，这钟本来恐怕就值不了几个钱……或者肯定是里面的零件少了，为什么这钟那么轻呢？"丈夫越想越懊恼。

后来，尽管他还是把钟摆到了家里的客厅，而且看上去美极了，似乎走得也不错，但是他和妻子总觉得不放心。

等他们退休后，俩人每晚都要起来三次，为什么？因为他们断定自己没有听到钟声。日夜不安的结果使他们的身体很快地垮了，并且患了高血压，其原因就是那个钟表销售员居然以 250 美元把那只钟卖给他们了。

分析：

本案例中的老夫妻买钟，表面看来唯一的利益是钱。其实不然，至少还有信任的需要，它是不自觉的，隐含着的，却绝对不是单单靠满意的价格所能提供的。本案例中销售员的错误在于他没有注意到对方需要的多维性。他不知道简单的成交虽然使那对夫妇省了钱，但由此却带来了更大的精神痛苦。

人的需要是多重性的，人们渴望通过谈判来满足的需要也有可能是多方面的。推销员的眼睛不能只盯住一点，而把其余的都给忽略了。推销洽谈的过程不仅仅只是一个讨价还价的过程，它其实还是一个彼此信任的过程。因此，推销员在推销洽谈的过程中，应该把眼光放远一些，要充分考虑洽谈对象在需求上的多维性。

思考与练习

一、简答题

1. 什么是洽谈？什么是推销洽谈？

2. 推销洽谈应遵循哪些基本原则？

3. 进行推销面谈时，什么商品用照片与插图效果比较好？什么商品用样品示范效果比较好？

4. 推销洽谈中的技巧可归纳为哪几类？

5. 某推销员向顾客推销吸尘器，为证明吸尘器的噪音小，他把该吸尘器启动起来，让顾客听声音大小，以证明吸尘器符合顾客的需要和愿望。请问该推销员采用的是什么推销技巧？

二、案例题

[**案例1**]

推销洽谈演示过程中的意外

张强是某家电销售公司的推销员，他特别擅长于向顾客演示他所推销的各种家用电器。例如，滚筒式洗衣机是他最乐意向顾客示范推荐的一种家用电器。为了向顾客演示滚筒洗衣机如何不伤衣料、纽扣，他把钢笔放入滚筒里，让它随洗涤物一起滚动。有一次，当他正向顾客作演示时，钢笔裂开了，墨水沾满了正在洗衣机内洗涤的衣物。

问题：你对张强演示商品的方法有何意见？如果你是张强，你将如何向顾客解释？如何做？

[**案例2**]

一次难能可贵的合作

有一次，甲公司和乙公司谈判有关合约的时间问题，内容是由乙公司为甲公司推销一些体育设备。乙公司要求签短期合约，一年为期，到期后双方可决定是否续约。甲公司不愿意这样做，因为对方如果随便找出理由而不续约，那么甲公司在当地的体育市场上的形象将会受到影响，但乙公司不让步，坚持签短期合约。这时，甲公司认真分析了乙公司的心理因素，认为乙公司之所以坚持签短期合约，不外乎怕签长期合约推销体育设备有困难，造成商品大量积压，给公司带来经济损失，并推测乙公司有着一种不愿意在跟人中断合约后，仍然需要一段时间内继续和他保持业务关系的心理，因此，他们会小心谨慎地做，轻易不会中止合约。基于上述分析，甲公司提出从签约日起，双方均可随时中断合约，但必须提前3年通知对方。这建议被乙公司所采纳，目前甲公司与乙公司的合约已经迈入了第二十个年头了。

问题：甲公司与乙公司谈判成功的关键点是什么？其运用的是何种谈判策略？为什么？

资料来源：《推销技巧》

作者：王红　武汉大学出版社出版

三、自测题

选用一种合适的商品组织一次模拟推销洽谈。

第七章

顾客异议处理

能正确鉴别和认识各种顾客异议。能准确把握顾客异议处理原则、时机和方法。能描述常见顾客异议，阐明如何处理的能力与方法。记住："推销是从顾客的拒绝开始的。"

第一节　顾客异议的概念及产生原因

一、顾客异议的概念

在接近客户、调查、产品介绍、示范操作、提出建议书到缔结签约等的每一个推销步骤，顾客都有可能提出不同异议，如果懂得异议产生的心理及处理技巧，就能冷静、坦然地化解不同异议，使成交更有希望。一位大师曾说过："推销是从顾客的拒绝开始的。"

（一）顾客异议的含义

1. 异议

异议是什么?《辞海》中的解释是这样的：不同的或反对的议论。《后汉书·耿弇传》："以列侯奉朝清，每有四方异议，辄召入问筹策。"

2. 顾客的异议

所谓顾客的异议，简单地说，是指推销人员在推销过程中，顾客提出质疑或拒绝的一种反应。例如：当推销人员上门拜访一位顾客时，顾客说对不起，没时间；当推销人员去了解、询问顾客的需求时，顾客隐藏了真正的动机；当推销人员推销产品时，顾客对推销人员不信任，或对产品品牌、产品式样、花色品种、产品包装、产品价值和质量保证、服务承诺等表示怀疑，如此等等。

在销售实践中，许多推销人员应该说都有过吃闭门羹的"恐怖"经历，但是若对于一个有经验的推销人员来说，则能从另一个角度来体验顾客的异议，也同样能去想方设法地寻找各种处理的方法和手段。

（二）几种主要的顾客异议

1. 价格异议

顾客对产品的异议大多与产品的价格有关。这也是最常见的一种异议。推销人员在推销过程中常常会听到“这种产品太贵了”“要价太高了，别人比你的要便宜”“我还是等跌价时再来买”，等等。对于顾客的这些价格异议，应正确认识和处理，否则会影响到推销的成功率。

2. 商品异议

对于大多数顾客来说，尤其是现代顾客在购买商品时更多的是看重商品本身的性能或效用。因为，他购买商品主要目的是为了消费。如果买后的商品不能给他带来预期效益，甚至带来许多麻烦，那么他就不愿购买。因此，顾客在购买商品时较为谨慎，同时也会提出许多异议，如“性能是否可靠”“质量是否上乘”“商品是否新上市”等等。商品异议主要是顾客对商品本身的质量、样式、设计、结构、规格等等方面的异议，带有一定的主观色彩，作为推销人员应先对推销的商品有充分的了解和认识，然后才能运用适当的方法和手段去消除顾客的异议。

3. 服务异议

这种异议也是较为常见的，如“顾客常常抱怨送货方式和时间不能满足顾客的需要”“售后服务不够理想”等等。

服务异议同样由于顾客的不同背景和社会的影响带有较强的主观色彩，而且随着社会的进步，顾客自我保护意识的不断加强，市场竞争的加剧，这方面的异议会越来越多，提出的要求也愈来愈高，需要推销人员不断理解和掌握企业的政策规定和行销程序，提高自身的素质，运用恰当的方法去取得顾客应有的谅解、支持和合作。

4. 推销员的异议

有时候我们也会见到这样的情形，有些顾客购买商品时提出的异议，不是因为商品本身质量方面引起的，而只是对推销人员个人或推销人员所代表的某个企业有一些偏见或成见，所以不愿去接近推销人员，更不愿去接近推销的产品。因此，作为一个推销人员，必须处理好与顾客之间的关系。有一位营销大师曾这样说过：“推销产品时，首先应推销自我。”这句话非常深刻，它告诉推销人员在推销产品时首先应做什么事。

5. 购买时机的异议

这类异议主要是顾客不想购买你所推销的产品时找出的一些托辞。如“过几天我再来看看”“让我考虑考虑，然后给你回复”等等。顾客提出这种异议，有时可能是因为顾客对你在推销说明中的某个观点还不明白，有时可能是觉得你提出的商品价格太贵，或者顾客没有最后的决定权。因此，对于这种情形应尽可能说服顾客作出决定。

6. 竞争者的异议

有时候顾客正在使用其他企业提供的同类产品，他们就会说“我用的是某某牌的产品”“我们已经习惯用某某品牌的商品”等等。对于这种异议，作为一个有经验的推销员来讲，不能操之过急，要因势利导，只要你能证明你推销的产品比竞争对手的产品更物美价廉，那么就能较好地消除顾客的异议。

7. 需要方面和支付能力的异议

这也是来自于顾客方面的异议。需要方面的异议主要是顾客对自己的生活方式往往把握不准，特别是对在改善现有生活方式过程中产生的需要，因受认识水平的制约而不能明了，结果当推销人员向其推销时持有不同的看法。支付能力的异议则是顾客自认为无钱购买推销人员所推销的商品而产生的一种不同看法。支付能力异议又分真实异议和非真实异议两种。

一般来讲，顾客能购买多少商品主要取决于他们的支付能力，但是，顾客决定利用这笔钱购哪些商品则是另一个问题，因此，作为推销人员应认识到这一点，区分真假支付能力，根据具体情况分别来对待处理。

8. 货源的异议

这主要来自于推销人员的一种顾客异议。主要原因是顾客对推销人员推销的产品以及产品生产单位、推销人员本身等方面的不了解甚至于不满意而可能引起拒绝购买产品。如："这个品牌口碑不好，我不要""这个产品不是名牌货，我想要有名气的产品""你这个人我不喜欢，所以我也不想买你的产品"，如此等等。对于这类的顾客，推销人员不能针锋相对，要更加耐心等待，多从自己的方面寻找原因，多寻找一些积极的措施来化解异议。

9. 权力的异议

这主要来自于顾客自身的一种异议。主要原因是顾客可能是真正缺乏购买决策权，或者说可能出于价格因素、需求因素、支付能力因素、产品因素等等而故意推托来拒绝购买产品。对于这类顾客，推销人员要有一双"慧眼"，或一种判断能力，准确地鉴别哪些是真正有权力购买的顾客，哪些是有购买权力但由于某种原因暂时不想购买的顾客，这样，可以针对不同的顾客采取不同的对策。

■ 知识窗

客户提出拒绝或异议的反应

1. 对推销员不理不睬。
2. 拿出来的目录，对方连一眼都不看。
3. 不愿接受名片。
4. 始终不愿意开口。
5. 转移视线。
6. 身体向后靠。
7. 一副毫不知情的样子。
8. 焦躁不安的神情。
9. 看手表，注意时间。
10. 眼神空洞的时候。(1) 拒绝面谈。(2) 客户不在家。(3) 对方失约。(4) 因为客人来了，叫你移动位子。(5) 面谈的时间极短。(6) 长时间的等待，使人心烦躁。(7) 由代理人来接洽。(8) 谈话中间由代理人来代替。(9) 气氛恶劣。(10) 在商谈中做起别的事情。(11) 移动座位。

——资料来源：《解读原一平　推销学》

作者：张弘　远方出版社出版

二、顾客异议产生的原因

顾客的异议既可以看做是成交的障碍，又可以看做是成交的信号。顾客异议的产生是必然的，推销人员对此应有正确的态度和认识。顾客提出异议后，应冷静地分析异议产生的原因，并由此着手来解决问题。

顾客的异议产生的原因是多方面的，有可能是因为顾客本身所引起的，有可能是因为推销人员及其代表的企业所引起的，也有可能是商品本身所引起的，甚至有可能是社会的因素作用导致的，归纳起来主要有以下几种：

（一）顾客的主观意识和习惯

现代顾客应该说是一个有相对独立思考与行为能力的人，对许多问题的认识和见解又往往带有强烈的感情色彩，有时又不合逻辑，光靠用讲道理的办法难以消除，由此所产生的异议，在不影响推销的前提下，要尽可能避免讨论偏见、成见和习惯问题。

顾客的心情和自我表现也是产生异议的一个原因。当顾客心情不佳时，顾客可能提出各种异议，借题发挥，有些顾客为表现自己知识丰富、有主见而提出不同意见。对此推销人员应注意多在事先进行了解，并理解他们，这样能消除异议，取得顾客的支持。

（二）了解商品情况的要求

顾客出于此要求而提出异议是较为正常的，表明顾客对产品已经产生了真正的兴趣，希望更详细地了解情况，以免购买决策失误。因此，推销人员对于顾客这种类型的异议，应持欢迎的态度，同时也应以令人折服的介绍，别具一格的演示和充足的证明材料等，清除顾客的种种疑问。

（三）推销员自身方面的问题

当推销服务不周，推销礼仪不当，推销信誉不佳，提供信息不足，如推销人员的举止态度让顾客产生反感，推销人员为了说服顾客，做了一些夸大不实的陈述，推销人员说明产品时，使用了过于高深的专门术语，顾客无法理解和认同，推销人员说得太多或太少无法把握顾客的问题点，导致沟通的困难、展示商品失败，事实调查或引用的资料不准确等等，这时顾客就会产生不同的意见。这些意见也是推销培训在一些公司中未能得到足够的重视，推销人员本身的素质不高，顾客对某些商品不熟悉等等造成的。

（四）推销商品方面存在的问题

当推销商品本身品质不良，功能欠缺，价格不适当等，顾客也会提出不同的意见。或者有关商品的推销证明不充分，顾客的不同意见就自然提出来了。

（五）在伪劣商品充斥时，人们对商品的一种不信任感

由于某种利益的驱动，一些奸商或不法分子片面追求利益而不管商品的质量要求，以次充好，以假乱真，致使假冒产品无孔不入，部分服务承诺得不到兑现，鱼目混珠，同样也给顾客心理造成极大的不信任感、恐惧感，怀疑商品、怀疑企业、怀疑推销员等的问题也不期而来。

第二节 顾客异议处理的原则、时机和步骤

一、处理顾客异议的原则

顾客异议产生后,作为推销人员来讲,最重要的就是采取积极的态度。要针对不同的异议,有的放矢地做好转化工作,从而建立起相互间的信任和合作关系,促使推销工作顺利进行。

在处理顾客的异议时，应按照一定的原则、程序，把握恰当的时机，运用科学的方法来进行操作。主要的原则有以下几条：

（一）推销人员面对顾客异议要自信

自信是一种良好的心理素质的表现，这也是推销人员保证推销工作顺利完成的基本保证。当推销人员在推销某种商品时，常常会遇到一些麻烦的事，如顾客诉说产品质量不够高，产品档次低，颜色、款式、品种单调，不如其他产品好、名气大等等。对于这些，推销人员应树立自信心，有百折不挠的精神和宽宏大量的胸怀。

当然推销人员要做到这一点，首先要知己知彼，即对自己的公司、商品及竞争者的状况、市场行情和顾客的需求点都要十分清楚；其次，衣着整齐，待客礼貌热情、周到，尤其是遭到对方的冷言冷语时，一定要沉得住气，不能流露出任何不满的言行和泄气的神情，要牢记，任何顾客都不愿与一个缺乏自信心的推销人员打交道。

（二）推销人员应尊重顾客的异议

俗话说，要想得到别人的尊重，首先应尊重别人。作为一个推销人员来讲，如果要取得顾客的信任，顺利展开推销工作，就必须先尊重顾客提出的各种异议。也只有这样，顾客才会主动将一些信息及时反馈给推销人员，推销人员也有机会去深刻地认识一种市场、一种商品真正的一些供需情况和问题，也才能更有利地按市场的需要来解决一些商品的问题，使商品更能适销对路。要做到上述要求，首先，推销人员应主动、诚挚地欢迎顾客提出不同的意见；其次，推销人员要认真倾听顾客提出的不同意见，不能随意打断顾客提问；再次，耐心、客观地解释回答顾客提出的不同意见，从而使顾客能接受推销人员的观点和建议。

（三）与顾客永不争辩

推销过程，也是人与人之间相互交流、沟通的过程。作为一个推销人员与顾客保持良好、和谐的关系，可以说是推销工作能顺利展开的一个重要条件。因此，一旦顾客有异议，最好不要与之争辩。在实际工作中常用的方法是倾听顾客异议，然后找机会再做下一步的行动。

（四）推销人员应认真分析顾客的异议

顾客的异议是一种自然现象，从某种意义上讲也是一种信息。作为推销人员应正确对待顾客的异议，并认真分析顾客的各种异议，寻找契机，根据顾客的不同类型、不同心理、不同要求及时采取对策，消除顾客的疑虑和不同意见。

（五）推销人员应适时转化顾客的异议

顾客的异议从另一角度讲也可以认为是顾客在购买过程中产生的一种心理障碍，甚至说是对推销员推销工作的某种否定，如果不针对性地采取措施，排除障碍，将对推销工作产生极大不利。因此，推销人员应适时地、千方百计地转化和消除顾客的异议，改变顾客对推销人员及商品包括企业的原有看法，提高对顾客的吸引力。

二、处理顾客异议的时机

把握合适的时机来处理顾客异议，无疑对推销工作有很大的帮助和改观。从一个合格的推销人员的要求来讲这也是一种基本功。那么，什么是处理顾客异议的最佳时机呢？根据经验所得，以下几种可以选择考虑：

（一）在顾客提出异议前给予处理

推销人员在推销活动中，往往会接触顾客并敏感地察觉到顾客可能提出的一些不同意见，并据此明确自己的思路，先发制人地抢在顾客提出异议之前将答案准备好并予以正确回答。这样使顾客提不出不同意见，有效地避免纠正反驳顾客的不同意见，减少与顾客之间的摩擦和矛盾，同时也使顾客感受到推销人员的真诚、坦率，让顾客认识到推销人员没有隐瞒自己的观点，甚至非常了解他，说出了他想说而未说出来的意见，从而起到大事化小，小事化了的良好效果，避免了顾客在一些问题上的小题大做而影响推销工作的进行。另外也节约了面谈的时间，提高了工作效率。

（二）在顾客提出异议后马上处理

一般情况下，顾客提出不同的意见后，都是希望能马上给予他们一个满意的答复，因此，果断地处理顾客提出的不同意见是推销人员处理此类问题的上策和最佳时机。推销人员千万不能回避，否则顾客的疑虑会更深，并拒绝与推销人员接触甚至拒绝购买。如果推销人员对顾客提出的不同意见不能马上回答，也必须对顾客说明其中的原因并请求其谅解，以争取顾客的大力支持与合作。

（三）推迟处理顾客的异议

作为一种特例，有时马上答复顾客提出的不同意见，反而对推销工作不利，则可以采取推迟处理的办法来加以解决，许多专家认为若下列情况成立，可以采取此策略：

（1）不能马上给顾客以一个满意的答复。

（2）若马上答复顾客的异议反而对推销工作产生不利。

（3）顾客的不同意见将随时间逐渐减少或消失。

（4）不想反驳顾客的不同意见。

（5）想避开顾客的不同意见而不进行任何反驳。

（6）顾客的不同意见离题太远。

（四）不处理顾客的异议

顾客心情不佳时提出的一些借口或不同意见最好不予理睬，那些与推销活动无关的不同意见则更不应理睬。

三、处理顾客异议的步骤

推销员如果要想比较容易和有效地处理顾客异议，还应按一定的步骤来进行：

（一）认真听取顾客的异议

回答顾客异议的前提是应弄清顾客有什么问题。法国著名的传记作家罗斯福说过一句非常哲理的话：我们与人交谈，总觉得知音难觅，和者鲜寡，其原因之一就是人们几乎都对自己要说什么想得太多。日本营销学家齐藤竹之助也认为，在推销工作中的听是十分重要的。当推销员在不清楚顾客异议的情况下，要使顾客满意是不可能的。因此，推销员要做到：

1. 认真听取顾客的意见

听取顾客的意见，某种角度来说，应该是化解矛盾、避免矛盾激化的最有效的一种手段与方式。从心理学上看，人在发泄内心不满时，实际上也是求得自我心理平衡的一种过程，所以等顾客发泄完内心的不满后，顾客就会慢慢平息，这个时候推销人员再心平气和地与其沟通解释，就会顺利解决问题，就会得到非常好的结果。听取顾客的意见，同时也可以对推销人员和推销产品起到一种鞭策的作用。“逆耳忠言利于行”，对推销人员来说，经常能听到一些反面的意见，肯定对自己的推销工作、推销产品的改进与提高起重要的促进作用。

2. 让顾客把话讲完，不要随意打断

当顾客有异议时本来心里就有一种莫名的不快，如果推销员不虚心接受，积极想办法解决问题，而是竭力为自己辩解，甚至想方设法证明顾客是错误的，这无异于火上浇油，更激起顾客的反感，致使本来可以化解的小矛盾激化，从而导致交易的失败。

由此可见，理解顾客，诚恳倾听顾客的意见，既是做人的美德，也是推销员应掌握的基本要求。当顾客提供一些你需要的资料信息时，应该真诚地表示感谢。这样会使推销员和顾客之间搭起一座心灵沟通的桥梁，对推销员的推销工作会有无穷的益处。

（二）回答顾客异议之前应作暂时停顿

顾客提出异议后，不要急于表白。因为这样做容易使顾客产生误解，认为你是随便应付的，而应该稍作考虑后再回答，这样让顾客觉得你是负责任的，诚实可靠的，同样也愿意配合你去解决问题。

（三）要对顾客表现出同情心

顾客对企业或产品提出异议，一般是带着某种主观感情的。因此，推销员在回答问题时应表现出你对顾客的一种同情心理，让其觉得你是理解他的心情和要求的，这样顾客就会保持一种和气、友善的心境，也有助于问题的顺利解决。

（四）复述顾客提出的问题

当倾听完顾客的话后，用你的话将顾客提出的问题再复述一遍，这样可以向顾客表明你已经明白了他的话。许多优秀的推销员都是这样来赢得顾客的。

（五）明确回答顾客提出的问题

推销员对顾客异议要回答清楚，这样才能使推销工作进入下一步。但必须注意：（1）增强对顾客的亲和力；（2）不要超越自己的权限；（3）语言要简练。

■知识窗

1. LSCPA 法处理客户的异议流程图

- L：倾听——倾听客户的意见。
- S：分担——你的心情我理解。
- C：澄清——很多客户刚开始时都认为我们的价格偏高，但后来都接受了。
- P：陈述——我们的产品质量提高了许多，所以价格也相应提高。
- A：征求——我看您还是接受我们的价格吧？

——资料来源：《训练销售精英》

作者：孔雷　企业管理出版社出版

2. 一瓶破损的啤酒

约翰先生在他家附近的圣班路连锁商店买了一箱啤酒。过了没多久，他发现有一瓶啤酒的瓶子是破损的，于是，他很生气地跑去该商店里投诉，并要求赔偿。

圣班路商店里的销售人员听完约翰先生发完一通抱怨之后，就答应赔他一瓶啤酒。但是，约翰先生认为这不足以平息他的不满，要求赔偿一整箱，商店的销售负责人考虑了一下之后也同意了，赔偿了他一箱啤酒。

后来，约翰先生发现那瓶破损的啤酒是被他的小儿子不小心打碎的。他心里感到有点内疚，但更多的是感激，从此，他逢人便说："要买东西，就去圣班路商店，还有比那儿更好的地方吗?"

下面是处理抱怨的四个步骤，按照下列步骤去做可以缓解客户的抱怨，并有效解决客户的问题：

• 预测抱怨

在可能引起客户抱怨的失误出现以前就通知客户，这会使客户感觉你在关注着他，并降低形成抱怨的可能性。

• 鼓励客户说话

在客户向你抱怨的时候，为了缓解紧张气氛和听清有关信息，你应当鼓励客户说话，讲他遇到的问题。

• 给予回复

客户希望他们的问题能够得到迅速解决，或尽快得到回复，你最好了解你的公司及其经营政策，施以相应的措施解决这些问题。

• 表示感谢

一定要向客户真诚致谢，因为是客户的抱怨才使你认识到自己工作中的失误，并认真关注和解决该问题。同时，要为这些问题带给客户的不便而表示歉意。

——资料来源：《销售人员的十堂专业必修课》

作者：刘永中　金才兵　南海出版公司出版

第三节　处理顾客异议的基本方法

不同的顾客异议，从理论上讲应用不同的方法进行处理。然而实践中所碰到的顾客异议是多种多样的，即使是最富有经验的老练的推销人员，他也无法也不可能掌握包括所有顾客异议的处理方法。在此只介绍一些最基本的方法。

一、反驳处理法

（一）含义

推销人员以充足的理由和确定的证据直接否定顾客的异议。例如，顾客说："这里的某产品价格比其他商店要贵得多。"推销人员可以直接予以反驳，告诉顾客可能不太了解情况，本店的某产品价格与其他商店相同类产品相比没有贵，小距离的差异是因为各商店选择的进货渠道不同，故进货成本上有一定的差异。

（二）应用

直接反驳法针对性较强、能直接说明有关的情况，据理力争，说服力强，可以节约推销劝说时间和精力，提高推销效率，但也容易使顾客产生抵触情绪，甚至得罪顾客，造成推销人员与顾客之间的心理冲突。为此采用此法时必须谨慎。

1. 直接反驳法的运用条件

（1）顾客对公司（企业）的服务、诚信有所怀疑时；

（2）顾客引用的资料不正确时。

2. 运用直接反驳法应注意的问题

（1）必须摆事实、讲道理，做到以理服人；

（2）态度诚恳、对事不对人；

（3）语气委婉、用词恰当。

二、但是处理法

（一）含义

推销人员首先承认顾客异议有一定道理的一面，然后从另一方面进行否定。这种方法的形式表现为“对……但”，或“是的……不过，然而、并且、还有、另外”等等。例如，当顾客说：“这件衣服的式样已经过时了。”这时，推销人员可以这样回答他：“对的，这是上半年的式样，有点过时，不过现在我们正在打折，打折幅度也较大，且商品本身质量相当不错，您买了以后不会吃亏。”

但是处理法也是一种有条件地接受顾客异议的处理方法。

（二）应用

但是处理法是一种先退后进的处理法，一般不会直接冒犯顾客，有利于保全顾客的面子，也有利于保持良好的面谈气氛，使顾客更容易接受推销人员的看法。

1. 但是处理法运用的条件

此种方法在大多数条件下都可运用，适用面较广。主要适用于处理顾客提出的无效异议。

2. 运用时应注意的问题

转折自然，理由要充分，尽量避免“但是”一词，以免引起反作用。

三、利用处理法

（一）含义

推销人员把顾客的异议变成劝说顾客购买的理由。例如：

顾客：“这种铝制盘子太轻了。”推销人员可以顺应顾客的思路回答说：“这种盘子的优点就是轻便，正是根据妇女的特点设计的，用起来极为方便。”

顾客：“我对广告不太感兴趣。”推销人员则这样说道：“我在某些方面同意你的看法，广告肯定不是灵丹妙药，关于广告的许多说法都是言过其实的。但如果你想通过广告扩大销量的话，……”

利用处理法也是一种将顾客的异议当做自己的论点的一种处理方法。“以子之矛攻子之盾。”

（二）应用

利用处理法是把顾客的异议变成说服顾客的理由，以攻为守，变被动为主动，直接引证顾客的话，让顾客感觉推销人员重视自己的观点、意见，有较强的针对性；转化顾客异议及时，能有效地促成顾客购买产品。然而，如果使用不当，顾客可能会觉得推销人员在钻空子，抓了顾客的话把儿，有损顾客的面子，或者觉得推销人员强词夺理，因此，要妥善运用。

（1）利用处理法运用的条件。此种方法主要适用于处理主观的顾客异议时。

（2）运用时应注意的问题：①尊重顾客。②态度认真、温和。③用语恰当。

四、补偿处理法

（一）含义

推销人员利用顾客异议以外的其他有利因素抵消顾客的异议。例如：

顾客："现在是冬季，到明年夏季用电风扇，时间还好长呢。"

推销员："你说得有道理，不过，现在购买可以享受季节差价，你仔细考虑一下，由于价格便宜现在购买还是划算的。"

顾客："这种电器怎么没有保修卡，我有点担心。"

推销员："其实，不用担心，因为这种电器几乎没有返修过，所以不用保修卡。"

（二）应用

补偿处理法在承认、肯定顾客异议的同时，说明达成交易对顾客的有利之处，可以给顾客一种实事求是的感觉，增加顾客对推销人员的信任感，也有利于保持推销人员与顾客之间的良好沟通。但是处理不好时可能会削弱顾客购买信心，增加推销劝说的难度，也可能引起顾客更大的异议，降低推销效率。

（1）补偿处理法运用的条件。此种方法适用范围很广，主要适用于处理顾客难以达到心理平衡的时候。

（2）运用时应注意的问题。①处理时应客观、实事求是。②观点明确。③扬长避短，突出优势。

五、询问处理法

（一）含义

推销人员对顾客异议进行具体察问，让顾客自己化解异议。顾客的异议分为有效异议和无效异议两种。所谓有效异议就是有一定道理的异议。所谓无效异议就是没有事实依据和不能成立的异议。对于有效异议，推销人员应根据异议具体情况，有针对性地处理；对于无效异议，利用此法可以使异议不攻自破。例如：

顾客："我回家与家长要商量一下，现在不能马上决定是否购买……"

推销员："您也是家庭的主要成员，难道您没有决定权吗？"

顾客："这种空调的质量不好。"

推销人员："您为什么会这样想？"或"请您讲一下，它的质量哪里不好？"

这种方法在许多情况下能够把异议直接消除掉，因为顾客有时自己也非真正了解商品行情，只是道听途说，由于掌握的证据不足，往往被人反问后自然不再继续坚持自己的观点了。

（二）应用

询问处理法可以更多地反馈信息，了解顾客的购买心理，明确顾客异议的性质，从而更有效地转化顾客的无效异议，但如果运用不恰当，容易使顾客反感，给推销工作带来更大的阻力。

（1）询问处理法运用的条件。此种方法主要适用于顾客提出特别难题时。

（2）运用时应注意的问题：①最好经常与其他方法结合使用；②分清并把握顾客异议的真假点；③对自己提出的反对理由必须充分；④通过询问能化解顾客的异议；⑤用语恰当，语气委婉；⑥讲究礼仪，询问要适可而止。

六、糊涂处理法

（一）含义

推销人员对顾客异议不予理睬或一带而过。也即对推销人员来讲其实心里明白，表面却故作糊涂。因为，有时候将顾客的话全部当真，并不一定有好处，甚至可能有更大的麻烦。

例如：

顾客："我知道，现在很多商品的利润都是暴利，我们可以杀价，且要狠一点。"推销人员可以不必回答或一笑带过去。

顾客："这种商品说是名牌，其实不怎么样。"

推销人员指着另一种商品说："您看这种商品怎么样？"

（二）应用

此种方法可以减少不必要的时间浪费，提高推销效率；避免节外生枝，转移顾客视线，把推销精力集中在重点的问题上。但是难以进行感情的交流，不利人际关系的发展；如果不是针对有关异议，可能使顾客起疑心，难以消除异议。

（1）糊涂处理法运用的条件：①缓和洽谈时的紧张气氛。②避免落入对方的圈套。③主要适用于顾客提出显然站不住脚的借口时。

（2）运用时应注意的问题：①弄清顾客异议的性质。②态度要温和谦恭。③有宽容的精神。

七、转移处理法

（一）含义

推销人员利用时间和场所的变换处理顾客的异议。也称飞去来器法。因为不管顾客心里怎么想，他们的许多异议直接或间接地对推销人员的推销有帮助。此法是利用异议本身对推销有利的一面来处理异议，把顾客拒绝购买的理由转化为说服顾客购买的理由。例如：

顾客："我太忙，没时间与您继续谈。"

推销员："我知道您是一位忙人，这也是我主动拜访的原因……"

顾客："你们公司天天在电视上、报纸上做广告，如果少做几次广告，节约点费用，成本不就可以减少了吗？"

推销员："正是因为广告才使您轻松地了解了我们的产品，这就是广告带来的魅力……"

（二）应用

转移处理法可以缓解买卖双方的紧张关系，给顾客以充分的时间进行理智思考，有利于转化顾客由于情绪不佳而引起的异议，但是这种处理方法拖延的时间太长，容易失去成交的机会。

(1) 转移处理法运用的条件：①推销员本身具有良好的业务素质和善于说服人的口才；②对付那些事实根据不足的借口。

(2) 运用时应注意的问题：①态度真诚、友好；②不要给顾客以不重视他们意见的印象；③如果顾客异议与成交无关和属敏感性问题时，不宜用此法。

八、缓和处理法

(一) 含义

推销人员在推销现场时，以适当的让步及时化解顾客的异议。顾客的异议有时是由于情绪不佳引起的，如果推销人员采取某些适当的让步，可以较好地处理顾客的异议。例如：

顾客："喂，你动作这么慢，不会快一点吗?"

推销员可以微笑作答或答应一下："对不起，我马上就来。"

顾客对商场有意见且气冲冲地找到经理室，诉说推销员态度不好，现要退货。

经理先礼貌让座，并客气地倒上一杯水微笑地说："先坐坐，喝口水再给您解决问题。"

等这位顾客歇一会儿后，怒气消失了，说话也比进来时平和多了，然后通过解释工作，顾客就能心平气和地离去。

(二) 应用

缓和处理法可以避免形成僵局和争吵，有效化解顾客的情绪异议，但有时有些顾客会认为你软弱无能，不断地给你找麻烦。

(1) 缓和处理法运用的条件：①推销人员难以采取时间推移和场所变更的方式来处理顾客异议时；②推销人员本身具有良好的心理素质。

(2) 运用时应注意的问题：①弄清异议的原因；②有足够的耐性，有以柔克刚的精神。

九、原则处理法

(一) 含义

推销人员用既定的事实和抽象的原则处理顾客的异议。在实际工作与生活中，人们往往以事实和原则去否定他人的意见。在推销劝说中，推销人员也可以用事实和原则去转化顾客的异议。例如：

顾客："这种商品价格太高，是否可以降一些?"

推销员可以拿出公司事先定的报价单与其他公司的定价单，送给顾客说："请您过目，我认为我公司的价格并没有比其他公司高。"

顾客："衣服破了，应调换。"

推销员："对不起，这不是质量问题，而是您使用不当造成的，所以我公司不应负责任。"

(二) 应用

原则处理法可以避免许多不必要的争议，能有效地解决推销劝说难以化解的异议，但显得有些教条和生硬。

(1) 原则处理法运用的条件：①推销人员自身权限范围内无法处理的异议；②事实明确，无法变更。

(2) 运用时应注意的问题：①推销人员事先要有相应的准备资料；②推销人员要显示

出对顾客的理解和自己的无能为力。

十、预防处理法

（一）含义

指推销人员在顾客提出异议前首先化解可能提出的异议。此法是根据人的一种心理所采用的一种防止顾客提出异议的做法。例如，美国一位推销员在日常推销中经常将顾客可能提出的几个问题写在纸上，即“不需要，不想要，没有钱，不忙买”，在推销时，请顾客说出因何种原因不买。

促使顾客发表意见。即推销人员在推销中先请顾客对公司的推销人员提意见，然后针对解决，使顾客满意。

（二）应用

预防处理法，可以先发制人，能够有效地防止顾客提出异议，也可以使顾客把隐藏在心里的异议虚拟出来进行化解，避免暗中的异议阻碍，也可以节约推销劝说时间。但是运用不当，也可能给自己制造障碍，对推销不利。

（1）预防处理法运用的条件：①推销人员应有敏锐的洞察力和分析问题的能力；②及时与顾客进行沟通。

（2）运用时应注意的问题：①尊重顾客的个性；②准确预测顾客可能出现的异议。

除了以上几种基本方法外，处理顾客异议时还有其他的一些方法可供选择，如第一引伸归谬法。即将顾客异议进行引伸分析，详细说明顾客异议内在的含义和将会产生的后果，最终使顾客认识到并且承认其异议荒谬的一种方法。第二，例证约束借鉴法。即通过例举有力的证据来说服顾客对可以考证的、有可比性的事件进行比较，分析自己的长处和优势，最终消除顾客异议的一种方法。第三，重复和削弱顾客异议。即针对某些不易消除的不正确和夸大了的反对意见，推销人员可以先使用较委婉的语言将顾客异议重述一遍，使顾客异议变得确切也较温和，甚至改变顾客异议的性质，然后再进行回答。

总之，处理顾客异议的方法有很多，应根据不同的情况作灵活的选择和运用。原一平先生认为：“人们提出异议是因为他们想知道这件产品为什么值得购买，而这正是他们向你微妙地传达对你的产品有兴趣……”因此，作为推销人员应认真对待，努力去转化各种顾客异议。

■ 知识窗

循循善诱，启发引导

“尊敬的张教授：您好！

我们知道您是电化教学仪器设备的专家，今天写信打扰是因有一件事希望您能帮点小忙，我们厂新近生产了一套电教方面的设备，在投入批量生产之前，我们想请您指导一下，看看哪些地方尚需改进。我们知道您的工作很忙，因此，很乐意在您指定的任何时间，派车前往迎接。”

收到信后，张教授感到十分荣幸。他立即给王主任回信：本周末愿意前往。在王主任陪同下，张教授仔细观察、试操作了该厂的产品，结果只在一些小细节上提出一些改进意见。

回校三天后。厂里接到张教授的来信："经研究决定，我们决定购买贵厂的电教产品……"王主任运用"软推销"——谦逊的方式，让张教授自觉自愿选购，并让他觉得这完全是他自己的主意，从而获得推销的成功。

——资料来源：《推销实战技巧》

作者：王孝明 经济管理出版社出版

第四节 对付顾客异议的其他几种策略和方法

一、积极消除顾客异议

在推销过程中，推销人员应该积极有效地去消除和转化顾客的异议，只有这样，才能排除推销过程中的主要障碍，才能赢得顾客，赢得生意。

二、消除顾客异议关键在于理解顾客

推销员与顾客矛盾的存在是十分正常的。如果推销过程中没有顾客的异议应该视为危险的信号。因为推销员有可能成为聋子、瞎子，这对推销工作绝对不利。问题是作为推销人员如何去面对和解决已经出现的矛盾。在这里，最关键的是能理解顾客。也就是说站在顾客的立场回过头来看顾客为什么会产生异议？主要根源在哪里？而不是单方面地以推销员自己的角度去看顾客的异议，从而不能肯定顾客的某些意见，使顾客也不信任你。当然，理解顾客，最好能做到自己当一名忠实的听众，先让顾客说话。因为你可以从对话中了解顾客思考关心的事情和问题，搜集和掌握最有效推销的第一手资料与信息情报。记得一位营销高手曾说过："上帝给了你两只耳朵，却只给了你一张嘴，所以上帝的意思是让你一只耳朵听自己说，另一只耳朵听别人说。"理解顾客，首先应学会聆听顾客的诉说。

三、想方设法平衡顾客的心理

中国有句成语："怒发冲冠。"任何人一旦激动起来都会心理失衡。在顾客异议出现后，作为推销人员应该只有一个目标——使顾客满意。一位营销高手也曾说过，推销人员常犯的错误是在他们还没有理顺顾客情绪时去解决问题。因此，控制住自己的情绪，也想方设法使顾客的心理得到平静，是解决顾客异议的根本所在。在实际工作中，我们也常常看到当商场一位营业员与顾客发生争执时，商场的态度是：不管谁之过，一概都是商场营业员的错。以此方法来消除顾客的不平之心，并赢得顾客的心。

记住一位营销高手的经验："记住你的目标，不是取胜，而是使顾客平静下来。同他达成一致意见以便达到自己的目标，不管谁错了，你要让顾客满意而去。"

四、解决顾客异议中的最棘手问题——价格

在许多常见的顾客异议中，最让推销人员感到头疼的就是价格异议。因为价格问题直接涉及

顾客的实际利益，是影响交易的最重要因素之一，能否妥善处理，直接关系到交易的成败。

对于许多顾客来讲，其实他并不一定知道产品的真正价格，但他们确信提出疑问将会带来回扣或让步。对于推销人员来讲，事实上，如果你不知道一种产品的具体诸如生产质量、营销等问题，价格也是一个难题，或许当顾客提出价格异议后，你也没有办法。

因此，对于推销人员来讲，解决顾客的异议，必须解决其中的价格异议，而要解决价格异议，又必须正确了解和分析一种产品价格的构成以及顾客在讨价还价的背后究竟隐藏了哪些动机，又有哪些动机在起作用。在此基础上再想一些合理的对策解决。如强调相对价格；先谈价值，后谈价格；强调自己的优势，利用顾客的心理感受；让步，等等。

五、引入“第三者”软化顾客异议

当与顾客发生异议后，如果是推销人员自己出来化解，不管推销人员手段怎样高明，态度如何诚挚，总是不免让顾客感到有点“王婆卖瓜，自卖自夸”的味道，多少对推销人员心存戒意。如果此时此刻有一位“第三者”出面化解，则结果可能完全不同。譬如，顾客对某一种产品的质量可靠性表示怀疑，这时找来曾多次使用过该产品的一位老顾客现身说法，介绍他的使用感受，肯定能收到事半功倍的效果。

在实际推销中，一些产品利用“证人”、专家及权威机构的检测效果，提供担保等等，都是能充分说明这一点的。

六、防患于未然

推销研究表明，最佳行为推销员是通过鼓励顾客积极参与，给顾客更多的机会表示对商品的关心。又通过对推销人员的研究，比较了最佳行为推销员和低级行为推销员的方法和结果，发现最佳行为推销员遇到严重反对的机会只是低级行为推销员的十分之一。这是因为，最佳行为推销员预测到了阻力，在顾客抵御之前，通过加强信任，推销延伸效益，回答顾客在产品介绍中的异议，来防止抵御的发生。

在实际推销中，我们也常常看到如果推销人员事先的工作计划做得周到些、全面些，也就是做最坏的打算，朝最好的方向努力，那么推销工作就一定能取得成功。

记住一句推销格言：“好的进攻就是最佳的防守。”

■ 知识窗

应对拒绝的技巧

日本推销专家古河长次郎认为，一位成功的推销员应该领会“低、赏、感、微”四个字，才能有效地应对客户的拒绝。

“低”，就是低姿态，即谦虚的意思。常言道：“礼多人不怪。”推销员在行礼时，头越低、越谦虚，成功的几率越高。尤其在处理顾客的拒绝时，你低头道歉，顾客自嘴里吐出的“子弹”也就越头而过，不仅伤害不到你，反而会对你产生好印象。

“赏”，就是赞美词。美国人际关系专家卡内基曾说过：推销员赞美顾客的话应当像铃哨一样摇得丁当响。古河长次郎将自己多年的工作经验，自编了600套赞美词，在不同的场合中赞美顾客。如他看到顾客的小男孩，就弯下腰和小孩一般高，一边摸小孩的头（最好摸两圈半），一面说："好聪明呀，将来必像你爸爸一样做大生意。"如果是小女孩，则说："好漂亮呀，长大一定跟妈妈一样是个美人儿。"推销需要先开启顾客的心，而赞美词就是一个"开心"的特效药。

"感"，就是感谢，如谢谢您。古河长次郎认为，中文的"谢谢您"是最动听的词，推销员要常说谢谢您，并且一面说，一面要面带微笑，注视对方。

"微"，就是微笑。古河长次郎说，推销员训练的第一课就应是微笑，每天要对着镜子练习。日本一位推销员，在家中的厕所时也要对着镜子练习微笑。推销工作不适合绷着脸的哲学博士，而适合那些虽然只有初中、高中学历，但脸上始终阳光灿烂的人。

——资料来源：《推销实战技巧》

作者：王孝明 经济管理出版社出版

■本章小结

顾客的异议是指推销人员在摊销过程中，顾客提出质疑或拒绝的一种反应。主要有价格异议、商品异议、服务异议、推销员的异议、购买时机的异议、竞争者的异议、需要方面和支付能力的异议等等。

顾客的异议，它既是成交的障碍，又是顾客有购买意向的征兆。福布斯曾经说过："对推销而言，可怕的不是异议而是没有异议，不提出任何意见的客户通常是令人头疼的客户。"有一句经商格言：褒贬是买主，无声是闲人，说的就是这个道理。

从现代营销学的角度上讲，有异议的顾客是企业的重要资源，因为，每一个顾客的异议从某种程度上都可以理解为是企业进步的机会。顾客的异议可能会使企业有机会拉开跟其他企业的差距，也会使企业流失客户。企业必须通过满足客户的需求而赢得利润，从而使企业得以生存和发展。顾客的异议的根源在于他们的某一需求没有得到满足。有许多营销的研究表明，对顾客的问题能得到较好的解决，其忠诚度会比从来没有提出异议的顾客高，企业解决问题的诚意友好态度，也会使顾客感到信赖感，从而确认同企业的目标，为未来的合作奠定良好的基础。因此，推销员只有通过对顾客异议的分析与处理，才可能准确地把握对方心理，从而对症下药。目前处理顾客异议的做法很多，主要有：把握一定的原则，包括推销人员面对顾客异议要自信、推销人员应尊重顾客的异议、与顾客永不争辩、推销人员应认真分析顾客的异议及适时转化顾客的异议等等。同时，注意处理的时机，如在顾客提出异议前予以处理、在顾客提出异议后马上处理，推迟处理顾客的异议。在此基础上，要灵活运用各种方法与策略，包括反驳处理法、但是处理法、利用处理法、补偿处理法、询问处理法、糊涂处理法、转移处理法、缓和处理法、原则处理法、预防处理法等等。通过以上的这些做法，以积极清除顾客的异议，提高顾客对企业的信任度以及对产品的满意度，从而也促使交易的成功，促使企业在市场的长久立足。

■个案分析

某食品研究所生产一种果汁饮料，一名女大学生前往一家公司推销，拿出两瓶样品怯生生地说："这是我们刚研制的新产品，想请你们销售。"经理好奇地打量了一眼这个文绉绉的推销员，正要一口回绝，却被同事叫去听电话，就随口说了声：“你稍等。”打完了一个漫长的电话，经理已忘记了这件事。这样，这位推销员整整坐了几个小时的冷板凳。临下班时，经理才发觉这位等回话的大学生，感动得要请她吃饭。面对这个讷于言的书生，经常与吹起来天花乱坠的推销员打交道的老资格经理，内心一下子感到很踏实，当场拍板进货。

分析：本案例说明，推销员在与顾客交往中，只要适当作出让步，可以消除顾客的异议，并赢得成功。本案例中，女大学生最后能打动老资格的经理，也说明缓和处理法的作用，只要有足够的耐心和毅力，有以柔克刚的精神，推销人员也是能够让顾客在喜欢产品前优先喜欢上你，从而信任你，尊重你，接受你，与你合作。

推销是与人打交道的工作，在推销活动中，人和产品同等重要。顾客购买时，不仅看产品是否合适，而且要考虑推销员的形象。顾客的购买意愿深受推销员的诚意、热情和勤奋精神的影响。调查表明，顾客之所以购买你的产品，尤其是选择何种牌子的商品，并非先由商品质量决定，而是因为对推销员的好感。据美国绘声绘色销售联谊会统计，71%的人之所以从你那里购买，是因为他们喜欢你、信任你、尊重你。一旦顾客对你产生了喜欢、信赖之情，自然会喜欢、信赖和接受你的产品。反之，如果顾客喜欢你的产品但不喜欢你这个人，买卖也难以做成。并且，推销员只有“首先”把自己“推销”给顾客，顾客乐意与推销员接触，愿意听推销员介绍时，才会为推销员提供一个推销产品的机会。在实践中，一些推销员不懂这一道理，见了顾客张口就说买不买，闭口就问要不要，十有八九要碰壁。其原因在于，在顾客未接受你之前，推销员谈论产品、推销，顾客本能的反应就是推诿、拒绝，让你及早离开。一条推销戒律就是：一开口就谈生意的人，是二流推销员。

思考与练习

一、简答题

1. 何谓顾客异议？为什么会产生顾客异议？
2. 顾客异议主要有哪些表现？你是怎样理解的？
3. 简述顾客异议处理的一些基本方法。
4. 举例说明你若碰到顾客异议，将准备如何处理？
5. 如何理解“推销是从顾客的拒绝开始的”这句名言？

二、案例题

某厂开发的新产品气功激发仪，在某商场柜台摆放3个月无人问津，而后一天该商品却被顾客抢购了198个。产品由滞转畅原因何在？原来是销售人员改变了销售方式。他们不仅向顾客介绍产品性能，而且还现场进行示范表演。当在一位患肩周炎的老人身上进行具体示范时，奇迹发生了，示范当场这位老人的胳膊不仅能抬起，而且伸直弯曲也不疼。围观的观众为之折服，纷纷解囊。

请问：

(1) 请代为找出此产品摆在商场无人问津的原因。

(2) 请分析本案例主要运用了何种方法，才使产品“起死回生”，由滞转畅？

三、自测题

一天，一位农村来的顾客跑到商场对营业员说：“同志，我前几天刚买回台彩电，发现电视信号不好，只有声音，没有图像。”营业员听了这位顾客的话后有点不相信，就告诉顾客说将彩电拿回商场给专业人员看看，结果彩电拿到商场后发现电视信号完全正常，这样这位顾客只能心存疑虑地将彩电又拿回家去了。但过了一天，他又来诉说电视信号不好，并要求退货。商场的营业员不相信他的话，并由商场自己的维修人员跟下去看看情况，结果证实顾客没有错。无奈顾客再次提出退货。这时商场主动提出请商场的维修人员想法再去现场维修，但顾客不同意。

请问：假若你是商场的一位推销人员，你打算如何处理此事？

第八章

成　交

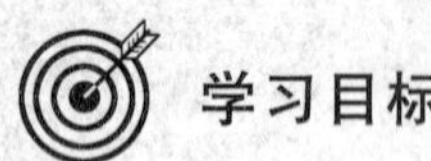

学习目标

了解和熟悉成交应具备的基本条件。理解和掌握成交的基本策略和方法，以及成交的后续工作，尤其是结算及开具票据等一些基础工作。

第一节　成交应具备的基本条件

一、成交的含义

（一）含义

所谓成交，指顾客接受推销员的建议及其推销劝导，并且立即购买推销品的行动过程。它是面谈的继续，也是整个推销工作的最终目标。例如，一位保险公司的寿险营销员，将一项寿险宣传单上门送到顾客手里，并且经过“三寸不烂舌”的功夫，终于说服了顾客做了购买保险的决策，为公司较好地完成了任务。这一过程无疑就是成交。

（二）在推销中促成交易的意义

作为推销员在推销商品或服务的过程中，达成交易是最重要的也是最基本的目的。我们可以假设，如果推销员在整个推销过程中是做了艰苦努力的工作，如做了生动的推销说明与演示技巧，正确地处理了顾客的异议，帮助顾客解决了许多问题，但是最后顾客还是没有作出购买你的商品或服务的决策，那么推销员的这些工作将没有任何价值可言。由此也可以看到，推销员的推销过程中最重要的就是要达成交易，也就是说，推销员在推销过程中必须使顾客有产生购买的欲望，继而由购买的欲望变成一种购买的需要，最后由购买的需要变成购买的决策与购买行动。

达成交易，是推销工作成功与否的标志，是一种商品或服务在销售过程中的自然结果，也是推销员对推销一种商品或服务是否终结的转折点，因此，这是一项关键性的工作。推销成交率是衡量推销人员优劣的重要标准。推销人员应该重视推销手段的运用，但更应以极大的努力谋求和达到推销成交的目的。

请记住：不管白猫黑猫，抓住老鼠就是好猫。

二、成交的主要影响因素

（一）顾客的因素

1. 顾客对商品的认识

顾客对推销人员所推销的商品还没有完全认识，推销人员所推销的商品或许是非名牌产品，或许是刚刚上市的新商品，因此，顾客对产品本身不了解，不敢妄然去购买。

2. 顾客有购买意图，但其购买能力尚有一定限制

顾客对推销人员所推销的商品有一定的购买欲望和购买需要，但由于受其经济收入的限制，购买能力受到影响，故暂时放弃购买。

3. 顾客受到自身的情绪和情感的影响

在实际中，我们经常会遇到这些情形：有些顾客在情绪特别好或情绪特别低落时，就会去商场购物，以此来平衡自己的心理；有些顾客购物纯粹是凭着自己的某种好恶感去选择购物地点和内容，所谓“跟着广告的感觉走”，就是其中的一个典型的例子；有些顾客则较容易受周围群体的左右，从众心理突出，尤其是支配型性格的人，较为明显。

（二）商品的因素

1. 受商品的功能效用的影响

现代顾客，多数都比较看重商品自身的质量，如果商品质量低劣，即使是其价格特别优惠，也不愿意购买。花钱买“垃圾”，谁都不会做。这是影响成交的一个主要因素。

2. 受商品价格的影响

按经济学的原理，价格是价值的内在表现。“一分价钱一分货”、“好货不便宜”。许多时候商品的价格实际反映了商品的质量问题，然而，即使商品质量可靠、耐用，但其价格过高，顾客也会感到可望而不可及，这也是影响成交的一个主要因素。

3. 受商品品牌效应的影响

一般来讲，对于有一定经济能力和大多数男性的顾客，商品品牌好，知名度高，成交的可能性就相对大些，对于追求经济实惠的家庭型顾客和一些女性顾客，都偏好商品的实际效用，而不一定是知名度较高的名牌商品。

“中间商品策略”利用的就是顾客的这种心理。因此，商品品牌也是影响成交的一个主要因素。

（三）推销员自身的因素

1. 受推销员的性格、工作态度等影响

一般来讲，推销员本身性格是内向还是外向，工作态度是热情友善、谦和还是呆板、无表情甚至冷若冰霜，是实际影响成交的一个重要因素。

2. 受推销员业务能力的影响

在推销实践中，我们也经常可以看到这样一些情形，如果推销员业务能力较强，则对商品的介绍、分析非常合理、科学，让人深信不疑，反之则会给人一个“听不明白”，或“越听越糊涂”，或“听了以后反增加疑虑”的感受，这必然会影响商品的成交机会。如果推销员善于创造一种氛围，有效地诱导顾客，则肯定会给商品多一些成交机会，反之，即使有了成交机会，可能也会丧失。

三、成交应具备的基本条件

（一）必须让顾客对你所推销的商品及价格有全面了解的要求和机会

在实际推销过程中，可以假设，如果顾客比较熟悉推销员推销的商品，他们就会表现出购买的热情，或表现出想与推销员沟通的意向，甚至接受推销员的推销建议，反之他们就会毫不客气地拒绝推销员包括推销员手中的商品。因此，作为推销员，应该主动地向顾客展示自己的商品，主动地介绍商品的各种优势、性能、用途等问题，尽可能消除顾客的疑虑。一句话，根据顾客的不同心理，多给顾客一个了解的时间和机会。

（二）必须让顾客对推销员及所代表的公司有良好的信任度

从前面影响成交的几个因素中可以得出，如果顾客对推销员以及他们代表的公司没有足够的信心和依赖，那么即使推销员手中的商品质量再好，价格再优惠，顾客购买商品的要求也会产生动摇、变化。因此，推销员推销商品时，必须取得顾客的信任，这是成交的必要条件。

（三）必须让顾客对推销员所推销的商品有强烈的购买欲望

根据市场营销学的原理，人类的需要有限，但其欲望却很多，当具有购买能力时，欲望便转化成需求，这就说明市场营销者连同社会上的其他因素，只是影响了人们的欲望，并试图向人们指出何种特定商品可以满足其指定需要，进而使商品更有吸引力，适应顾客的支付能力且使之容易得到，影响需求。因此，作为市场营销者的一员——推销人员，工作重心应放在做好推销说明中的工作，这样才能影响和带动顾客的购买欲望和购买能力的产生。

（四）在适当的时机促使顾客作出购买决策

“事在人为”，只要通过努力都有可能改变或影响某一事物的发展和变化。因此，作为推销人员，要等待合适的时机，必要时要想办法制造合适的时机，促使顾客作出购买决策。例如与顾客的谈话达到高潮的时机、重大的节假日时机，等等。

（五）必须将最后阶段的洽谈准备好

作为推销人员应对推销工作有一个全面的安排方案，根据方案明确自己的工作目标和方向，同时也明确自己下一步的工作规划和要求。尤其是在洽谈的最后阶段，对顾客提出来的意见要处理好，使顾客自始自终对推销人员的推销工作及所推销的商品保持浓厚的兴趣，要引导顾客积极参与推销员的推销工作。

（六）推销员必须对顾客的情况有充分全面的了解和掌握

上述第二点要求推销员使顾客尽可能全面了解和掌握推销员、推销员所代表的公司以及推销的商品，反过来，在实际推销工作中，也同样要求推销员对顾客的情况有充分全面的了解和掌握。“知己知彼，百战不殆。”那么哪些情况推销员必须了解和掌握呢？

根据经验，下列情况可作参考：

（1）哪些顾客对哪些商品感兴趣？

（2）顾客为什么会对这些商品产生兴趣？

（3）顾客有哪些不同意见？

（4）顾客本身有无购买决定权？

（5）顾客为什么会作出这样的购买决定？

了解和掌握上述情况，推销员在实际工作中就比较容易应对，并作出科学、合理的决策。

第二节 成交的基本策略和方法

一、成交的基本策略

（一）保持自然良好的成交态度

推销成交的障碍除了顾客、商品本身以及外界其他条件外，同时来自于推销人员自己的一种情绪和心态。如果推销人员在这个阶段中表现出自信心不足，害怕遭到顾客的拒绝，不敢主动提出成交要求，被动地去等待顾客，那么毫无疑问推销是不可能取得成功的。因此，作为推销人员来讲，一定要克服自身的心理障碍，坚定自信心，即坚信自己一定能够说服顾客采取购买行动。二是要保持自然沉稳的态度。如果顾客决定购买，推销人员不要过分喜形于色，过分热情；顾客拒绝购买，也不要表现得急躁鲁莽，失望沮丧。推销人员应以自己的自然良好的态度去赢得顾客的信任、尊重与支持合作的机会。

（二）防止意外介入

在推销成交阶段，最忌意外发生和第三者介入阻挠。一般来说，推销成交过程中，顾客随时会出现修正、推迟、改变交易的心理和行为。任何意外的发生都可能影响顾客作出购买决定，强化顾客作出修正、推迟、改变成交行为的心理倾向。因此，在这个阶段中，推销人员应排除阻挠，这也是成交阶段的一个重要策略。主要做法为，一是要灵活机动，即不能死抱着一种信念、一种计划，“一棵树上吊死”；二是要随时成交。即根据具体情况随时修正、改变自己的做法，与对方达成交易。

（三）注意成交信号，把握成交时机

许多情况下，顾客都不会主动请求购买，因此，推销人员要随时留心成交信号，及时把握成交时机。当然，一方面不可太教条主义，过分重视介绍的完整性，自认为商品介绍还未完，就一直滔滔不绝地讲下去，使顾客听得兴致索然，从而失去购买热情。另一方面，要认识到顾客购买激情或交易时机不止会出现一次，失去一次还可能第二次、第三次……推销人员应尝试着反复去实践，不断地试探成交的可能性。通常在以下几个方面推销人员可以试探顾客去采取购买行动。

（1）当顾客表示对某种商品非常有兴趣时，为推销人员说：“你想试试吗？”或“你先试用一下吧！”如果顾客接受了推销人员的建议，表明顾客的兴趣增大，这时推销人员可以继续努力。

（2）当推销人员对顾客的问题做了解释说明之后，推销人员可以说：“你觉得此种商品怎样？”或“你是否清楚？”然后等着顾客的回答。

（3）当介绍了某种商品或服务的优势之后，推销人员应留心顾客的表情信号和语言信号，然后再打算下一步的推销工作。

（4）当克服了顾客的异议之后，推销人员可以进一步帮助解决，并提出问题，然后让其满意，并作出下一步工作的打算。

（5）当顾客对某一推销要点表示赞同之后，推销人员可以将商品拿到顾客面前，建议

他试试。

（6）当顾客仔细研究商品、商品说明书、报价单、合同等时，推销人员可以观察顾客的不同反映，然后作出下一步工作的打算。

（四）掌握洽谈主动权

掌握主动权是取得成功的必要条件之一。在推销成交阶段，由于顾客随时都可能产生修改、推迟、改变购买行为的心理倾向，因此，要求推销人员做到：

（1）做好准备工作。要规划好洽谈阶段，做好充分的准备，在知己知彼情况下，制订完善的洽谈计划。

（2）运用各种方法引导洽谈按既定的轨道前进，千方百计使顾客自始自终顺着自己的思路走，直到达到目的为止。

（3）不要把掌握主动权理解为操纵和控制顾客。推销人员不能有任何强迫的态度和做法要求顾客按你的意愿办事，而应当积极引导、鼓励顾客发表观点和提出要求，然后通过对顾客观点和要求作出恰当的反应来控制主动权。

（五）保留一定的成交余地

任何交易的达成都必须经历一番讨价还价。推销人员在成交之前如果把所有的优惠条件都毫无保留地给顾客，当顾客要求再作让步同意成交时，就会变主动为被动，毫无退让的余地，不利于最后的成交。因此，推销人员应讲究一定的策略，知道哪些应毫无保留地讲出来，哪些暂不能讲，到最后的关键时候再作为一种突破的手段，即一种"刹手锏"，才能取得想象不到的奇效。

二、成交的主要方法与技巧

成交方法是在成交过程中，推销人员在适当的时机，用以启发顾客作出购买决定，促成顾客购买的推销技巧和手段。对于任何一个推销人员来讲，熟悉和掌握各种成交的方法和技巧是非常重要的。从推销实践来看，成交的方法和技巧各种各样，有些是推销人员经过多年实践总结提炼出来的，有些则是推销人员临场应变创造发挥出来的。在这里，根据有关专家的研究成果和推销活动的实践经验总结，介绍常用的几种方法和技巧。

（一）主动请求法

1. 含义

主动请求法指推销人员用简单明确的语言，向顾客直截了当地提出购买建议，也叫直接请求成交法。这是一种最常用也是最简单有效的方法。例如：

顾客：师傅，您刚才提出的问题都得到解决了，是否现在可以谈购买数量的问题了？……

又例如：

某某主任，您是我们的老客户了，您知道我们公司的信用条件，这次看是否在半个月后交货？……

2. 应用

主动请求法的优点是可以有效地促成购买；可以借要求成交向顾客直接提示并略施压力；可以节省洽谈时间，提高推销效率。但它也存在一些局限性，如过早直接提出成交可能会破坏不错的推销气氛；可能会给仍没有最后下决心购买的顾客增加心理压力；可能使顾客认为推销人员有求于他，从而使推销人员处于被动等等。

运用主动请求法，应把握成交时机，一般来说以下情况下可以更多地运用此方法。

(1) 向关系比较好的老顾客推销时；

(2) 在顾客不提出异议，想购买又不便开口时；

(3) 在顾客已有购买意向，但犹豫不决时。

（二）自然期待法

1. 含义

自然期待法是指推销人员用积极的态度，自然而然地引导顾客提出成交的一种方法。自然期待法并非完全被动等待顾客提出成交，而是在成交时机尚未成熟时，以耐心的态度和积极的语言把洽谈引向成交。例如：

推销人员："这是我们刚上市的新产品，价格适中，质量绝对没有问题，您看看怎么样？"

推销人员："我知道您对产品的款式、颜色等较满意，就是好像价格高了些，怎么样，给您优惠一点，行吗？"

2. 应用

自然期待法优点是较为尊重顾客的意向，避免顾客产生抗拒心理，有利于保持良好的推销气氛，循循诱导顾客自然过渡到成交上，防止出现新的僵局和提出新的异议。但缺陷也明显存在，主要为可能贻误成交时机，同时，花费的时间较多，不利于提高推销效率。

推销人员运用自然期待法时，既要保持耐心温和的态度，又要积极主动地引导。推销人员在期待顾客提出成交时，不能被动等待，要表现出期待的诚意，简述成交的有利条件，或用身体语言进行暗示。

（三）配角赞同法

1. 含义

推销人员把顾客作为主角，自己以配角的身份促成交易的实现。从性格学理论来讲，人的性格可以分为多种多样，如外向型与内向型，独立型与支配型等等。一般的人都不喜欢别人左右自己，对于内向型与独立型的人，更是如此，他们都处处希望自己的事情由自己作出主张。在可能的情况下，推销人员应营造一种促进成交的氛围，让顾客自己作出成交的决策，而不要去强迫他或明显地左右他，以免引起顾客的不愉快。例如：

推销人员："我认为您非常有眼光，就按您刚才的意思给您拿一件样品好吗？"

推销人员："您先看看合同，看完以后再商量。"

2. 应用

配角赞同法的优点是既尊重了顾客的自尊心，又富有积极主动的精神，促使顾客作出明确的购买决策，有利于推销成交。但这种方法的缺陷也是明显的，它必须以顾客的某种话题作为前提条件，不能充分发挥推销人员的主动性。

运用这种方法时，关键应牢记一个法则，即始终当好配角，不能主次颠倒。按一些有经验的营销人员的办法，可以借鉴四六原则，即推销人员只做引导性的发言和赞同的附和，一般占洽谈内容的十分之四；启发顾客多讲，一般可占洽谈内容的十分之六。当然，不能忘记，在当配角的过程中，应认真倾听顾客的意见，及时发现和捕捉有利时机，并积极创造良好的氛围，促成交易。

（四）假定成交法

1. 含义

假定成交法指推销人员以成交的有关事宜进行暗示，让其感觉自己已经决定购买。假定成交法也就是推销人员在假设顾客接受推销建议的基础上，再通过讨论一些细微问题而推进交易的方法。例如：

推销人员："师傅，既然您对商品很满意，那么就这样定了……"

推销人员："先生，这是您刚才挑选的衣服，我给您包装一下好吗？"

2. 应用

假定成交法的优点是节约时间，提高推销效率；可以减轻顾客的成交压力。因为它只是通过暗示，顾客也只是根据建议来作决策。这是一种最基本的成交技巧，应用性很广泛。但它的局限性也是存在的，主要为可能产生过高的成交压力，破坏成交的气氛；不利于进一步处理顾客异议；如果没有把握成交时机，就会引起顾客反感，产生更大的成交障碍。

推销人员在运用此种方法时，必须对顾客购买的可能性进行分析，在确认顾客已有明显购买意向时，才能以推销人员的假定代替顾客的决策，但不能盲目地假定；在提出成交假定时，应轻松自然，绝不能强加于人。最适用的条件为：较为熟悉的老顾客和性格随和的顾客。

（五）肯定成交法

1. 含义

肯定成交法指推销人员以肯定的赞语坚定顾客购买的信心，从而促成交易的实现。从心理学的角度来看，人们总是喜欢听好话，多用赞美的语言认同顾客的购买能力，可以有力地促进顾客无条件地选择并认同你的提示。

例如，一位服装推销人员看到一位顾客进来时，就热情地招呼：师傅，您看看这件衣服挺漂亮的，您试穿一下吧，反正不收您的试穿费用。当顾客试穿衣服时，他又开始赞美：您看，这件衣服穿在您身上有多合适，好像特意为您做的。

许多顾客听了类似的赞美词后，就会痛快地将自己腰包内的钱掏给老板了。

2. 应用

肯定成交法先声夺人，先入为主，免去了许多不必要的重复性的说明与解释；推销人员的热情可以感染顾客，并坚定顾客的购买信心与决心。但它有时有强加于人之感，运用不好可能遭到拒绝，难以再进行深入的洽谈。

运用此方法，注意必须事先进行实事求是的分析，看清对象，并确认产品可以引起顾客的购买兴趣，且肯定的态度要适当，不能夸夸其谈，更不能愚弄顾客。一般可在成交时机成熟后，针对顾客的犹豫不决而用此方法来解决。

（六）选择成交法

1. 含义

选择成交法指推销人员直接向顾客提供一些购买决策选择方案，并且要求顾客立即购买推销品的一种成交方法。它是假定成交法的应用和发展。推销人员可以在假定成交的基础上，向顾客提供成交决策比较方案，先假定成交，后选择成交。例如：

推销人员："您要红颜色的还是灰颜色的商品？"

推销人员："您用现钱支付还是用转账支票？"

2. 应用

选择成交法的理论依据是成交假定理论，它可以减轻顾客购买决策的心理负担，在良好的气氛中成交；同时也可以使推销人员发挥顾问的作用，帮助顾客顺利完成购买任务，因而具有广泛的用途。但是如果运用不当，可能会分散顾客注意力，妨碍顾客选择。

运用此方法时应自然得体，既要主动热情，又不能操之过急，不能让顾客有受人支配的感觉。

（七）小点成交法

1. 含义

小点成交法指推销人员通过次要问题的解决，逐步过渡到成交的实现。从心理学的角度看，顾客一般都比较重视一些重大的成交问题，轻易不作明确的表态，而相反，对于一些细微问题，顾客往往容易忽略，决策时比较果断、明确。小点成交法正是利用了顾客的这种心理，避免了直接提示重大的和顾客比较敏感的成交问题。先小点成交，再大点成交；先就成交活动的具体条件和具体内容达成协议，再就成交活动本身与顾客达成协议，最后达成交易。例如，顾客提出资金较紧，推销人员对于不那么畅销的商品，这时可以说："这个问题不大，可以分期付款，怎么样？"

2. 应用

小点成交法可以避免直接提出成交的敏感问题，减轻顾客成交的心理压力，有利于推销人员推进，但又留有余地，较为灵活。它的缺点是可能分散顾客的注意力，不利于针对主要问题进行劝说，影响顾客果断地作出抉择。

运用此种方法时，要根据顾客的购买意向，选择适当的小点，同时将小点与大点有机地结合起来，先小点后大点，循序渐进，达到以小点促成大点的成交目的。

（八）从众成交法

1. 含义

从众成交法指推销人员利用大多数人的购买心理和行为促成交易的实现。心理学研究表明，从众心理和行为是一种普遍的社会现象。人的行为既是一种个体行为，又是一种社会行为，受社会环境因素的影响和制约。从众成交法也正是利用了人们的这种社会心理，创造一定的众人争相购买的氛围，促成顾客迅速作出购买决策。

例如，大街上我们经常可以看到这样一种景象：一帮人正围着一摊主抢购某种商品，其实，这一帮人并不是真正的顾客，而是摊主同伙人，他们的做法目的就是为了营造一种"抢购"的氛围，让大家都来购买。有时我们将这种现象也称为"造人气"。

2. 应用

从众成交法有利于购买的环境背景，有利于吸引更多的顾客，可以省去许多推销环节，简化推销劝说内容，促成大量的购买，有利于顾客之间的相互影响，有效地说服顾客。

但是它也不利于推销人员准确地传递推销信息，缺乏劝说成交的针对性。只适用于从众心理较强的顾客。

运用此种方法，要掌握顾客购买的心态，进行合理的诱导，不能采用欺骗手段诱使顾客上当。

（九）最后机会法

1. 含义

最后机会法指推销人员向顾客提示最后成交机会，促使顾客立即购买的一种成交方法。

这种方法的实质是推销人员通过提示成交机会，限制成交内容和成交条件，利用机会心理效应，增强成交的说服力。例如：

推销人员："这种商品今天是最后一天降价……"

推销人员："现在房源紧张，如果您还不作出决定，这房子就不给您保留了……"

"机不可失，时不再来。"往往在最后机会面前，人们由犹豫变得果断。

2. 应用

最后机会法利用人们怕失去能得到某种利益的心理，能够引起顾客对购买的注意力，可以减少许多推销劝说工作，避免顾客在成交时再提出各种异议；可以在顾客心理上产生一种"机会效应"，把他们成交时的心理压力变成成交动力，促使他们主动提出成交。但是，也有可能失去顾客对推销人员的信任和影响公司的信誉。

运用此种方法，要注意选择有利的机会，不能欺骗愚弄顾客，要根据顾客的不同心理和购买动机，有针对性地确保推销重点。

（十）优惠成交法

1. 含义

优惠成交法指推销人员通过向顾客提供一定的优惠条件而促成成交的一种方法。这种方法实际上是对顾客的一种让步，主要满足顾客的求利心理动机。例如，答应在某一阶段内销售数量达到某一额度时，可追补一些广告费用；顾客购买某种商品，可以获得赠送品；顾客购买量达到一定数量时，可以给予特别折扣；等等。

2. 应用

优惠成交法通过向顾客提供优惠成交条件，有利于巩固和加深买卖双方的关系，对于较难推销的商品，能够起到有效的促销作用。但它增加推销费用，减少收益，有时可能会加深顾客的心理负担。

运用此种方法，要注意针对顾客求利的心理动机，合理地使用优惠条件；要注意不能盲目提供优惠；要注意在给予回扣时，遵守有关的政策和法律法规，不能变相行贿。

除以上几种主要方法以外，推销人员在推销实际中还总结出了一些好方法、手段。如：

（1）异议成交法：推销人员在转化顾客异议以后，及时提出成交要求，这种方法也是转化顾客异议和主动请示成交法的一种有机结合的方法。

（2）保证成交法：推销人员通过向顾客提供售后保证而促成商品交易实现。这是一种消除顾客种种疑虑、放心成交的方法。

（3）欲擒故纵法：推销人员佯装消极销售的样子，诱使顾客积极购买而实现成交。这是一种以被动的推销换取顾客主动购买的方法。

（4）相关群体法：推销人员利用对顾客购买有重要影响的群体促成交易。这是一种利用顾客趋同于某一些社会群体的购买心理动机促成成交的方法。

（5）试用成交法：推销人员想办法把少量包装的商品留给顾客，使顾客对产品拥有一段时间的使用权而促成成交的方法。这种方法主要是请求顾客试用少量的商品，先行使用，如果顾客满意，可购买某一特定数量的商品。

■ 知识窗

1. 改善聆听的13个方法

- 控制情绪，专心聆听。
- 不可随意插话或接话。
- 多用反应性词语或陈述。
- 不可假装聆听。
- 在聆听的过程中注意保持和客户的目光接触。
- 使用反馈、释义或结束语。
- 重点问题要做笔记。
- 聆听时，可用习惯性的身体语言配合。
- 判断说话内容，不可批评说话者。
- 遇到不明白的地方应该及时反问澄清。
- 利用分析与评估，听出说话的主题及大意。
- 情况不对时，要保持冷静，继续聆听。
- 从不完整或模糊的信息中发现重要的推销线索。

2. 购买信号的分类

- 口头购买信号

"听起来不错嘛!"
"你的产品有什么特别的好处?"
"我希望你能提供更多的信息。"
"你提出了一些好的想法。"
"这会不会很容易发生故障呢?"
"你们是通过什么途径送货的?"
"你们负责安装吗?"
"可不可以分期付款?"
"你们的保修期有多长?"
"已经有多少企业受益于你的产品?"

- 非口头购买信号

松弛下来——尤其是把手摊开。
身体向你的方向倾斜。
表现愉快的神情。
点头，对你听说的表示同意。
向后退几步，并称赞你的产品。
把交叉的双腿放开来。
重新审视样品。
拿起订货单。
眼睛闪闪发亮。

阅读说明书。

——资料来源：《销售人员的十堂专业必修课》

作者：刘永中、金才兵　南海出版公司出版

3. 必要的沉默

美国寿险推销员保罗讲过一则趣事："我曾访问一个来自南非移民的出租司机，这位司机坚决认为我绝对没必要去向他推销人寿保险。当时，他肯会见我，只是因为我有部录像机可随时播放彩色录像带——而这正是他最感兴趣的。"这盘录像带是介绍人寿保险的，并且在片尾提了一个结束性的问题："它将为您及您的家人做些什么?"看完影片，大家都静悄悄地沉默不语。两分钟后，这位出租车司机心里经过一番激战，终于对保罗说："现在还可以参加这种保险吗?"结果，他签了年交保费为1万美元的人寿保险合同。

——资料来源：《推销实战技巧》

作者：王孝明　经济管理出版社出版

第三节　做好成交的后续工作

一、认真做好结算及开具票据工作

（一）结算工作

商品成交后，紧跟其后的一项主要工作是结算工作。这个工作是回收货款的前提，它是推销员与顾客之间对商品交易、劳务供应等经济往来所引起的货币收付关系进行的了结和清算。按照银行现行结算办法规定，各种经济往来，除了按国家现金管理规定可以使用现金外，都必须办理转账结算。

1. 现金结算是一种直接用现金进行的款项支付方式。主要适用于个人与个人、单位与个人之间的款项收付。单位与单位之间不足转账金额的小额收付也使用现金结算。例如，零售商店推销员与顾客之间的结算。

2. 转账结算，也是一种非现金结算。它是指银行将结算款项从付款单位的存款账户转入收款单位存款账户的收付方式。常用的一些方式有支票（包括现金支票和转账支票两种）、银行汇票、商业汇票、银行本票、汇兑、托收承付、委托收款等。对于零售商品销售活动，多数用的是支票一类的方式。

由于各种结算方式各有利弊，推销员在选择时必须根据实际情况谨慎对待。在实际工作中，推销人员对某些商品采取了分期付款或延期付款的弹性推销办法。一般情况下，推销商品后的结算常常采用非托收承付结算方式和托收承付结算方式进行。购货单位若采用"支票"、"汇票"、"信用卡"等非托收承付结算方式，商品发出后，即可收回货款或取得收取货款的权利；而采用托收承付结算方式来推销商品，一等商品发运到目的地后，购货单位在验收其数量、质量和单据，并确定无误后，办理入库登记立卡等手续，并将入库通知单连同发票、运单等一起交送财务部门，经财务部门人员通知银行付款，才算结清货款。若购货单位在验收中发现数量、质量或单据不符合推销合同的规定，应及时通知收货单位，推销人员接到通知后应及时赶到现场处理，办理补送、调换或退货等事宜。实际工作中，如果不发生重大的一些差错问题，推销人员只要与供货单位的有关业务人员先有约定，一般对方也是认可的。

（二）货款回收工作

货款回收是成交后续工作中特别重要的工作。目前，很多单位对推销人员销售成绩的考核都是以货款回收作为主要依据。但是货款回收是一项比较复杂的工作，必须按一定的程序来进行。一般来说，应包括以下几个方面的工作：

1. 货款回收准备

（1）对顾客进行信用调查。顾客的资信状况往往决定着货款回收的难易程度。资信状况好的顾客，一般能及时结清货款；相反，资信状况差的顾客，则有可能拖欠货款，甚至造成呆账与坏账，对单位的生存与发展造成灾难性的后果。因此，推销人员必须做好此项调查工作。

对顾客的信用调查，以企业的角度看，可分为两大类，一类为第三者进行调查，包括专门的资信调查机构、往来银行、同行和近邻关系等，这是一种有偿调查，即企业要支付一定的调查费用。另一类为企业自己调查，包括本企业专门机构进行的调查和推销人员进行的调查。选择哪一类调查方式，企业可以根据具体情况而定。

（2）选择、确定信用调查的时机与内容。信用调查的时机主要有五种，即：①交易条件发生变化时，如交易价格、数量、金额、交货期限与付款方式、付款期限等发生变化时。②开拓新顾客时。③当听到顾客的经营状况恶化时。④接获大批定单时，发现老顾客一反常态大量或连续不断地订货时，或初次与对方接触，对方就不假思索地要求大量订货，或自己未曾访问过的订货单位或自己不知底细的公司订货时，等等。⑤交易对方扩大经营范围进行多种经营时。

信用调查的内容主要包括：①交易对方工作人员及其工作态度，如对方内部机构的变更、对方职工的工作态度变化情况以及是否离职，对方产品或劳务的销售秩序等。②对方进货量与库存量的变化，如进货对象变化情况，订货数量变化情况、库存积压等等。③对方财务状况，如付款方式的变化、职工工资的发放情况、远期支票开列情况、与其交易的其他公司的情况等等。④对方经营者的生活态度，如生活的奢华程度、对公司经营的热情程度、人际关系等等。

2. 货款回收的方法

（1）制订一份货款回收计划。制订货款回收计划应按一定的要求，其依据为与顾客交易的截止日期，以及顾客的付款日期和顾客所在地区。

（2）对货款回收管理表进行分析。货款回收管理表由销售线、收款线、兑现线和现金线四条向右逐步上升的曲线组成。根据货款回收管理表，可以了解和掌握推销人员一年中完成的销售额、应收货款额、兑现金额和现金回收等动态，推销人员可据此控制自己的货款回收计划。

3. 货款回收时应注意的问题

（1）推销人员必须培养出完全回收货款的习惯，不能允许例外发生。

（2）当顾客不愿马上付款时，推销人员可以采取攻心的办法，如向顾客诉求其良心、公德心；分析利害关系；求助于顾客的同情心，等等。

（3）要有理性，客观分析顾客情况，不能被其假象所迷惑。

（4）应尊重顾客，不能当着其他人面催讨顾客的货款。

（5）要准时拜访顾客，不能给顾客任何延迟付款的借口。

（6）登门要款时，必须准备好收据、印章等。

（7）如顾客不能按时付款，必须将顾客下次应付的金额与日期，在顾客面前清楚地写在备忘录中。

（三）开具票据工作

推销员在做好成交结算工作的同时，还应做好开具票据工作。这里的票据主要是销货票据。销货票据是售货的原始资料和依据，对顾客来讲，它又是购货的凭证。因此，销货票据实际上是一种很重要的商业凭证，需要国家有关部门统一负责印制或批准同意印制，不得擅自印制，更不能倒卖。

销货票据一般有两种，一种是属于单位集团购买可作为报销凭证的专用发票，还有一种是不能作为报销凭证的普通发票。这种票据一般适用于不能报销的商品，或集中收款商店作为发货单使用凭证，或仅作为顾客购货的证明。格式和前面一种基本一样，只是在票头上注有“不作报销用”的字样，发票本身是一式三联，也有一式两联或四联的，可根据实际情况来选用。

1. 开票要求

（1）字迹端正、清晰、不得有涂改。确需涂改，涂改处必须加盖本人印章。

（2）合计金额要大写。

（3）填全栏目内容，不得颠倒和漏填。

（4）计价要准确，金额栏中大小写数字要吻合，并有“栏头断尾”的记号。如小写金额前面加“¥”的记号；尾数填到“分”栏；大写第一个数字顶格，尾数后加个“整”字。

（5）全联需一次填写，上、下联内容的金额一致。

（6）全面复核，如采用平行复核的方法进行。

（7）发票联和抵扣联加盖财务专用章或发票专用章。

（8）按照规定的时限开具票据。

（9）不得开具伪造专用票据。

（10）不得拆本使用专用票据。

（11）不得开具票样与国家税务总局统一制定的票样不相符合的专用票据。

2. 具体操作

（1）用复写纸一次填写完毕，票据如有填写错误，可以重写，但必须将开错的票据上注明“作废”字样，不得撕下。

（2）按顺序使用。

（3）妥善保存，严防遗失（必要时交财务部门或专职人员保管，以便备查）。

3. 开具票据时应注意几个事项

（1）填写转账支票的注意事项：①检查支票号码；②检查支票是否有效；③了解购货用途是否正常；④检查支票上的印鉴是否齐全，清晰；⑤字迹清晰端正。

（2）填写增值税专用发票的注意事项：①“单位”、“金额”栏填写不含税单价、金额。②汇总填写专用发票，必须附有销售方开具并加盖财务专用章或发票专用章的销售清单。③必须在“金额”、“税额”栏合计（小写）数前用“¥”符号封顶，在“价税合计（大写）”栏大写合计数前用“※”符号封顶。④购货方单位名称必须详细填写，不得简写。⑤“税率”栏，按适用的税率填写。

二、及时做好商品包装及发货（交货）工作

（一）商品包装工作

这里的商品包装工作是指商品销售包装工作，具体指在流通过程中保护商品、方便储运、促进销售，按一定技术方法而采用的容器、材料及辅助物等的总称。这一阶段的商品包装工作不仅便于顾客携带，保护商品，而且还可以起到美化商品和扩大宣传的效果。

1. 基本要求

牢固美观，便于携带。这一要求在具体的操作过程中应注意以下几点：

（1）力求安全牢固。

（2）力求整齐美观、醒目。

（3）方便顾客携带。

（4）包装前要注意检查商品是否有污、损点。

（5）包装时要快捷稳妥，并能主动征求顾客意见，以满足顾客的心理需要。

若是在零售商店中，推销员在包装商品时，还应特别注意避免以下情况：

（1）一边聊天，一边包装商品。

（2）以慢条斯理的动作包装商品。

（3）漏包商品。

（4）让顾客自己包装商品。

2. 礼品包装工作

随着人们生活水平的提高，消费观念的更新，对商品包装提出了更新的要求。礼品包装工作主要是零售推销工作的重要一环。牢固精致的包装，既给顾客提供方便，也给人带来美的享受。

（1）礼品包装工作的操作程序：①依照挑选好的礼品，选择礼品盒（袋）。②礼品装入礼品盒（袋）。③用包装纸包装礼品盒（袋）。④缎带捆扎，打上花结。⑤点缀配饰物。⑥也可附上贺卡或名片之类的东西。

有些时候也不一定用包装纸，直接扎上缎带就可以了，点缀和附贺卡等可以根据不同情况灵活处理。但礼品包装最主要的应表达这样的信息：送礼人的一片深情厚意。

（2）包装礼品的注意事项：①按礼品的形状和大小选择和裁剪包装纸。②包装小巧的礼品最好选择高档的包装纸，以示“豪华”。③包装时折痕要和礼盒的边、角对齐，尽量不要凸出来。④尽量使用双面胶在里面粘贴，包装纸要拉紧。⑤注意色彩和花形的配合。

（二）商品交货工作

这里讲的商品交货工作主要是零售商店的推销工作，以及推销员直按与顾客打交道的交货工作。

1. 基本要求

（1）主动递交。将商品亲切交给顾客，并根据不同顾客和不同商品，作一些必要的交

待。如“小心轻放”、“不能倒置”，使用和保管注意的事项，退、换货的规定等等。

（2）准确礼貌。要沉着冷静、耐心细致地把商品轻轻地交给顾客。

2. 应注意事项

（1）交错商品。

（2）把商品重重地摔在某一地方。

（3）对购买了许多东西或购买笨重商品携带又不方便的顾客毫不关心。

三、恰到好处地做好售后服务工作

（一）表达友好之情

与顾客成交后，推销人员又如何对顾客施加长期影响？一般地说，如果认为成交了，推销过程就随之结束了，那么推销员与顾客的关系也就结束了。但是推销工作其实是一个连续不断的过程，许多工作要接二连三地进行下去，有的要与顾客长期合作。因此，推销人员不能忘记：必须向顾客表示友好之情，即让顾客知道，推销人员非常感谢他的合作或提供的帮助，不过要注意分寸。

1. 表情坦然自在

推销人员应始终保持自己的平静,不能在顾客面前表现出异常兴奋,如当着顾客的面表现出欣喜若狂,不能控制自己,这些将对推销员的形象产生不利,也对推销活动产生不良影响。

2. 信守自己的诺言

要知道，推销人员和顾客达成的交易，并不是凭借着几句花言巧语骗来的，因此，推销人员应记住自己对顾客所作的承诺。正确的做法是，学会拒绝，办不到的事情绝不许诺，而承诺的事情一定要办成，哪怕是小事也应该这样。

（二）选择时机与顾客道别

当推销人员与顾客达成交易以后，推销人员还应选择适当的时机和顾客道别，有礼貌地与顾客道别，是推销人员应有的修养，也是文明经商的一个重要体现。因此必须做到：

1. 态度热情、亲切、自然

推销人员与顾客道别，会给顾客留下良好的印象，树立公司的良好信誉。道别的基本要求是热情、亲切、自然，用语简单适当。如“谢谢您的光临”、“欢迎下次再来”、“请慢走”、“再见”等等。要注意两种极端的做法，即一种是面无表情，态度生硬、语言粗鲁；另一种是抑不住内心的喜悦，甚至举止轻浮，当众失态，让顾客有“受骗上当”的感觉。

2. 伺机道别

推销人员要有一种素质要求，即有敏锐的判断力，根据不同情形和不同心理的顾客，选择最适当的时机道别，如大宗商品买卖成交后，不能马上离去，可以与顾客作暂短的续谈，但也不能故意寻找话题，让人觉得乏味。有些顾客成交后不想马上离开，而想继续与你谈几句，这时你也不能马上离开，否则会让人产生怀疑。

（三）消除顾客的疑虑

许多顾客即使成交后也不放心自己作出的购买决定，尤其是那些勉强作出购买决定的顾客有一种不安的感觉，因此，推销人员在成交后要注意消除顾客的疑虑，使顾客始终觉得自己的购买决策没有错，甚至感到自己的购买决策太正确了。

具体做法是：

1. 给顾客一颗“定心丸”

推销人员为了消除顾客的不安或疑虑，必要时给顾客作出一种保证或承诺，让顾客感到放心，如购买后有一个明确的质量保证条件，如有问题可以做到换货或退货自由。

2. 确保下次来访时仍受到欢迎

推销人员在向顾客道别时，不能轻易流露出对这笔交易无所谓，甚至不赏识的态度，否则当你下次再访时顾客一定会给你冷淡的态度，无论成交与否，都应保持谦虚有礼的态度，要记住自己的形象影响着公司的形象，影响到公司的声望，还会影响到下次与顾客打交道受欢迎的程度。

（四）继续不断地关爱顾客

从实际推销的大量例子来看，成交后，作为顾客他只是刚刚拿到商品，但他并没有完全肯定推销人员所推销的商品，因为他还没有对所购买的商品有一种理性的体验，他还需要在实际使用过程中继续去感受，因此，对推销人员来讲成交只是意味着商品推销出去了，而推销人员与顾客的关系却远远没有结束。推销人员在商品成交后还要继续不断地去关爱顾客，只有这样，才能真正赢得顾客，才能真正战胜竞争对手。具体要求是：

1. 为顾客提供各种良好的服务

为顾客提供服务不只是停留在口头上或文章上，而是应体现在实际行动中。正像美国IBM公司（美国国际商用机器公司）一样，使与之接触过的顾客都能真正深刻地体验到“IBM就是服务”的内涵，从而为推销人员创造出更多的推销时机。

2. 反思推销工作，不断改进

推销人员在完成推销工作后，应认真总结经验教训，深刻反思、检讨和审视推销工作。如了解一下自己在处理顾客异议问题方面有哪些是做得好的，哪些还做得不够；在推销说明演技方面哪些还可以不断完善、改进，等等。通过对这些问题的把握，就可以较好地帮助自己在下次的推销活动中不断改进，从而提高推销技巧，密切与顾客的关系，增进推销机会。

■ 知识窗

销售成功40招

- 建立并维持积极的态度
- 相信自己
- 定一个计划，设定并完成目标
- 学习并实行基本销售原则
- 了解客户并满足他们的需求
- 为了帮助而销售
- 建立长期的关系
- 相信你的公司和产品
- 全副武装
- 真诚
- 限定客户
- 准时赴约

- 表现出专业形象
- 与客户建立良好的关系和信任感
- 善用幽默
- 对商品了如指掌
- 强调好处，而非特点
- 陈述事实
- 君子一诺千金
- 不要恶贬竞争对手
- 善用感谢状
- 倾听购买讯号
- 预期客户的拒绝
- 面对真正拒绝的理由
- 克服拒绝
- 要求客户购买
- 提出要求客户立刻下定单之后，记得立刻闭嘴
- 如果你销售未成功，立即约好下一个见面日期
- 追踪、追踪、再追踪
- 重新定义拒绝
- 期待且适应改变
- 遵守规则
- 与他人（同事及客户）融洽相处
- 努力会带来运气
- 不要归咎他人
- 坚持到底
- 用数字找出你的成功公式
- 热情面对工作
- 留给客户深刻的印象
- 自得其乐

——资料来源：《训练销售精英》

作者：孔雷　企业管理出版社出版

■本章小结

成交是指顾客接受推销员的建议及其推销信号，并且立即购买推销商品的行动过程。

成交是一种获胜的意志，也是一种艺术。大量的推销实践证明，一次成交的成功率是很低的，因此，推销员要注意把握适当的时机和效果。也就是说，要保持自然良好的成交态度，消除各种成交的心理障碍，谨慎对待顾客的否定回答；防止意外介入；要密切注意成交信号，灵活机动，随时准备成交；要掌握洽谈主动权；要充分留有余地，利用一切可以利用

的成交机会，有效地促成交易。同时要讲究一定的成交方法与技巧。主要有：主动请求法、自然期待法、配角赞同法、假定成交法、肯定成交法、选择成交法、小点成交法、从众成交法、最后成交法和优惠成交法等等。

销售的使命就是成交，从这个意义上来讲，成交是整个销售的根本目标。不能把成交简单地定位在销售活动之后，而是应将其看成是整个销售过程的主要组成部分，因此，还必须做好一系列的成交后续工作，如结算及开具票据工作、商品包装及发货（交货）工作、售后服务工作等。这样才能真正使成交成为推销员的义务和责任，而不是客户的义务和责任。

■个案分析

[案例1]

一种新颖盒子销路的打开

日本大阪有一家公司，经过苦心设计，研制了一种可放置茶具、餐具等物品的盒子，这种盒子可以像百页窗那样上下移动，颇有新意，且外形美观。可投放市场以后，却销售不佳，盒子在仓库里堆积如山。

有一位来自东京的推销人员，在了解了这些情况之后，对该公司的经理说：“给我1000只盒子，让我来试试看。”仅仅过了1个月，需要盒子的订单就开始源源不断了。原来这位推销人员拿着盒子到一家家旅馆去推销。“请把这种盒子放在客房的冰箱上面，我们过去是先用白布铺在冰箱上，白布上再放置杯子，开瓶启子等东西，上面再盖上白布，每天每间客房要换洗两块白布。如果把这些用品放在盒子里，就用不着天天换洗白布了，我把盒子留几个在你们旅馆里，过两个星期再来看看。”

就这样，盒子留在旅馆，试用下来，旅馆的服务人员及旅客都觉得它很不错，于是各旅馆纷纷提出要求订货，订单开始源源不断地出现在公司经理的办公桌上。

分析：这是一种使用成交法。推销人员通过将少量的盒子留在旅馆免费供旅馆服务人员及旅客使用的做法，使用户逐渐认识了这种新型商品的性能与使用好处，从而认同了这种商品，也使商品有了销售和竞争的机会。

使用成交法对顾客来讲，可以减少购买风险，体验更多的商品使用好处，提高对公司与商品的认同性与满意程度，一旦购买后更能体现对公司与商品的依赖与支持。

[案例2]

半路杀出一个“程咬金”

有一天，一位寿险业务员去一客户单位做业务。客户单位原来与寿险业务员已经谈好，这次是去最后敲定，然后签订合同。在客户的办公室里，业务员正在与客户谈有关集体办理价格优惠的问题，这时突然来了另外一个保险公司的业务员，告知客户如果与他们合作，价格肯定比现在优惠，客户犹豫不决，希望与新的这家保险公司接触后再做决定。

分析：本案例中一个非常明显的事由是第三者介入，给成交工作造成了一定的困难。如果对方的商品和价格的优势明显超过乙方，那么可能就会失去成交的良好机会。因此基于这个事实，作为推销员在成交条件较为成熟时，可以把客户单独带到一个特别的办公室或外人干扰不到的场所。如环境较好的茶室、俱乐部或餐馆等地方。

思考与练习

一、简答题

1. 简述成交影响的基本因素。

2. 为什么说推销员必须要让顾客对推销员所代表的公司、推销的商品有良好信任度？

3. 通过观察顾客的购买信号，对促成交易有很大的帮助，你认为可以通过哪些方法来观察顾客的购买信号？

4. 试就成交的几种方法，列举自己较为熟悉的几个例子谈谈想法。

5. 你的聆听技巧如何？

做下面的练习，看看你聆听的技巧如何，是否需要作出有效改善？

(1) 我让说话的人把话说完。

很少（　　）　　有时候（　　）　　总是（　　）

(2) 我确定自己了解对方的观点之后再做回答。

很少（　　）　　有时候（　　）　　总是（　　）

(3) 我聆听重要的论点。

很少（　　）　　有时候（　　）　　总是（　　）

(4) 我试着去了解对方的感受。

很少（　　）　　有时候（　　）　　总是（　　）

(5) 我想到解决方法后才发言。

很少（　　）　　有时候（　　）　　总是（　　）

(6) 我先预想自己的回答再发言。

很少（　　）　　有时候（　　）　　总是（　　）

(7) 聆听时我能控制自己，很放松，很冷静。

很少（　　）　　有时候（　　）　　总是（　　）

(8) 我发出聆听的附和声。

很少（　　）　　有时候（　　）　　总是（　　）

(9) 别人说话时，我会做笔记。

很少（　　）　　有时候（　　）　　总是（　　）

(10) 我以坦荡荡的心聆听。

很少（　　）　　有时候（　　）　　总是（　　）

(11) 即使对方是个无趣的人，我也会听他说话。

很少（　　）　　有时候（　　）　　总是（　　）

(12) 即使对方是个混球，我也会听他说话。

很少（　　）　　有时候（　　）　　总是（　　）

(13) 我注视着说话的人。

很少（　　）　　有时候（　　）　　总是（　　）

(14) 我耐心地聆听。

很少（ ） 有时候（ ） 总是（ ）

(15) 我问问题以确定自己了解情况。

很少（ ） 有时候（ ） 总是（ ）

(16) 聆听时我不会分心。

很少（ ） 有时候（ ） 总是（ ）

6. 如何总结推销的经验？请谈谈你的看法。

二、案例题

彩电的购买与退货

某家电公司是一家零售企业，该公司的推销员都渴望能促成交易，因为他们的薪水与销售量有直接联系。

一个星期五的早晨，一位顾客走进店里，告诉说他正在寻找新式彩电，希望要购买一部价格在3000—5000元之间的彩电，并且看上展示架上一部标价4600元的彩电。

在营业员把这一彩电的优点详细向顾客说明之后，顾客问到："这种型号的彩电最优惠的价格是多少钱呢?"

营业员立刻回答："算你4300元吧!"顾客决定要购买了，并立刻在订单上签名与付款。营业员说你所要的这一种彩电马上就可以拿到柜台来，他在感谢顾客的惠顾之后，随即走进仓库里去取货。

大约过了1分钟，营业员回到柜台，以下是他们两个人的谈话：

营业员：林先生，非常抱歉，你所要的那种型号已经没货了，本公司设在本市的某零售商店可能还有货，该店距此不过8公里，你愿意骑车到那里去买吗?

顾客：我没有时间骑车到那里去买，可以请那边商店的人送来吗?

营业员：今天恐怕没有人可送来，下星期一我们会补足你所要的货品，到时你就可以在这里买到了。

顾客：真不巧！我今天一定要买到，因为明天晚上我要看一场足球比赛，希望有一台崭新的彩电，为何你们偏偏缺少了我所看上的那一台彩电呢?

营业员：非常抱歉，我没有注意到我们店里已经没有那种型号的彩电了。

顾客：这不是你的错，但是却让我感到很遗憾，我可以到其他地方买到功能类似的彩电。真扫兴，请你把订单取消，并且把钱退还给我。

请分析：

1. 当顾客提到"最优惠的价格"时，营业员立刻降低彩电的价格，你对他这种降价方式有何感想？除了降价之外，还有哪些方法可用呢?

2. 顾客要求取消订单，退回货款，此时营业员该怎么办?

三、自测题

推销人员："师傅，这种商品是刚刚上市的新产品，质量好，款式新，且这里是独家经营的，您看是否让我帮您挑选，保你满意。"

顾客："我也知道，产品是不错的，就是价格太贵了一些。"

推销人员："对了嘛，您看我这里的产品是相当不错的，别的地方还买不到，像您这样身份的人，我看这种价格一定能承受。我帮您挑选一下，您先看看，看看又不要紧的。”

顾客：“这……”一边在犹豫，一边不由自主地跟着推销人员去挑选商品了。

请回答下列问题：

1. 推销人员用的是一种什么成交法？用这种方法是根据顾客的哪种心理来推测的，有成功的把握吗？

2. 若站在顾客的角度，请分析一下能接受推销人员的这种方法吗？

第九章

推销管理与人力资源开发

重点掌握：推销组织的作用与原则；推销人员的结构；推销控制的概论；推销控制的程序与方法；人力资源的特征；推销的人力资源开发的途径。

第一节　推 销 组 织

一、推销组织的概念与作用

（一）推销组织的概念

1. 组织

按《辞海》的解释，组织是指按照一定的目的、任务和形式加以编制，如组织起来。

2. 推销组织

推销组织是指企业中为了履行推销工作，实现企业的推销计划与任务，贯彻推销方针政策而对企业全部营销活动从整体上进行平衡协调的有机结合体。

推销组织是企业的重要组成部分，是完成企业目标的一个子系统，也是企业进行生产经营活动的一个重要力量。一个比较完善、合理、科学的推销组织对企业的成功与否有着决定性的影响。

（二）推销组织的作用

1. 能将人力、物力、财力组织动员起来，合理地调配各种资源，有效地进行推销活动

作为成功的一种推销活动，应该说，推销人员的个人经验、作用是不可忽略的。如果没有推销人员个人的努力，任何推销活动是不可能获得成功的。然而，光靠个人的作用是远远不够的。尤其是今天，我们面对的是高科技的信息社会，情况瞬息万变，个人的力量更显得微不足道，通过推销组织，能将人力、物力、财力组织动员起来，并形成合力，从而达到合理地调配各种资源，更有效地进行推销活动的目的。

2. 便于明确推销组织中工作人员相应的职责和权力

通过推销组织，可以明确企业内部各部门、各岗位以及相应工作人员的职责和权力，这

样可以保证职责分明、信息畅通、协作良好，从而促使推销组织整体高速地运转。

3. 便于按推销管理的要求精选干部，履行管理职能

作为推销组织在处理人员管理、士气的激励、推销活动的指导和具体问题的控制时，要求具有高超的人际关系技巧，有效的沟通能力，这就需要推销组织的干部在履行自己的管理职责时，不能偏重完成的目标，或者仅是指导推销人员本身，在更广泛的范围里，商品的规划和发展、价格政策、销售预测、与顾客的关系及相关部门的关系协调、广告宣传、营销策划等等，它们也都是推销管理工作所必须做的事务。因此，通过推销组织，便于按推销管理的要求科学合理地配备干部，并履行相应的管理职能。

二、推销组织设置的原则

（一）精简

任何一个组织的建立、调整、取消，都应该依据组织的目标，以及是否对实施组织目标有利作为主要的衡量标准。这种因目标、任务来设置组织，定职务、定人员，能做到机构紧凑，人员精干，工作效率高。

（二）统一

统一是使组织有秩序按规律运行的一条重要保证，也是处理集权与分权或整体与局部的一条重要法则。没有统一，组织体系就不可能协调一致；没有统一，就可能令出多门，多头领导；没有统一，组织体内的重大政策、方针不能贯彻执行，重要的规章制度制定、各部门职权范围的划分就会发生困难，从而对整个组织的正常运转造成不利。

（三）责权对等

这个原则实际上是正确处理责任与权力的关系问题。“权”是指为了履行经济责任所赋予的指挥决策和办事的权力，“责”是指各级部门和人员职责范围内应承担的经济责任。责任是接受和履行职权的义务，而职权则是承担责任的条件。权力大于责任，就会犯官僚主义，相反，所负责任没有相应的权力作保证，就无法完全负责。要负责，就必须有职、有权。

（四）专业化

推销职能应该说有其特殊性，它不同于其他的营销职能。为了做到推销工作和推销管理有效，必须指派懂行的人去建立推销组织，并负责执行，以达到预期的、实际的效果。

三、推销人员的组织结构

推销人员的组织结构也叫人员推销的结构，即企业根据市场需要来合理安排推销人员从事推销活动的一种组织方式。主要有：

（一）个人结构式

1. 含义

个人结构式指企业只安排一个推销人员负责某些产品在某些市场内的产品推销。个人结构式具体又可分为以下几种模式：

（1）单一产品单一市场个人结构式。企业安排一个推销人员负责安排某一产品在某一特定市场范围内（如某一特定区域、某类特定消费者）的产品推销。

（2）单一产品多个市场个人结构式。企业每一个推销人员负责某一产品在整个市场范围内（即把整个消费者对产品的需求看成一个市场）的产品推销。

(3) 多种（类）产品单一市场个人结构式。企业安排一个推销人员在某一特定市场范围内负责全部种类的产品推销。

2. 优点

(1) 责任明确。把推销任务落实到个人，使每个人都有明确的职责和工作任务，不会发生互相推诿的现象，真正做到各司其职，人尽其责。

(2) 有利于留住老顾客，发展新顾客。顾客是企业服务的主要对象。能否赢得顾客，这对任何一家企业来讲都是至关重要的。由于推销员与消费者在长期稳固的买卖关系中建立了一种相互信赖的亲切感，双方之间彼此了解和理解，这样老顾客不但能成为回头客，而且他会帮你再宣传，将你的企业、产品推出去，并使潜在的一些顾客有望成为你的新顾客。

(3) 有利于推销业绩的分析评价和推销效益的提高。推销业绩的分析评价，主要包括成长、安定、开拓和成本效率等四大方面，它可以对推销人员作出相对客观的评价。在长期的推销实践过程中，推销员如何去吸引顾客注意，如何向顾客介绍产品，如何捕捉顾客的需求变化动向，如何促进顾客购买行为的形成等等，可以通过推销员的个人推销业绩来综合反映，并作为分析评价的主要依据，这样也有利于推动整个企业的推销效益的不断提高。

3. 弊端

个人结构式的主要不足表现为：推销员的绩效评价只是纵向比较；推销员之间缺乏相互学习交流的机会；企业缺乏整体协调的团队精神；重复投资；加大成本开支，造成了不必要的浪费。

4. 加强组织管理

(1) 加强推销人员之间的绩效横向比较，如搞定期轮换制，使推销人员之间有相互学习、交流的机会。

(2) 加强推销人员之间的信息交流，如定期举行推销员业务座谈会或业务研讨会，进行信息互换。

(3) 进行不同产品的推销轮训。

（二）小组结构式

1. 含义

小组结构式指企业安排两个以上的推销人员负责某些产品在某些市场上的产品推销。一般适用于生产规模较大，同种（类）产品的花色、规格、型号、款式较多的企业。

2. 优点

(1) 有利于产品的推销宣传达到规模效益。采用小组结构式，可以使小组内的各个推销人员针对不同顾客发挥自身优势，在同一时间里对同一产品进行不同方式的推销宣传，可以增强推销宣传的力度，提高推销宣传的效果。

(2) 有利于企业培养高素质的推销队伍，提高整体推销能力。小组结构式比较注重的是团队精神，要求小组内的各个推销人员必须同心协力，群策群力，不允许有个人的某种偏向行为的出现。它对推销人员互相之间交流经验，切磋技艺，增强整体推销能力和竞争力等都有十分重要的作用。

3. 弊端

小组结构式的主要弊端表现在：职责不明，易造成扯皮现象；分配制度上的平均主义。

4. 加强组织管理

针对这些弊端，可以采取相应措施，在充分发挥小组结构式优势的基础上，完善利益激励机制，加强监督管理。如在实行小组结构式的同时搞个人结构式，并引入竞争机制，完善分配制度，以此来激发每个推销人员的积极性，提高推销效果。

（三）产品结构式

1. 含义

产品结构式指企业先按产品的性质进行分类，然后安排每个推销人员分别负责推销某一种（类）产品的结构模式。这种方式比较适合于生产技术复杂、品种多、市场差异性大的企业。

2. 优点

（1）有利于推销人员掌握所推销产品的状况。一般情况下，一位推销人员不可能对企业经销的每种产品发生兴趣，因而也不可能对企业的每种产品了如指掌，并能实现卓有成效的推销。采用产品结构式，可以促进推销人员对自己推销产品的翔实、透彻的了解，并能根据每一种产品的性能、特点、用途等，灵活运用各种手段，准确地向顾客推销介绍。

（2）有利于加强推销时的服务工作。对于顾客来讲，不仅仅是想得到产品，更重要的是同时想得到满意的服务。而对于推销人员来讲，如果产品过于繁杂，可能会出现对产品业务不熟悉和不了解，这样就不可能较好地为顾客提供满意的服务。如一个顾客需求既有家电类的，又有日用百货类的，又有文体用品类的，又有化妆品类的，等等，一个推销人员无论如何不可能同时掌握以上产品的各种性能特点及其他有关的问题，因此，采用产品结构式这种方式，有利于对顾客就某一产品某一特殊需要提供更好更便利的服务。

（3）有利于企业产品的更新改造，增强竞争力。随着现代科技发展速度的日益加快，产品的经济寿命周期愈来愈短，这迫使任何一个企业都必须考虑一个问题，即如何加快产品的更新改造和换代步伐。如日本人早在20世纪80年代就提出，一个产品如果要在市场上有一定的竞争力，作为企业来讲必须同时考虑产品的“五代”发展周期，否则，产品的更新改造和换代的“链”就会脱节。采用产品结构式，使推销人员较早熟悉一种产品的生命周期，这样能有效地避免产品更新改造和换代的“链”的脱节。

3. 弊端

推销人员对区域市场行情的掌握不利；对同一地区会造成不同推销人员对同一产品的费用增大，影响推销效益的提高。

（四）客户结构式

1. 含义

客户结构式指先把产品的推销对象或按规模或按行业或按顾客职业阶层等标准来划分成若干类，然后再由每一个推销人员负责某一家、某一类或几类顾客的产品推销。这种方式较适合于产品品种单一、规格多、用途广的企业。

2. 优点

（1）有利于推销人员掌握客户的购买特点和购买规律。由于客户的背景条件复杂多样，如客户的性格、兴趣爱好、习惯、职业、文化程度、经济收入、社会阶层等，决定了客户的购买特点、购买习惯和购买规律千差万别，模式不同，推销人员有时很难把握。采用客户结构式这种方式，则比较有针对性，推销人员可以抓住一些客户的典型问题进行比较分析，易掌握客户的购买特点和总结提炼出一套规律性的东西。

（2）能及时地、针对性地满足客户的需求，并获得客户的信任，密切推销人员与客户的关系。推销人员较好地掌握客户的购买特点和购买规律后，就能依照各种不同客户的情况及时地、有效地满足其需求。如有的客户要求送货上门，有的客户要求对产品质量实行终身保修，有的客户要求及时提供一些新产品，有的客户要求同时提供精神上的满足，等等，可以分别来对待，使客户能感到最大的便利和满意，从而获得客户的信任，密切推销人员与客户的关系。

（3）有利于掌握客户的需求动态变化情况，准确建立客户档案。现代市场经济的条件下，市场状况瞬息万变，尤其是客户的需求，它会随着市场的其他因素如产品质量、价格、企业的生产经营能力以及整个宏观政治、经济因素的变化而变化。如中国加入 WTO 后，国外的一些组织和产品就会不断地进入中国市场，这将给中国市场带来很大的变化，重新调整市场格局已势在必行。采用客户结构式可以较好地掌握客户的各种变化，从而为准确建立客户档案奠定有利的基础。

3. 弊端

增大推销成本，重复推销，由此引起浪费；内部推销人员为了争夺市场引起互相排挤，以致降低整体的竞争力。

（五）地域结构式

1. 含义

地域结构式指每一个推销人员负责一定的地域，在该地域内，他独自负责推销企业的各种产品。这是最简单也是最常用的一种方式。地域的划分可以按行政区域来划分，也可以按地理位置或地形气候来划分。这种方式较适合于产品品种少的企业。

2. 优点

（1）有利于明确责任。某一地域的推销任务的落实、市场局面的控制与新市场的拓展，企业信誉在该地域的扩大，信息的收集与反馈等工作都明确到该地域的推销人员身上，对考核与管理推销人员提供了可靠的依据。

（2）有利于提高推销效率。每一个推销人员对自己在该地域的职责明确后，可以专门从事该地域的推销信息的收集、整理和分析研究工作，从而能牢牢抓住一些有利的推销因素与机会，也尽量能使推销工作的各种风险降到最低程度，提高推销的成功率，使推销效率达到最大化。

（3）有利于减少推销人员差旅费用，提高推销效益。推销成本、费用开支中，其中一项比较大的是推销人员的差旅费用。如果推销人员“满天飞”，这项费用就会“无限增大”。要缩减这项费用，最关键的措施是减少推销人员的“外出机会”。采用地域结构式，可以做到这一点，从而也能减少这项费用的投入，提高推销效益。

3. 弊端

要求推销人员掌握不同产品知识，推销培训费用较大。不同的产品，其生产工艺、产品性能特点、推销演示等技术都有很大的区别，要培养出真正能够在上述各方面技术都精通的合格推销人员，需要花费较长的时间，投入较大的推销成本，实际工作中也难找出这种“十全十美”的理想型的推销人员。

推销人员的组织结构形式不是一成不变的，它应随着企业内外情况的变化而作出相应的调整和变化，以提高企业的整体推销效益。

第二节 推 销 控 制

一、推销控制的概念和使用

（一）推销控制的概念

1. 含义

推销控制是将企业推销组织的各个管理部门或环节的活动约束在组织的经营方针、发展目标和计划要求的轨道上，为尽快实现企业的经营目标，取得推销活动的最佳效益，对各推销要素的运动态势及相互间的协调状况进行监督与考察、审核与评估、操纵与把握等一系列规范化约束行为的总和。推销控制是企业从事推销活动的必要条件，是企业推销组织的重要组成部分。

从管理学的角度讲，控制是管理的一项重要职能之一。控制就是将计划的完成情况和计划目标进行对照，然后采取措施纠正计划执行中的偏差，以确保计划目标的实现。如果把管理者制订计划、实施计划和进行管理控制看作是一个周而复始的过程，那么，控制可以说是前一次循环的结束，又孕育着新循环的开始。

在推销管理中也是如此。推销控制的目的在于使推销组织的各项活动与组织目标保持一致，通过建立及时的、有效的推销控制系统，确保推销计划的顺利执行。

2. 推销控制的本质

推销控制的本质在于对推销活动的操纵与把握，主要通过对推销活动的每一个行为和事件的测试来检验其是否与原定的计划、指令、原则相吻合；是否发生了偏差，如果发生了偏差，就立即采取措施，如调整或修正原来的计划、指令或行动，以便更好地实现已定的推销目标和任务。

（二）推销控制的作用

1. 推销控制可以使推销计划实施过程得到有效的必要的调整

从管理学的原理可知，计划是一个组织为实现一定目标而科学地预计和判定未来的行动方案。这种行动方案多少都带有许多不确定的因素，在具体的实施过程中难免会遇到各种意外事件的冲击而发生困难。如果在实施计划的过程中，经常地运用某种手段检查计划的执行情况，确保计划在规定的时间内达到其预定的目标，完成任务，这种手段主要就是推销控制。

2. 推销控制是提高推销组织工作效率的基础

推销控制在推销计划实施过程中，可以及早地发现问题，避免事故的发生，以及寻找更好更有效的管理方法和手段，充分控制潜力，提高推销工作的效率。例如，控制某种产品或地区市场的获利性，可使企业保持较高的获利水平，实施产品质量售后跟踪服务，可以避免顾客购买后产生不满情绪等等。

另外，推销控制还有一种监督和激励作用。如对推销人员进行行为控制，可以检查推销人员的推销工作目标和任务完成的程序，预防问题的出现，及时解决推销障碍。同时，促使他们努力工作，追求卓越的工作业绩，并更符合推销目标任务的要求。

二、推销控制的程序与方法

（一）推销控制的程序

推销活动其实是一个较为复杂的动态过程，由于企业类型不同，企业所追求的目标要求也不同，因此，推销控制的类型和程度也就各不相同，但是，控制的程序大致相同，一般有以下四个基本步骤：

1. 确定应评价的推销业务活动

这个问题实际上是要求先明确推销控制的基本对象的范围问题。因为目标过于分散，范围过广，给有针对性地收集材料和检查工作带来很大难度，同时对计算成本费用也不利。

2. 建立衡量标准

这一步主要是确定推销控制的预期目标。如规定推销人员一年中的工作目标或任务究竟应达到什么样的程度，推销人员每年应开拓的新市场要增加百分之几等等。

为了便于衡量实际结果，控制标准制订要具体和切合实际。控制标准包括质和量两方面。标准的质量指标准的特定内涵即标准所反映的质域界定。例如，推销人员工作绩效可以用某一时间内增加的新客户数或销售额、销售费用、销售利润等来说明。标准的量是指将标准加以定量化，例如，规定推销人员全年争取发展100个新客户，销售额达到50万元，销售费用不超过总销售额的5%等等。

企业在确定具体标准时，要考虑综合性的影响因素，以区别对待。一般有以下几项必须考虑：

（1）每个销售人员所推销产品的具体特征；

（2）每个推销人员推销地域内的销售潜量；

（3）每个推销人员推销地域内竞争产品的竞争力；

（4）每个推销人员所推销产品的广告强度；

（5）推销人员业务熟练程度；

（6）推销人员的推销费用。

3. 实际工作绩效的检查衡量与改进

企业确定绩效标准的目的是要对具体的推销工作进行测度。而测度的前提则是对测度对象进行客观的了解与把握，这就需要采用各种方式和方法对实际工作状况进行科学的检查衡量。

检查衡量绩效就是将控制标准与实际结果进行比较。实际结果如果与预期标准相吻合，甚至优于预期标准，可以总结经验继续发扬；实际结果如果达不到预期标准，则应认真反思，找出问题的症结，以便下一步修正计划及实施的方案与措施。

4. 分析、改进绩效与修正标准

从上一步骤中也可得出，如果在检查衡量绩效的过程中，发现实际结果与预测标准不相符，则说明推销工作中存在一些问题或薄弱点，应对照预期标准，分析和寻找可能存在的原因。在实际中通常有两种原因：一是实施过程中的，这种问题比较容易；二是推销计划本身的，确认这种问题相对比较困难。

在查明一些原因或问题以后，应采取相应的改进行动。一般来讲有三种方案可供抉择：

一是维持原来的标准。当实际结果略微超过或基本达到预期标准时，则不应修正预期标准，而是修正实施方案。二是纠正偏差，如果实际结果达不到预期标准时，那就必须采取相应措施对预期标准加以修订，以反映推销工作的真实情况。三是改变预期计划或标准。如果大多数推销员大大超过预期计划或标准，就意味着这个计划或标准可能定得太低了。有时候由于环境发生了意想不到的变化，也可能使预期计划或标准变得不合理了，当出现了上述情况时，就应对预期计划或标准加以修订。

（二）推销控制的方法

1. 战略控制

战略控制是审查企业的推销战略是否有效地抓住了市场机会，以及是否同变化了的企业推销环境相适应。其目的是发现企业活动所遇到的困难与战略性问题，并提出相应的改进建议，确保企业推销任务的完成。

战略控制一般由企业的最高管理层直接负责。重点多放在推销环境审查考核、内部推销系统的审查考核、各项推销业务活动审查考核三个方面。

（1）对推销环境审查考核。①企业主要市场状况；细分市场状况；市场特性与发展前景。②顾客对本企业的看法；顾客如何作出购买决策；顾客目前与未来的需要。③谁是企业的主要竞争对象；哪些竞争趋势可以预测。④可能对本企业产生的其他社会环境，如人口、政治、经济、技术发展状况等等。

（2）对企业内部推销系统的审查考核。①企业长、短期总目标。②企业现实目标的核心策略。③企业是否有一套完善、有效的年度推销计划。④企业中从事推销活动的人员在数量、素质上是否符合要求。

（3）对各项推销业务活动的审查考核。①企业主要产品和一般产品；产品系列中有哪些产品应淘汰，哪些产品应增加等等？②订价时是否全面考虑了成本、需求与竞争因素？价格变动可能产生的反响，顾客对商品的反应。③各推销分部是否都能实现企业目标，是否按最佳分工方式组成？整个推销组织的士气、能力与成果是否相同协调？评价劳动成果的目标要素是否合理？④是否有完整的广告宣传计划？广告宣传目标是否切合实际？广告宣传费用是否合理？广告宣传效果如何？广告媒体的选择是否恰当？

2. 过程控制

过程控制主要是对企业推销活动的全过程进行有效调节和控制，也就是在推销计划执行过程中，对推销活动及推销人员的行为和推销的产品所进行的控制。其核心在于实际目标管理。

目标管理是由美国管理学者德鲁克提出来的，这是一种综合的以工作为中心和以人为中心的管理方法。它的中心思想是指企业围绕确定目标及实现开展的管理活动，使企业各项工作都围绕着实现这一目标而运动，以保证目标的完成。它同企业内每个人的责任和成果密切联系，明确地规定了每个人的职责和范围，并用某些措施来进行管理、评价和确立每个成员的贡献和奖励报酬等等。目标管理实际上是一套科学的管理体系，它强调的是企业全部人员都要参与目标制定、分解和实施的工作，企业就根据目标来组织与控制整个过程。在实际的企业推销活动组织中，一般有以下几种方法进行过程控制：

（1）销售分析。这种方法的目的在于衡量各推销部门的实际销售额与计划销售额之间的差异。常用的又可分两种分析方式：①销售差异分析。适用于判断不同因素对实现销售目标影响的程度。②明细销售分析。适用于判断究竟是哪些产品或哪些地区因素的影响而使所规定的销售目标未能实现。

（2）市场占有率分析。一个企业的销售额等指标并不能反映企业产品在市场上所占的份额，而通过市场占有率则可以了解企业销售额变化是由于不可控的外在因素影响，还是企业本身的问题所造成的。如果一个企业的推销额下降而市场占有率仍保持不变的话，表示整个企业都受到不可控因素的影响。

进行市场占有率分析最重要的是定期收集整理整个行业及其他有关的销售资料，并据此进行分析。

（3）费用与销售比率分析。主要是考察费用与销售收入之间的关系，确保企业以较低的投入实现最佳的销售目标。这一方法的重点是放在考察广告费用与人员推销费用方面。

3. 财务控制

财务控制是为实现企业推销目标，利用推销活动内在的联系，以一定的规范和措施，制约与促进企业推销活动的过程。其目的是要把财务活动纳入计划轨道，坚持按法律、政策及制度办事以实现企业的目标。具体是指从企业资金、费用、利润等方面的核算和监督上对企业推销活动进行的控制。它可以综合反映企业推销活动过程的状况与结果，及时地发现问题和解决问题。财务控制的主要方法有以下两种：

（1）推销效率测量。首先要确定各种用于推销的资源的使用效果，据此分析研究一定的推销资源可产生的推销效果，最后得出最有效的使用推销资源的决策。

（2）推销预算。其编制应与企业的预算目标相配合，预算额应依据完成企业目标所必须的数额规定。常用的推销预算又包括：①广告费用预算；②人员推销费用预算。

以上三种控制方法不是彼此孤立的，而是相互联系、互为作用和影响的。在实际工作过程中，应当尽量建立和完善各种控制的方法和手段，建立一套科学、完整、具有特色的控制系统和制度，在运用中根据具体情况灵活选择。

■ 知识窗

营销效益等级评价表

- 顾客宗旨

A. 管理层是否认识到根据公司所选市场的需要、欲望设计公司业务的重要性？

1. 管理部门主要赞同将现有的产品和新产品推销给那些愿意购买他们的顾客
2. 管理部门赞同以同样的效率来满足广泛的市场和需求
3. 管理部门决定先满足所选市场的需要和欲望，这些市场能符合公司长期发展和潜在利润的要求

B. 管理部门是否对不同的细分市场提供不同的产品，并制定不同的市场营销计划？

1. 没有
2. 有一些
3. 在很大程度上

C. 管理部门是否用整体市场营销的系统观点来规划其经营业务（是否兼顾供应商、渠道、竞争者、顾客和环境）？

1. 没有，管理部门将注意力集中在向眼前的顾客推销和服务
2. 有一些，管理部门虽然大部分精力用来向眼前的顾客推销和服务，但还是对渠道进行了长远的考虑
3. 是的，管理部门采用了整体市场营销的系统观点，认识到系统中任何部分的变化都会给公司带来威胁或机会。

- 整体市场营销组织

D. 主要的营销功能是否有高水平的市场营销整合和市场营销控制？
1. 没有，销售和其他市场功能没有高层次的整合和控制，并且存在一些毫无意义的冲突
2. 有一些，主要的市场营销功能有形式上的整合和控制，但缺少令人满意的协调与合作
3. 是的，主要的市场营销功能被有效地整合在一起
E. 市场营销管理部门是否和科研、生产、采购以及财务部门之间建立了良好的工作关系？
1. 否，人们抱怨说营销部门向其他部门提出的要求和成本是不合理的
2. 还可以，尽管各部门一般都倾向于维护本部门利益，它们之间的关系还是可以的
3. 是，各部门能有效地进行合作，并且能从全局考虑，从公司的最高利益出发来解决问题
F. 新产品开发过程组织得如何？
1. 这一系统界定不明，运行较差
2. 这一系统在形式上存在，但缺乏有经验的工作人员
3. 这一系统结构完善，并按项目小组工作原则运行

- 充足的市场营销信息

G. 最后一次对顾客、供应、渠道和竞争对手行为的调查研究是在何时？
1. 若干年前
2. 几年前
3. 最近
H. 管理部门对不同的细分市场、顾客、地区、产品、渠道和订货规模的销售潜力以及盈利能力了解多少？
1. 一无所知
2. 了解一些
3. 知道很多
I. 公司在测定不同营销支出的成本效益时采取了什么措施？
1. 很少或根本没有努力
2. 有一些努力
3. 相当多的努力

- 战略导向

J. 正式营销计划的制订情况如何？
1. 管理部门很少或根本不制订正式的市场营销计划
2. 管理部门编制了一个年度销售计划
3. 管理部门编制了一个详尽的年度营销计划和一个每年更新的长期战略计划

K. 现行营销战略的质量如何？
1. 现行营销战略不明确
2. 现行营销战略明确，但只是传统策略的延续
3. 现行营销战略明确，有创新精神，建立在数据翔实和合理论证的基础上
L. 有关意外事件的考虑和规划做得如何？
1. 管理部门很少或者不考虑意外事件
2. 管理部门尽管没有编制正式的意外应付计划，但对于意外事件有一定的考虑
3. 管理部门有一套辨认重要意外事件的程序，并制定了应付意外事件的制度
M. 在传播和贯彻最高管理层的营销思想方面做得如何？
1. 很差
2. 中等
3. 很成功
N. 管理部门是否有效地利用了各种营销资源？
1. 否，相对于所完成的工作，营销资源是不足的
2. 做了一些，市场营销资源是充足的，但没有得到最充分的使用
3. 是，市场营销资源是充足的，而且被有效地利用了
Q. 管理部门是否具备对现场出现的新问题作出迅速有效反应的良好能力？
1. 否，销售和市场信息过时，管理部门反应较慢
2. 有一些，管理部门收到大量最新的销售和市场信息，但反应时间各不相同
3. 是，管理部门建立了及时收取信息并作出快速反应的制度
• 总得分

这个表格可按下述方式运用：对表中每一个问题选择一个适当的答案，每题三个答案的分数分别为0分、1分和2分，然后把各题的分数加起来——总分将界于0分到30分之间。下列分数表示不同水平的营销效益：

0—5分=无	11—15分=中等	21—25分=很好
6—10分=差	16—20分=良好	26—30分=优秀

——资料来源：《营销管理：理论与实务》
作者：周建波　山东人民出版社出版

第三节　推销的人力资源开发

一、人力资源的概念

（一）含义

从广义的角度讲，智力正常的人都是人力资源。从狭义的角度讲，人力资源则有许多不同的含义。但这里主要是指存在于企业内外与企业相关的人员，也即是企业、组织内外进行

生产或提供服务的现实和潜在的活力、技能及知识的总称，人力既然可以作为一种资源，其价值就存在于有效的利用之中。

在市场经济的社会中，各种资源的竞争异常激烈，尤其是人力资源上，它的开发与管理利用，将直接关系到企业的成败与兴衰。这一点至今已被许多人所接受。因此，任何一个组织都应十分重视人力资源的开发和管理。

（二）人力资源的基本特征

1. 人力资源具有能动性

这个特性是人力资源区别于其他资源的最根本的区别。人具有协调、综合、判断、想象和思维的能力，而且，人们出于某种利益和意愿，又有个体差异、群体差异、组织差异和文化差异。因而，人力资源在一切经济活动中起着主导作用。人力资源还是惟一的能起创造作用的因素，人具有创造性思维的潜能，能适应环境的变化和要求担负起应变、进取、创新、发展的任务，从而使组织充满活力。

2. 人力资源具有两重性

这个特征主要表现在：一方面，人力资源是投资的结果，人力资源是社会和个人投资的产物，其质量高低取决于投资程度；另一方面，人力资源又能创造财富。这一特征来源于人的知识和技能获得的后天性。为了提高知识、技能、品德和健康水平，必须接受一定的教育和训练，投入一定的物力、财力。同时，人力资源也是在这一定时期内可能源源不断地带来收益的资源，它与其他一些自然资源、资本资源一样具有投入—产出的规律，不过，它具有高增值性。注重人力资源的开发，其依据就出自此处。

3. 人力资源具有可再生性

与其他自然资源的相似之处是人力资源在使用过程中也会出现磨损，如人自身的疲劳、疾病和衰老；知识和技能的老化，尤其是随着现代科技进步的速度不断加快，这种趋势愈来愈明显，时间愈来愈缩短。但是与自然资源的不同之处是，自然资源在投入使用并磨损以后，一般不存在继续开发的问题，而人力资源则是在使用过程有一个可持续开发、丰富再生的独特过程，使用过程同时也是开发过程，因此，讲究工作的设计和安排，以及注重人的终生教育、继续教育是应该特别考虑的。

4. 人力资源具有时效性

人力资源的形成、开发和利用受到时间的限制。从个体生物有机体的角度讲，人有幼年、青壮年、老年各个阶段，有从不属于人力资源，到成为有效的人力资源，最后又退出人力资源范畴的过程；从素质发展成长的角度看，有幼稚期、成长期、成熟期各个阶段，有从无知到有知和高知的培养开发过程；从使用发挥的角度看，有最佳年龄段、创造力与才能发挥的最佳期，有及时使用、合理使用的过程。因此，注重人力资源的培养开发、遴选配置是十分必要的。

5. 人力资源具有社会性

人是复杂社会系统中的一分子，多少都会受到社会各方面的影响和制约，因此，人力资源从根本上来讲是一种社会资源。为了实现某种目标，个人与群体必须取得协调，必须组成集合体。这也就是行为科学中所注重的群体人际关系。这一点恰好说明工作的组织和管理必须使个人的能力（体力和智力的总和）、创造性和责任心成为整个群体的力量与绩效的源泉，这就要求人力资源管理注重人际关系的维系。

二、推销人员开发的途径

（一）发掘人才

传统的管理思想认为，人才是人力资源中层次较高的那部分人员，这样就将推销人员分为推销人才与一般推销人员两种。持这种观点的认为前者偏重智力，后者偏重体力。从今天的知识经济时代来看，这种人才观已相对落后。新颖的人才观认为全体从业人员都可视为“人才”，在这里，人才也应理解为“有用之才”和“人各有其用”的意思，因此，对推销人员的开发应是全员性的开发。也从这个意义上讲，必须充分发掘人才，也即对每个推销人员的才能和特点进行发掘，以及注重部分特殊优秀人才的选拔。

1. 基本标准

（1）任人唯贤，反对任人唯亲。《尚书·咸有一德》中有这样一句话：“任官惟贤才”。即发掘和选拔官员要任用有德有才的人。春秋初期齐国杰出的政治家管仲，主张明立的要务，在于“论贤人，用有能”。孔子也提出：“为政在人”，认为“依贤固不困，依富有不究”。任人唯贤用今天的话来解释，即为用实际的工作能力和业务水平来衡量一个人，反对任人唯亲即凭私人感情、个人好恶和宗派主义的观点来培养、选拔人才。

（2）坚持看主流、看本质，反对求全责备。人是一个具体的人，是在一定的社会环境中生长起来的，而不是在真空中成长的。世界没有绝对“纯”的事物，“金无足赤，人无完人”，这是正常现象，也是一条客观规律。发掘人才时应抓住其本质的东西，看其长处和优势，不要抓其某些缺点，以偏概全，更不能吹毛求疵，求全责备。

（3）坚持重视人的创新精神，反对过去那种认为“老实，听话”就是好人的观念。在发掘人才时，许多领导干部比较强调一个人在政治上、思想上、行动上与上面保持一致，这一点应该说有一定的道理，因为如果不能保持一致，上面的意图就无法很好贯彻执行，合作也会发生很大的困难。然而，光看这一点还是不够的。在竞争越来越加剧的现代社会里，如果不积极动脑筋、想办法、不主动出击进攻市场，就可能死路一条，因此，在要求“听话”的前提下，更应重视人的创新精神和献身精神，只有这样才有不断追求卓越的工作干劲和工作实绩。

2. 识才的方法

识才不是一件容易的事，在实际工作中对一个组织战略威胁最大的莫过于对人才辨识上的失误。在此介绍几种常用的方法：

（1）面试法。即通过观察被面试者的应对反应、表述效果和言行内容来分析和判断其心理素质和思维能力、沟通能力以及人格品质的一种方法。这种方法比较强调交流与沟通。与主观传统的面试法有很大的区别。传统的面试法比较看重一个人的外表形象。实践也证明，这种方法比较切实可行。

（2）资历和家庭背景审阅法。即通过考察人的家庭出身和主要经历的事件及环境来识才的一种方法。过去实际工作中曾长期使用这种方法，也曾带来很大的弊端，即将一部分优秀人才给埋没了。但是从客观的角度来分析，也并不是说这种方法毫无根据，一个人的思想观念、性格的形成及行为的发生应该说与他的生理遗传、家庭环境以及所处的社会环境等因素有着密不可分的关系，如果能辩证地去分析，将会有助于更好地识别人才。

（3）科举法。即通过试卷的形式来测试其学识高低、能力强弱的一种方法，这种方法始于我国的封建时代，对官吏的考核是官吏管理的一项基本制度。如汉代以后，“入仕则有贡科之举，服官则有铨选之格，任事则有考课之法”。唐代规定，“居官必考”，每年一小考，三年一大考。宋代官吏在一个职位上任期是三年，三年期满，经过考核铨选，决定升降。明代考核京官六年举行一次。清代考核京外官三年一次。

在实践中，许多组织也是通过这种方法来识才的。如中国法官晋职都是严格按这种方法来进行的。

（4）考察法。即通过长期的观察或委以一定的工作任务来看其工作状况，并据此进行判断和分析的一种方法。这种方法的依据主要是实际中的表现状况，也是识才的一种较好方法。但也有弊端，即采用此方法需较长的时间（至少一年以上），而且当被考察者知道自己被列为考察对象时，就会将真实的心态隐藏起来，或刻意表现，不易使人看出真面貌。因此，使用时应注意保密。

（5）暴露法。即通过外部的某种刺激或诱导来观察其情感反应，从中分析基本性问题。古代的《吕氏春秋》曾提出了六验鉴定法：使人高兴（喜），以考验人守分寸的能力；使人快乐（乐），以考验人的秉性；使人发怒（怒），以考验人的自制能力；使人恐惧（惧），以考验人的独立工作能力；使人哀伤（哀），以考验人的为人；使人痛苦（苦），以考验人的志气。

这种方法运用得当可以使一个人的秉性彻底“展示”出来，从而帮助“伯乐”们较为客观地分析和物色各方面的人才，但是运用得不当，也有可能使人反感，且较容易挫伤人的锐气和积极性。

（6）调查法。包括推荐调整法和资历调查法两种。推荐调查法要求熟悉选拔对象的长者或上级提供推荐性意见，并按问卷方式回答所设计的问题，以此来取得信息资料。资历调查法则可通过调查个人的经历和社会背景来识别人。

一般来讲，调查的对象应有广泛性和典型性，尤其是重要岗位的人员聘用，都要经过有资格人士的举荐和严格的调查。

（7）模拟实验法。即通过计算机或情景模拟实验来识别人。这是对科举法和考察法的一种变通。如果运用得当，往往能获得良好的效果，例如事先选定一个组织者主持某一会议或活动，在这种情形下有能耐的人往往能显示其才华，从而成为发掘选拔的对象。

3. 发掘时应注意的问题

（1）鼓励荐才。用推荐的方式发掘人才，首先应考察推荐者本人的情况，如果推荐者本人只是一个碌碌庸才，就难以想象其能准确地去鉴定别人的才能；反之，如果推荐者本人是一位“伯乐”，就一定能推荐出较合适的人才。其次，应鼓励“毛遂自荐”。自荐的方式是现代人实现自我价值理念的一种体现，也是现代社会竞争的必然趋势，敢于自荐者至少具有良好的心理素质，能主动接受别人挑选。

（2）积极招才。即通过媒体将人才的需求信息广告发布出来，从众多的应聘者中选择对自己组织合适的人才。

这种方法运用时应特别强调一点，即不能将眼睛盯在组织外部，尤其是一些大单位的组织，应注意内部人才的不断发掘，否则会出现内部人才的巨大浪费。

（3）合理择才。在人才选择中，是“重在表现”还是“重在业绩”，这是传统人才观与市场经济人才观的区别之一。从现行企业的做法来看，大多是以绩效为依据来择人，即对形式逐渐淡化，关键看结果。

（4）逐等取才。即在组织中建立不同等级（如行政和技术业务类）的等级标准，并明确规定各种等级所适合的工作岗位，在此基础上对全体员工进行定期的考核，从而确定每位员工的级别。当某些岗位出现缺额时，应在相应级别的内部员工中选择合格的人才。这种方法虽然较为复杂，但客观公正、公开，能充分激发全体员工的积极性，增强内部凝聚力，也使人才不断地脱颖而出。

（二）培养人才

培养人才，主要应是人的智力的开发问题。我们不否定人的天资素质的存在，但许多时候还是可以靠后天的努力，通过后天的再教育与训练来培养挖掘有用人才。

1. 培养方法

（1）按时间划分，有：①职前培训。即在上岗前接受训练。近几年来人力资源和社会保障部已确定168个工种可以进行标准式的职前培训，也符合先培训、后上岗的政策和要求。②在职培训。即“在岗培训”或叫“不脱产培训”、“场内培训”。其意是指在工作现场，通过工作对部下进行教育培训。它是由工作一线的管理者上司作为培训者而负责开展的一项教育培训。在非管理人员培训中最常用的就是这种方法。作为在职培训，最典型的特征是边干边学，经济投入少，且实用。③脱产培训。即“全日制培训”。其意是指离开工作和工作现场，由组织内外的专家和教师，对组织内各类人员进行集中教育培训。脱产的时间长短不等，一般视具体情况而定。

（2）按内容划分，有：①专业培训。即按不同专业对各类员工进行脱产培训。例如质量培训、安全培训、技术业务培训等。这种方法的特点是专业性、针对性强，且具有相当的灵活性和随机性。②管理培训。即根据管理职能的要求，对管理干部进行管理技巧和方法的培训。这种方法在现代组织中所占的比例已越来越大，也越来越显示其重要性。③特殊教育培训。即除上述以外的教育培训，例如计算机培训，日语、英语、法语培训，企业精神、企业文化培训等等。

（3）按方法划分，有：①讲授法。即通常由教员向学员们宣讲某一课题或讲解某一方面的内容。这是一种较为传统的培训方法，也是较为常用的一种方法。运用这种方法时应注意多用一些启发式教学，强调教与学方面的沟通。现代讲授法中也比较多地融入了计算机辅助教学（CAI）的方式，且实际运用中效果不错。②研讨会。也叫讨论法。在这种方法中，培训对象就某一主题进行广泛的探讨、交流。这种方法要求学员积极参与，各抒己见，最后达成共识。讨论时人数不宜过多，可分小组进行。这种方法的另一类型为案例讨论法。往往用于对中高级管理人员的培训上。培训教员事先要准备好有关案例，并根据培训目的确定此案例的主要用法。在讨论时，先让学员们阅读案例，再引导他们思考解决问题。③情境模拟法。具体包括一揽子公文处理法、角色扮演法、管理游戏法和无领导小组讨论。这种方法的目的不在于找出培训对象的不足，而在于找出不足或差距后，加以改进提高，同时由于其有较强的针对性、实践性，故较受欢迎。情境模拟法通常用于对管理人员的培训上。④工作轮换法。这种方法主要是包括让受训者到各个部门去丰富经验，确定其长处和弱点。具体做法是让受训者介入所在部门的工作。利用工作轮换可以扩大受训者对整个组织各环节、岗位工作的了解，为每个人提供周密的计划的培训体验，同时能对受训者进行测试，确定他们的优势和弱点。定期改变工作部门还可以改善部门间的合作，使领导人员更好地理解相互间的问题。这种方法比较适合直线管理人员的开发。⑤辅导、实习法。也叫学徒制。这种方法也较古老传统。具体做法是由一经验丰富的师傅负责带一名或几名新的员工。传授技能一般分为四个步骤：告知培训对象要做什么（传授）、示范给他看（示范）、培训对象跟着做（练习）、检查培训对象的工作（检查反馈）。这种方法时间可长可短，它比较能体现人情味的一面，但往往也较多地受到个人知识、经验以及品质等方面的局限。

2. 应重视的几个问题

（1）确定育才的目标体系。①发挥个人的潜力，建立优秀人才群体。②为本单位的各个岗位提供更为理想的人员。③促进组织内部各类人员之间相互关系的协调，以提高整体素质。④为组织的生存发展提供人才优势的支持。

（2）明确育人的关键内容。①提高工作技能。②弘扬组织文化、组织精神。③增强组织对外竞争力。

（3）创新育才的方式。①搞多样化的员工培训。②产学研相结合。

（三）用好人才

用好人才说到底是能否合理地用人。合理用人，主要在于能否量才录用，但关键在于领导干部的胆识和用人的艺术。

纵观中国历史，在此方面也有不少的经验可借鉴。我国历史上楚汉之争时一个故事较能说明这一点。刘邦起兵时不过是一个小小的泗水亭长，但他最后战胜了兵强马壮、英勇善战的项羽。原因何在呢？刘邦称帝后，在洛阳南宫设宴，与诸侯、诸将讨论他为什么能得天下，项羽为什么失天下？高起、王陵回答说："陛下使人攻城略地，因以与人，与天下同其利，项羽不然，有功者害之，贤者疑之，此其所以失天下也。"刘邦听两位说后回答道："只知其一，未知其二。夫运筹帷幄之中，决胜千里之外，吾不如子房；镇国家、抚百姓、给饷馈，不绝粮道，吾不如萧何；连百万之众，战必胜，攻必取，吾不如韩信。三者皆人杰，吾能用之，此吾所以取天下者。项羽有一范曾而不能用，此所以为我擒也。"刘邦的一番总结，道出了他得天下的关键，在于善于用人。如何善于用人，对此实际工作中总结了不少经验。下面主要列举几种：

1. 了解人，做到人尽其才

有句名言，叫"垃圾是放错了位置的财宝"。管理者应该懂得，只有混乱的管理，没有无用的人。因此，在人力资源开发过程中，在合理用人的过程中，要树立"人尽其才，人适其所"的观念。而真正要做到这些，必须先要去了解人，这是用人的前提与关键。

从管理学的原理来讲，一个理想的创造型的人才，要具备以下几个方面的能力：①探索问题的能力；②获得信息情报的能力；③设计、计算、实验操作能力；④发明创造能力；⑤评价能力；⑥概括、总结和转移经验的能力；⑦交流表达能力；⑧组织管理能力；⑨完成任务的能力。

2. 用人所长

古人说："尺有所短，寸有所长，物有所不足，智有所不明。"每个人的知识和才能、经验，由于天赋、实践时间及所处的地位等不同，总是只能"有所为"，"也有所不为"，长于此，薄于彼。因此用人所长，应该扬长避短，充分发挥人的长处和优势。

3. 领导者要用"善用人之人"

一个人的能力总是十分有限的，对于领导尤其是高层领导来讲，大量的事情必须依靠下属去完成。领导者如果用了一个会自己埋头苦干而不善于用人的人，自上而下的管理链就很难延伸下去。相反，如果用一个能用人的人，就能使各项任务迅速向纵横两个方面扩散，即能通过他人的努力来达到管理的目标，因此，领导者必须要学会用“善用人之人”。从这个意义上讲，领导者自身必须有广阔的胸怀，能够真正容人，包括有错误的人，持不同意见的人，要宽容待人，真诚关怀下属。

4. 尊重人才，信任人才

领导者在使用人才的过程中，首先应尊重人才，大胆放手让人才去干事情。要信任人才，这样才能使“宝”从地下掘起，“龙”从云雾中升腾。

5. 营造和谐的环境

协调人与人之间的关系，营造和谐的组织环境，也是用人艺术的一个重要方面。在营造和谐的组织环境时要求把握以下几个原则：

（1）对等原则。即要求管理者在处理人际关系时要公平对待每一个员工，做到尊重他人的人格，使每一个人有机会参与公平的竞争。

（2）宽恕原则。即要求管理者要善于容忍他人的小过与缺陷，轻易不泄露内心的喜怒哀乐。

（3）信任原则。即要求管理者树立信誉，对人信任，但不能轻信。信任是以了解和理解为基础的，一旦许下诺言，就一定要兑现，实在无法兑现时也必须及时、充分地说明原因。

（4）互利原则。即要使各方的劳动贡献与其所得能保持基本平衡，但又不是人人平均；要善于运用精神力量来平衡因物质短缺而引起的各种不平心态，在物质需求欲望不可能充分满足的情况下，就应当让人得到更多的真诚的精神安慰。

（5）谦逊原则。即要求客观地肯定他人的成绩与才智，而不要夸大自己的功绩和贡献，更不能占据他人的功劳，要诚心诚意学习他人长处，同时弥补自己的不足。

（6）合作原则。即要求在工作中学会合作，在合作中学会沟通思想情感，从而改善人际关系，使合作者感到受人尊重。

（7）沟通原则。沟通包括两个方面，即一方面是信息的沟通；另一方面是人性的沟通。人与人交往的拓展有利于信息量的积集，反过来，如果掌握了大量的信息量，也能越来越有利地吸引人，从而拓宽人际网络。

沟通的基础是理解和情谊，这一切都是靠人际交流建立起来的。有了交流，才有可能相互了解，有了了解，才能相互理解，然后才能达到和谐共处的目的。

■ 知识窗

1. 华旗资讯是怎样培训新人的？

华旗资讯主要经营爱国者系列数码以及电脑配套产品，经10余年发展，在国内数字产品领域已占有一席之地，员工近1400人。

华旗资讯在新人培训方面很有一套，除了公司各种正式的定期培训课之外，通过制度化部门领导带新人的培训制度，使得这种旧有的“师傅带徒弟”的训练方式，通过制度，保障了这种传统方式有发挥优越的培训力量。

公司对部门主管的考核，在有新人进来时严格规定了一系列主管必须做的工作，比如企划部门规定，主管该如何带领员工看市场，主管应指导新人阅读相应的营销书籍。在看市场方面，公司通过手册写明新进员工必须熟悉的细节（比如站柜台的训练以及要把站柜台发现的问题每天通过日报的方式汇报给主管），而在图书阅读方面，公司已经不仅把要看的书做了制度上的规定，还在制度上规定了一些相应动作，要求主管必须对新进员工进行考核。

新进员工的进步程度，直接和主管的绩效相结合，如果新进员工进步不大或者不能适应公司的工作，则该主管要负连带责任，而如果新进员工进步明显，主管就可以获得奖励，而且如果新进员工晋升，那么该主管就会首先获得晋升。

2. 安徽卫视：培训为每一次"变脸"做准备

在全国电视台中，安徽卫视的客户服务优秀已经是出了名的，如今，优秀的服务已经成为安徽卫视留在客户中最为深刻的印象。而安徽卫视优秀的服务，源自于多年重视培训的积累。

安徽卫视的培训思路与众不同，除了对自身员工进行各种各样的培训外，他们把培训的对象转化为业务变化的相关者。为此，安徽卫视成立了大客户服务中心。

对员工的培训，主要来自于服务细节的培训，比如通过户外拓展训练的开展使得员工的服务行动一致，通过规范的文件训练和流程训练，你可以看到与众不同的一面：比如活动邀请信里对于提醒客户在参加活动时必须注意的细节，他们会用特别的图形加上一句"温馨的提示语"，让客户感觉到由衷的舒服。而在每一次开展活动前，客户都可以收到短信，提醒活动地的天气以及活动路线地点，更是让你有一种受尊重的感觉。

安徽卫视的大客户服务部，每年会通过深入发现广告主在市场发展过程中存在的一些共性问题，请专家为这些客户做培训课程，使得这些客户扫清前进中的思想认识，和安徽卫视在市场拓展上保持一致。

安徽卫视还抓住每年自身变化和创新机会，举办客户沟通培训会。安徽卫视每一年的"变脸行动"（改版）都会邀请客户参加沟通培训，并且请专家在会上为客户讲解为什么自己要变脸，变脸是基于广告主所在的市场发生了什么样的变化，使广告主也感受到了市场在发生的变化。如今，安徽卫视已经连续5年举办了5届这样的客户沟通培训会。目前，第5届"变脸行动"在成都伴随着川剧变脸的展示，刚刚成功举办。

——资料来源：《销售与市场》2005年第7期

■本章小结

企业要实现推销目标和任务，必须进行管理和控制。在现代企业中建立和完善以销售为中心的推销组织是进行销售目标控制的前提和保证。

推销组织是指企业中为了履行推销职能，实现企业的推销计划和任务，贯彻推销方针政策而对企业全部营销活动从整体上进行平衡协调的有机结合体。

建立和完善推销组织，能将人力、财力、物力组织动员起来，合理地调配各种资源，有效地进行推销活动；便于明确推销组织中工作人员相应的职责和权力；便于按推销管理的要求精选干部，履行管理职能。

设置推销组织要遵循精简、统一、责权对等和专业化的原则。

推销人员的组织结构主要有以下四种方法。即：（1）个人结构式，具体又可分为单一产品单一市场个人结构式。(2) 小组结构式。(3) 产品结构式。(4) 客户结构式。几种方法也可以根据实际情况结合起来灵活运用。

推销控制是将企业推销组织的各个管理部门或环节的活动约束在组织的经营方针、发展目标和计划要求的轨道上，为尽快实现企业的经营目标，取得推销活动的最佳效益，对各推销要素的运动态势及相互间的协调状况进行监督与考察、审核与评估，操纵与把握等一系列规范化约束行为的总和。

推销控制的作用在于：一是可以使推销计划实施过程得到有效的必要的调整。二是提高推销组织工作效率的基础。三是一种监督和激励。

实行推销控制需要按一定的步骤或程序来进行：第一，确定应评价的推销业务。第二，建立衡量标准。第三，实际工作绩效的检查衡量与改进。第四，分析、改进绩效与修正标准。

推销控制主要包括战略控制、过程控制和财务控制三种方法。

人力资源具备能动性、两重性、可再生性、时效性、社会性等基本特征。推销人员的开发主要有以下几方面的途径。即发掘人才、培养人才、用好人才等。当然，在具体的运作过程中应依照客观规律，不断总结前人的经验教训，有意识、有目的地去开展工作，以提高推销人员队伍的素质。

■个案分析

和谐而高效的组织框架
——天科思诺信息技术有限公司的人才观

天科思诺信息技术有限公司总部设在北京，现已在上海、广州、香港等地设有分支机构，并计划在华中、西南、西北等地进一步增设分支机构，以加强地区的销售、支持与服务工作。目前，公司按职能设有市场部、销售部、商务部、财务部、行政部、技术支持服务中心、数据技术研究开发中心、系统集成部、通讯事业部等。公司管理层努力根据企业自身特点，不断调整与建立和谐的组织框架，以适应知识经济时代发展的需要。

天科思诺信息技术有限公司绩效考核严格。如果管理不佳，绩效较差，公司会对其进行严厉质询，没有好的表现的部门经理是不会久居其位的。公司真正的希望是要你全力以赴，和竞争对手一争高低。绩效优异，团队和个人将得到应有的奖励。

随着天科思诺信息技术有限公司的日趋壮大，管理层亦在虚心学习，吸取、融合与实践中西方企业管理制度与思想。他们认识到，加强公司管理是一个永恒的话题，从管理中出效益，从管理中促发展，逐步完善各项管理制度，培养与充实一批既掌握高技术，又具备良好的管理意识与能力的中层管理队伍，建立并完善一套人才机制以适应发展的需求。

每一位进入天科思诺信息技术有限公司的员工，都会接受公司的首次培训。这不仅可以使每位新人尽快地熟悉天科思诺，掌握产品，更可以拉近彼此的距离，融入这个和谐的环境。他们可能知道，在天科思诺信息技术有限公司有个人良好的发展前途，广阔的发展空间。

天科思诺信息技术有限公司为个人发展提供了广阔空间，个人的能量可以在这里得到尽情释放。天科思诺信息技术有限公司认为：一个优秀的人才是肯定可以成功的。公司开放的、尊重与信任的心态，吸引人才，培育人才，激励人才，重用人才。

天科思诺信息技术有限公司有着良好的福利待遇，让员工安心于本职工作，为公司的发展献计献策。公司为员工制订了长期培养计划，鼓励个人的继续教育。为了保证服务质量，公司苦练内功，强化培训，努力创造公平、高效、信任、协作和价值实现的工作环境，促进企业与个人的共同发展。

思考与练习

一、简答题

1. 何谓推销组织？推销人员的组织结构的具体方式有哪些？各自的利弊如何？
2. 何谓推销控制？其本质是什么？
3. 推销控制的程序是怎样的？如何理解？
4. 比较区别推销控制的一些具体方法。
5. 何谓人力资源？如何理解人力资源的基本特征？
6. 请结合实际，谈谈推销人员培训与开发的途径及误区。

二、案例题

日本资生堂化妆品公司是一个著名的企业，它在经营管理方面有一套独特的经验，值得借鉴。这个公司在培训职工时曾用过以下办法来测试：

要求：所有参加培训的员工先围绕金鱼缸观察一段时间。然后到专门养螃蟹的地方再去观察一段时间。最后，通过两种生物体生活的观察，每人写出一份较完整的观后感（体会）。

请问：（1）这个公司采用上述办法意图如何？

（2）假如你是其中一名被测试者，你的观后感是怎样的？

三、自测题

某公司年初请了一家国际著名的培训公司全面培训全体推销人员。每人的培训费500元，全公司的推销人员约有30人，共花费15000元，但培训效果没有达到公司领导预期的目标。原因是许多人感觉到国外的东西与实际有距离。因此，该公司的人力资源部就想重新对全体销售人员培训一次，以弥补第一次的不足。但这次与往常有所不同的是先请参加培训的推销人员来参与拟订培训方案，然后由公司人力资源部最后定夺决策。

请问：假如你是其中的一员，你该如何来制订培训方案？

参考文献

1. 钟立群:《现代推销技术》，电子工业出版社 2005 年版。
2. 姚书元、沈玉良:《现代实用推销学》，复旦大学出版社 1998 年版。
3. 宋红素:《推销理论与实务》，化学工业出版社 2007 年版。
4. 原一平:《推销学全书》，兵器工业出版社出版。
5. 冯华亚:《推销技巧与实践》，清华大学出版社 2008 年版。
6. 张清源:《销售人员常犯的 58 个错误》，地震出版社 2005 年版。
7. 孔雷:《训练销售精英》，企业管理出版社出版。
8. 应恩德、朱姝、陆军:《人员推销》，电子工业出版社 2001 年版。
9. 刘厚均:《推销技术》，郑州大学出版社 2008 年版。
10. 王红:《推销技巧》，武汉大学出版社 2004 年版。
11. 黄元亨:《推销实务》，高等教育出版社 2005 年版。
12. 王孝明:《推销实战技巧》，经济管理出版社出版。
13. 刘永中、金才兵:《销售人员的十堂专业必修课》，南海出版公司出版。
14. 赵宗晋、郭学德、范传统:《现代企业经营管理》，中国经济出版社出版。
15. 张弘:《解读原一平　推销学》，远方出版社 2007 年版。
16. 周建波:《营销管理：理论与实务》，山东人民出版社出版。
17. 李晓东:《管理故事与哲理》，京华出版社出版。
18. MBA 智库百科（http：//wiki. mbalib. com/）。
19. 周宏、吴之为:《现代推销学（修订第三版）》，首都经济贸易大学出版社 2004 年版。
20. 陈安之:《21 世纪超级推销学（第一版）》，知识出版社 2002 年版。
21. 周玫:《现代企业人员推销学（第一版）》，经济管理出版社 1997 年版。
22. 吴健安:《现代推销学（第二版）》，东北财经大学出版社 2006 年版。
23. 陈思、潘平子:《现代实用推销学》，中山大学出版社 2001 年版。
24. 吴健安、王旭、姜法奎、吴玲:《现代推销学》，东北财经大学出版社 2002 年版。
25. 李桂荣编著:《现代推销学》，中山大学出版社 2000 年版。
26. 徐育斐主编:《商品推销实务》，东北财经大学出版社 2000 年版。
27. 吴健安主编:《实用推销学》，中国商业出版社 1999 年版。
28. 徐育斐主编:《商品推销技艺》，中国商业出版社 1996 年版。
29. 韩勇编著:《推销之术》，四川大学出版社 1994 年版。